张謇新传

状元实业家的跨界传奇

王斌 著

华文出版社

图书在版编目（CIP）数据

张謇新传：状元实业家的跨界传奇 / 王斌著. -- 北京：华文出版社，2023.12
ISBN 978-7-5075-5844-9

Ⅰ.①张… Ⅱ.①王… Ⅲ.①张謇（1853-1926）-传记 Ⅳ.①K825.38

中国国家版本馆 CIP 数据核字（2023）第 202155 号

张謇新传：状元实业家的跨界传奇

作　　者：	王　斌
责任编辑：	闫丽娜
出版发行：	华文出版社
地　　址：	北京市西城区广外大街 305 号 8 区 2 号楼
邮政编码：	100055
网　　址：	http://www.hwcbs.cn
电　　话：	总编室 010-58336210　编辑部 010-58336269
	发行部 010-58336202
经　　销：	新华书店
印　　刷：	三河航远印刷有限公司
开　　本：	710mm×1000mm　1/16
印　　张：	19.5
字　　数：	288 千字
版　　次：	2023 年 12 月第 1 版
印　　次：	2023 年 12 月第 1 次印刷
标准书号：	ISBN 978-7-5075-5844-9
定　　价：	70.00 元

版权所有，侵权必究

引言

  他的一生,称得上是一部真正的厚实大书。科举应试、仕途从政、兴办实业和地方自治交织于一起,构成了他人生的主线。大致以1895年为界,"半生文章,半生事业"。前半生,在儒家传统思想熏陶下,他主要精力用于科举求仕,同时以游幕谏言和经营乡里等方式参与政治。甲午中日战争,唤醒了近代中国一批仁人志士,也改变了他的人生走向。后半生,他以实业为起点,推动地方自治,在清末民初舞台上扮演着重要角色。他以士大夫的情怀,审时度势,求强图存,走出一条既别于传统,又异于他人的独特人生之路。

  他的每条路都走得不易。"一意孤行,置成败利钝于不顾",一生遭遇大的挫折至少有六七次,至于小的磕绊不胜其数。"冒籍"而受尽凌辱,半辈子蹉跎场屋,兴办实业屡经坎坷,政治抱负壮志难酬,地方自治筚路蓝缕,天灾人祸不断降临。垦牧公司初具规模时,五天五夜的风暴使之前功尽弃;筹办地方自治二十五年报告会时,又一场疾风暴雨打乱他的计划。在他最后的岁月里,大生企业被江浙财团接管,"至于钝,几于败",他感叹自己生不逢时。

  他的每条路都走到了极致。作为清末状元、立宪派领袖、民国"产婆"和民初政府重要成员,他一生经历了诸如东南互保、立宪运动、清统退位、民国建立等一系列重大事件。他创办了国内最大的民营企业集团,经营南通三十年,把一个偏僻小城建设成为中外赞誉的模范城市。在他所处的那个时代背景下,科举、为政、实业和自治中的任何一条路,都可能通达常人心中

引言

的"罗马",而他一个人却同时在这四条路上留下了不凡的印迹。

他的每条路都走得非同寻常。大魁天下后,他没有凭借"天子第一门生"名头,沿着传统的"状元宰相"之路走下去,而是舍身饲虎办实业。"皮骨心血,当为世界牺牲",身为千万巨富后,他却把全部财富投向教育、慈善等社会事业。从其一生主要经历和所作所为来看,他算不上是治国安邦平天下的一代"名臣";用传统眼光来审视,他所致力的工商实业登不了大雅之堂,只能被看作细民畸人之术。可正是他,为建设"新世界之雏形",给我们呈现出崭新的整体性区域改造模式和近代化转型之路,成为挣脱千年传统藩篱,从"治人"转向"治物"最具代表性的人物。

作为一位大百科全书式的人物,他在众多领域演绎了人生的跨界传奇。在清末民初的历史上,很少有人能与之比肩。胡适评价他"是近代中国史上一个很伟大的失败的英雄,这是谁都不能否认的。他独立开辟了无数新路,做了三十年的开路先锋,养活了几百万人,造福于一方,而影响及于全国"。胡适用"开路先锋"评价他,侧重于其时代价值,尤其是"失败英雄"的悖论,凸显出悲壮色彩。和他稔熟的刘厚生评价他"似乎是一个结束两千年封建思想、最最殿后、而值得注意的一个大人物;同时也是走向新社会、热心为社会服务的一个先驱者"。梁启超称他是"崛起于新旧两界线之中心的过渡时代之英雄"。梁启超和刘厚生,则把他定格于新旧社会之交节点上,更多的是基于历史的视界。

他,就是张謇。

- 第一章　开路先锋
  - 一、"状元宰相"之路上的反戈 …………… 03
  - 二、"为官半日"与"三起三伏" …………… 15
  - 三、筚路蓝缕实业路 …………………………… 27
  - 四、"一个人"成就"一座城" …………………… 40
  - 五、近代史上"斜杠"探路者 …………………… 54

- 第二章　交往世界
  - 一、与执政者的恩怨 ………………………… 73
  - 二、林林总总父母官 ………………………… 86
  - 三、"一友"两"弟子"做助手 ………………… 96
  - 四、慕名而至的大咖们 ……………………… 103
  - 五、结交外国友人 …………………………… 112

- 第三章　本色生活
  - 一、一生收支知多少 ………………………… 127
  - 二、别有风味的小小饭局 …………………… 131
  - 三、追求俭朴的生活习惯 …………………… 136
  - 四、鲜为人知的情感世界 …………………… 139
  - 五、中医不仅仅是一种爱好 ………………… 143
  - 六、道不尽的镶山情怀 ……………………… 149

目录

- **第四章　乱世情缘**
  - 一、甘当配角的三兄 ……………………………… 159
  - 二、烙上时代印记的婚姻 ………………………… 168
  - 三、为父之道 ……………………………………… 174
  - 四、亲家也很了不起 ……………………………… 184

- **第五章　名门骄子**
  - 一、1913年：青岛德华大学就读 ………………… 197
  - 二、议长"贿选"疑云 …………………………… 207
  - 三、考察西方实业发展 …………………………… 216
  - 四、为父作传 ……………………………………… 231
  - 五、扑朔迷离的凶杀案 …………………………… 241

- **第六章　时人记忆**
  - 一、外国人笔下的 chang chien ………………… 255
  - 二、沈燕谋日记里的啬公 ………………………… 272
  - 三、宋希尚眼中的恩师 …………………………… 283
  - 四、刘厚生的"三不"评价 ……………………… 286

- **参考文献** ………………………………………… 292
- **张謇年表** ………………………………………… 294
- **后　　记** ………………………………………… 302

第一章·开路先锋

张謇对中国近代的历史产生过重大影响。1922年,北京和上海报界举办"最景仰之成功人物"民意测验,张謇以最高票数当选。差不多同时,美国人在沪办的英文报纸『密勒氏评论报』组织『中国当今十二位大人物』问卷调查,张謇再次名列前茅。其一生极其曲折而多姿,充满传奇色彩。作为中国早期现代化的先驱,张謇的贡献是多方位的。那么,张謇究竟是一个怎样的人呢?很多人想给张謇一个定义,但似乎又很难用一个确切的定义去完全概括。

第一章·开路先锋

一、"状元宰相"之路上的反戈

张謇的科举之路崎岖而漫长，经历近30年的长途跋涉和120多天的考棚生涯。第一阶段生员考试，用了5年时间通过县、州、院试，1868年16岁时考中秀才；第二阶段举人考试，经过5次失败，蹉跎17年才考上举人；第三阶段进士考试，耗时9年、失败4次后，终于状元及第。他曾无奈地回忆道："计余乡试六度，会试四度，凡九十日，县州考、岁科考、优行、考到、录科等试，十余度，几三十日，综凡四月，不可谓不久"。可是，在独占鳌头登上士大夫们望眼欲穿的科举顶峰后，张謇并没有沿着"状元宰相"道路

图 1-1 佩戴勋章的张謇

-03-

走下去，而是辞官回乡，转身下海，并反戈相向，把斗争矛头指向曾为其奔波前半生的科举制，在后半生他致力于探索改革传统教育制度，从而开启了通往教育新天地的大门。

启蒙："我踏金鳌海上来"

1853 年 7 月 1 日，张謇出生于苏北海门常乐镇。始于隋朝的科举制，此时已历经 1200 年，张謇同样深受"学而优则仕"传统观念的影响。父母对张謇十分疼爱，母亲金太夫人在临终前叮嘱他说："科第为士人归宿，门户名号，自须求之"，而父亲张彭年则现实得多，对张謇灌输的是进而出仕、退而务农的思想。

张謇很早就接受儒学教育，4 岁入塾，少年时读完启蒙读物《千字文》《三字经》《百家姓》和儒家经典《中庸》《论语》《孟子》《尚书》《易经》《春秋左传》《礼记》等书。14 岁已能作八韵诗，制艺成篇，初具参加科举应试的文化水平。

张謇自幼聪颖过人，塾师出"月沉水底"上联，张謇立马应答"日悬天上"下联，先生即兴吟"人骑白马门前去"，张謇随口回"我踏金鳌海上来"。张謇学习勤奋，有"九百九十九"、以竹为枕、置坛避蚊三个故事流传至今，简直是古人头悬梁、锥刺股的翻版。张謇 15 岁那年，州试成绩列百名之外，老师斥责道："如果有一千人应试，取九百九十九名，不取的那一名，一定是你！"张謇羞愧难当，在书塾窗格和帐顶上，贴上用纸写的"九百九十九"五个字，以此自勉。晚上睡觉，他在枕边系两根短竹，夹紧辫子，稍侧身就会被扯痛而醒，而后便起身苦读。每夜读书一定等到燃尽油盏以后，他才躺下休息。夏夜读书，他在桌下摆有两个坛子，将双脚置于其中，以防蚊虫叮咬。功夫不负有心人，张謇不久考上秀才。

正当张謇在科举道路上起步之时，突然降临的"冒籍"风波，给他一生蒙上挥之不去的阴影。张家祖上世代务农，只是到了他父亲一代才识字读书，因连续三代没有人考取功名,被称为"冷籍"。张謇参加科举考试,须由学官作担保,因而要多出不少钱。无奈之下,只得冒用如皋张铨之子张育才的名义报名获得学籍,张謇考中了秀才后,如皋张家便要挟张謇,勒索钱物,最后索性将张謇告上公堂。差点被拘押的张謇,半夜从城里冒雨潜出,不敢提灯笼,屡陷泥坑,极为狼狈。张謇气愤至极,没有同父亲商量就径向学院递禀,请求斥革他冒籍秀才,回南通原籍考试。这场官司历经5年才了结,家道因而耗空。

二十多年后,张謇在《归籍记》中追述事情原委,笔端仍流露出锥心的痛楚,当时心中愤恨犹如火烧,恨不得用利刃去和仇人拼命,但转而想到父母健在需要侍奉,不值得与这些鼠雀之辈同归于尽。不难看出,科举对青少年时代的张謇诱惑有多大,"冒籍"风波对张謇的心灵伤害有多深,"改籍归宗"则初步展示了张謇化危为机的睿智。正如张孝若对其父这段经历的评价:"精神虽然受尽了侮辱和痛苦,身体受尽了奔波和艰险,可是志气和人格,却得到不少的奋发和勇敢的经历。"

1871年,张謇受业于海门训导赵菊泉,学业长进不少。赵先生将张謇过去所学的功课全部废弃,重新确定桐城派方氏所选四书等为新课,讲授学习。张謇初作制艺文,被赵先生涂抹修改过半;重写后,依旧如此。张謇用心苦读,反复揣摩,半年后,文笔渐佳。在赵菊泉的严格训练下,张謇课业中需要修改的地方越来越少。当然,这个时期他还谈不上真正的治学,只是从内容到形式上更加符合科举应试的规范。此后,张謇科试取中一等第十五名,取得参加乡试资格,在科举道路上又向前迈了一步。

张謇科举之路的起步阶段并不平坦,"九百九十九"之痛,反而激起生性倔强的张謇好学上进之心,"冒籍"风波虽然给他留下难以释怀的心理阴影,但也反过来磨砺了其意志。早年的读书应试经历,对张謇的文化素养、个性气质和精神追求产生了重要影响,并使他进入怜士惜才的通州知州孙云锦等有识之士视野,张謇社会交际面也随之不断扩大。

张謇新传：状元实业家的跨界传奇

精进："学以务实为归"

1874年，应已调任江宁发审局的孙云锦之邀，21岁的张謇抵江宁，帮孙云锦办理文牍，兼教其两个儿子学习，开始了游幕生涯。早年"冒籍"风波时，孙云锦曾对张謇施以援手，使他得以归籍通州。经孙云锦介绍，张謇结识了驻军浦口的淮军儒将吴长庆。淮军创建时，吴长庆就以所部500人组成的"庆"字营编入淮军，颇有声望，屡立战功。吴长庆仗义疏财，礼贤下士，对张謇的才华十分赏识。宾主相处十年间相知相契，情义笃深。在吴长庆的再三邀请下，张謇加入庆军幕府，专治机要文书。吴长庆在自己住所后筑茅庐5间，作为张謇处所，并月给俸银20两，还处处体谅张謇，让其以科考为重。不过，此时的张謇却承受着学业和生活的双重压力。尤其是"冒籍"风波后张家债台高筑，其兄张詧主动放弃学业，协助父亲种田和做小生意，将读书机会让给弟弟张謇。

1876年2月，在乘船去江宁的路上，舟逆风而行，夜半又逢雨，张謇"篷背沥淅，对烛凄然，拥衾枯坐，泪湿襟袖"，不禁咏叹道："却听更鼓见朝晴，风雨终宵有泪声。一语遣愁惟暂别，三春扶病独长征"。在最初的游幕岁月，张謇常常因想到自己家境贫寒，为了追求科第功名而整日闲居读书，却连累家人为了生计而奔波不息，而会心乱如麻。

不过，作为六朝古都和东南文化中心的江宁，却给了张謇更多的学习机会。在这里，张謇如饥似渴地学习"治经读史为诗文之法"。同时，开始和许多有声望的师友结交。当地钟山书院山长李小湖、惜阴书院山长薛慰农、凤池书院山长张裕钊，都是知名学者，其中又以桐城派大师张裕钊对张謇的影响最大。张謇逐渐接受其义理、词章、考据为一炉的理念，慢慢摆脱制艺文章的套路。他平素读的书不限于经类，而是扩大到子、史、集部，甚至连有些禁书也去浏览。随着学风变化，他的思想也潜移默化地受到影响，有意识地寻求治国平天下方略，藏器以待来时。他还对友人说："研究程朱的历史，他们原来都是说而不做。因此，我亦想力矫其弊，做一点成绩，替书生争气。"

十多年的游幕生活，也让张謇视野开阔，对当时的政治、军事、社会状况和民间疾苦有了更深了解。张謇跟着孙云锦到淮安查案，在旅途中写了十多首诗，如"谁云江南好，但觉农户苦，头蓬胫頳足藉苴，少者露臂长者乳"，所到之处贫穷落后的惨象，让他深受刺激。他写下"苍生安石与同忧"等诗句，安石是东晋名士谢安的字，他借谢安"安石不出，如苍生何"典故，表达自己经世致用的远大抱负。张謇还随吴长庆修筑炮台，捕捉蝗虫，开挖河道，为民减租请命。他发现人生学问远远不限于八股制艺，在实际事务中更能得到磨砺。

作为吴长庆的主要幕僚，张謇参与庆军多次重大决策。1882年，朝鲜爆发"壬午兵变"，日本以保护侨民、使馆为由，逼迫朝鲜政府赔款，签订新的不平等条约。李氏王朝请求清朝政府出兵救援。张謇随吴长庆赴朝东征，筹划前敌军事，手书口说，昼作夜继，协助调兵遣将，显示出处变不惊、应对自若的胆识才能，吴长庆为其向朝廷请功，称赞他在处理紧急变故中能见机行事，沉着应对，"其功自在野战攻城之上"，但张謇不愿意以军功求官职。吴长庆只好赠予1000两白银，作为奖酬。张謇在战场上的表现，引起张树声、沈葆桢、张之洞、夏同善、潘祖荫等枢臣和疆吏的注意。他还撰写了《陈中日战局疏》《东征事略》等一系列文章，主张对日强硬，为当时的主战派、朝廷大员翁同龢等人青睐。在甲午战争到戊戌变法这个历史阶段，他们都主张对日抗战，改革弊政。

张謇本以科第正途为重，入幕并非初衷。他可跻身官场的机会不少。吴长庆生前，欲为张謇等人用钱财来买官，被以科举为正途的张謇婉拒，他不愿意借他人之力进身。朝鲜希望以"宾师"待遇留下他，北洋大臣李鸿章虽不喜吴长庆，却乐意推荐张謇到朝中任事，两广总督张之洞也同时邀其入幕。对此，张謇一概婉拒，"南不拜张北不投李"。一方面，他希望靠自身努力考取功名，名正言顺地踏入仕途。另一方面，他看重士大夫的操守与矜持，宁可守穷，也不愿向人低首折腰，"吾辈如处女，岂可不择媒妁，草草字人"。在李鸿章的压制下，1884年5月吴长庆抑郁而亡，张謇重新回到故乡。

1885年，张謇赴京参加顺天乡试。从16岁录取生员起，张謇已5次赴江宁府，应江南乡试（俗称南闱），均未考取。究其缘由，根子在他独抒己见上，而科举之文不可如此，赵菊泉早就告诫张謇，"佳者独抒己见而不背法，可希作者，但场屋不可如此"。科举之文按严格规定，必须根据程颐、朱熹等人注释的儒家经典来写。后来，经过多年磨炼，张謇撰写八股文逐渐摸到了门道，他也学会在八股文的程式下，表达自己的真情实感和见解。1876年，张謇补廪膳生后，本可应优行试，学官提出"先具贽而后举"，要先交上见面礼来换取这次可能改变命运的机会，张謇一如从前，不愿走这条捷径。

顺天乡试，33岁的张謇高中"南元"。考试正考官为兵部尚书潘祖荫，副考官为工部尚书翁同龢等人。作为南派清流领袖的潘祖荫、翁同龢，有意识地想把张謇拉入自己的阵营。张謇试卷原定为第六名，但潘祖荫、翁同龢极力强调张謇二、三场成绩突出，把张謇定为第二名，本来首场成绩最重要，二、三场一般不会影响录取名次。考前，翁同龢亲自去张謇下榻处看望他。翁同龢，江苏常熟人，张謇的祖籍亦为常熟。后来张謇考进士时，翁同龢是其座师，两人建立起深厚的师生情谊。这个时期，张謇治学更加注重务实，反对坐而论道。1885年，他在科考时写道："学以务实为归，极千秋不朽之事功。"

张謇前面五次都是在江宁参加江南乡试，第六次乡试之所以转而北上，通常的说法是，因其老师孙云锦官任江宁知府，子弟依例回避。其实，清代科举制度相关规定中，只有考官的主要亲属必须回避，对弟子不作要求。

张謇舍近求远到顺天参考，其真正的原因在于：第一，张謇在1879年以第一名的成绩考中"优贡"，有了参加顺天乡试的资格。因为贡生名义上是"太学"的学生，不再归地方学政管理，无须再参加普通秀才必须参加的"岁试"，并多出一项特权，可以参加北京的顺天乡试。第二，也是更重要的原因，顺天乡试的考中概率明显高于其他省份。乡试为各省分别举行，清朝规定，各省录取的举人数额根据各地的人口、赋税和读书人数而定，有多有少。顺天作为首善之地，录取指标最多。第三，张謇在1882年随吴长庆朝鲜平乱后声誉日隆，成为北京清流高层官员着意延揽的对象，他在那里比在江宁有更多可资利用的优势。张謇吸取五赴江宁府乡试未取的教训，权衡比较后选择北上应试，并如愿而归。

从入幕为宾到考中"南元"，这时期张謇在科举之路上踌躇满志，"学以务实为归"，反映了张謇经世致用的宏大抱负，他交游广泛，学业精进，思想臻于成熟，实际能力不断提升。而"吾辈如处女，岂可不择媒妁，草草字人"的心态，说明其坚持士子操守和视科第为正途的科举观，并在多方面显示出过人才华，逐渐崭露头角，积累起人脉资源。

冲刺："栖门海鸟，本无钟鼓之心"

自1885年考中举人，张謇益加奋发，命运似乎有意与他开玩笑，尽管得到翁同龢等清流派的支持和暗中相助，此后四试却不中。屡经场屋蹉跌，张

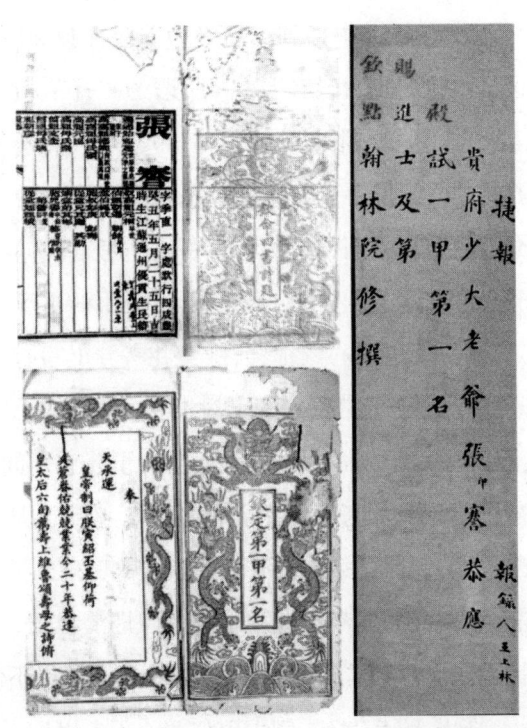

图1-2 考中举人的乡试硃卷、高中状元的殿试策及状元捷报

謇心情因焦虑而变得起伏不定。在勉力而为的同时，他甚至怀疑自己多年来奔波于科场，与"中风狂走人"有何差别。

1886年3月的会试，张謇考运不佳未被取中。1889年，再次北上应试的张謇，深感困惫且文思呆滞，一向赏识他的会试总裁潘祖荫虽有意辨识张謇考卷，却看走了眼，居然把无锡孙叔和的试卷误认为是张謇的，结果孙叔和中会元，而张謇又一次落选。

1890年光绪皇帝亲政，特开恩科，再次入都会试的张謇赶上咳嗽发热，连日齿痛，晕乎乎上场，阴差阳错地再次落榜。张謇在《自订年谱》中说，考官高蔚光特地将张謇的卷子推荐上去，但场中却闹出误会，"误以陶世凤卷为余，中会元"。其实1890年庚寅科录取的进士名单中并无陶世凤，陶世凤是1894年甲午恩科会元，跟张謇是同年进士。因而，1890年会试陶世凤卷被误为张謇卷从而得中会元一说，并无事实依据，是张謇晚年的误记，本意也许是要针砭当年的考官。

1892年4月，张謇在日记中提到"己丑为无锡孙叔和所冒，今又为武进人（刘可毅）冒顶，可谓与常州人有缘"。所谓的"冒"和"冒顶"，指这两次把孙叔和、刘可毅的试卷误作张謇的卷子。1892年春，张謇第四次北上应试，因阅卷考官吸食了鸦片而晕晕乎乎，对张謇的试卷没有细看，就给予"宽平"即宽泛平庸的评价，丢为弃卷而没有上荐，所以主考官翁同龢等人遍找不得。张謇听到传言说，这是黄体芳预先给其弟子刘可毅出的主意，"今科既翁同龢主考，必取张謇"。于是，刘可毅心领神会，故意在考卷上写有"历乎箕子之封"（箕子是朝鲜古国名）的句子。常州人刘可毅没有去过朝鲜，之所以要写上"历乎箕子之封"，人们猜测，这样做的目的大概是为了迷惑翁同龢等考官，翁同龢一心要提挈张謇，这已成为考场上公开的秘密，必定会从考卷的行文中寻找蛛丝马迹。张謇认为，刘可毅"冒顶"了本该属于自己的荣誉，因而只能感叹时运不济，"前己丑（1889年）既不中于勤（即潘祖荫）潘师，而今之见放又直常熟师（指翁同龢）主试，可以悟命矣"。翁同龢也不禁为之垂泣。

回首这段经历，张謇五味杂陈，"甲申（1884年）以后，盘旋闾里，不能远客。非独横览九洲无可适足之地，亦躬耕养亲，其素志也。报罢而因人之赀以为官，非独名义有所不可，将从军时之不受保举，己丑（1889年）、庚寅（1890年）之不考中书学正，区区微悃亦无以自明于天下。人之立身行己，当使本末校然，岂可苟简……亲在而望中进士，不中进士，依旧归去，生平志事，即此校然，毫发不可自昧"。这表达了张謇既悟命又不从命的心态。一是之前在外闯荡多年，现在留在家乡没有远行，主要是为了躬耕养亲，传统观念使然。二是尽管几度科举落第（报罢），但不愿走花钱当官等科举以外的捷径，"赀以为官""保举"，不合道义和自己的立身信条。翁同龢期望张謇留京管理国子监南学，张謇再三辞谢，没有答应，他坚守儒家正统的名节观。三是父亲希望自己能考中进士，因而自己的目标是明晰的，不可迷失方向。不过，长期跋涉科场，张謇内心的压力之重可想而知。40岁生日那天，他在日记里写道："学业未成，科名辄阻，负惭引痛，无可言者。"情绪低落时，他也有过告别科场的冲动，甚至把所有的考试用具全都扔掉。悟命但又不从命，在这样矛盾的心理下，张謇在艰难地向科举考试的顶峰冲刺。

1894年，因为慈禧六十寿辰，格外多举行一次科举考试。76岁高龄的张彭年盼着儿子张謇能金榜题名，恳求道："儿试诚苦，但儿年未老，我老而不耄，可更试一回。"其兄张詧借出差之机赴京陪考。张謇勉强应试，连考试用具都是向朋友借的，发榜前也懒得打听录取消息，他内心已不抱太大希望。不过，这次他成功了。恩科殿试，有八名阅卷大臣，排在第一的考官是张之洞的堂兄，时任东阁大学士、军机大臣的张之万；户部尚书翁同龢在考官中排在第四。一般来说，决定试卷名次的话语权，按照阅卷大臣官职的高低来排序，排名第一的考官对于状元的选拔具有主导权。按照这样的潜规则，被张之万看上的人，大概率会成为状元，而被翁同龢中意的人，最好名次也只能是第四名。一向看重张謇的翁同龢相机行事，经过与平素关系较好的其他考官的几番沟通，才好不容易为张謇争取到了状元。而被张之万看中的仅得了榜眼。翁同龢阅评张謇的答卷，"文气甚古，字亦雅，非常手也"。当将考卷呈送御前，光绪帝问："谁取的？"张之万奏："翁同龢所取，诸位大臣公定。"翁同龢补充道:"张謇,江南名士,且孝子也。"

拼尽全力向科举巅峰冲刺的张謇,在长期的考场蹉跌中感受到巨大的精神压力,除了以"生平志事,毫发不可自昧"自勉外,他时常处于焦灼、矛盾、不甘和挣扎之中,既有"与中风狂走人何异"的怀疑,更产生过"举业四十为断"的冲动。因此,年逾不惑而终获金榜题名之时,姗姗来迟的状元及第并未给他带来过多的惊喜,五更之时,伫立在乾清门外的张謇,当听到传来的拖长腔调的声音——"一甲一名张謇上殿"时,内心感慨万千。在人生的高光时刻,他在日记中流露出的却是意兴阑珊的厌倦之意,"栖门海鸟,本无钟鼓之心;伏枥辕驹,久倦风尘之想"。自己就像是栖息门楣上的海鸟,已无心于庙堂的钟鼓了,又如蜷伏食槽的老马,对风尘之事早生倦意了。

反思:"科举之弊,令人气短"

生活并成长于科举制度下的张謇,自小苦读儒家经典,造就其广博的学识、经世致用的入世态度和家国天下的儒者情怀。通过科举应试,他由农家子弟蜕变为士大夫,获得了崇高的声望和丰厚的人脉资源,为其后半生开启"父教育而母实业"奠定基础。科举制显得越来越不适应时代需要,在人们的批判声浪中,张謇也陷入反省,"始读书时,孜孜于场屋生涯者二十余年。世风渐变,自觉其非,然不能不于此中求脱颖,但不为所囿耳。"直至后来他认为,"科举之徒托空言无用,乃决去之,而趋向于泰西科学",在科举应试走向登峰造极后的张謇,头脑异常清醒而冷静,他对科举的批判,可以说是尖锐甚至尖刻的,这绝非"锣破众人敲"那样简单,也不仅仅是郁积心底多年个人情绪的宣泄,更有对与科举相联结的国运的深忧,其观点也许不无偏颇,但心态不失真诚。

制度之弊

张謇认为,"科举之弊,令人气短"。从 16 岁第一次参加科举到 42 岁高中状元,从"冒籍"风波到科场屡次失利,他的感受无人能及。同时,十多年的幕僚生涯、经营乡里乃至后来办实业、办教育等实践,使他对八股制艺的负面影响深有体会。"日诵千言,终身不尽,人人鹜此,谁与谋生?"科举制带来社会人格的缺陷,"中国人人格,大概不及各国之处,在今日尚沿科举余习,人人歆羡做官。官之所以令人歆羡者,岂不以贵乃可富,富乃可以快吾之所欲,既图遂吾之所快,则不得不尊人而受压制。"不少人掉进读书—应考—做官—发财的怪圈。

导向之弊

科举制对人才的选拔和培养存在脱节,在教育内容、方式等方面产生误导。张謇说:"鄙人潜心研究,觉所谓中国专长者,不过时文制艺而已;科学则有能有不能;至于教育之理,教人之法,虽谓直无一人能之,亦不为过。"张孝若更是直白地说其父认为,历朝历代帝王压迫百姓用来保住帝位的方法,是让百姓将所有的心思才力,都用到牟取科举的功名上去,以束缚百姓的思想,免得离开轨道,凭借读书走科举道路谋求仕途,除了读死书的本职,没有发扬个人志气、做实事的趋向。

功能之弊

科举考试以"四书五经"为教条,以格式化的八股文为形式,与当时快速变化的世情已越来越难以适应。早在1895年张謇在《代鄂督条陈立国自强疏》中就说,国家选取人才,靠的是科举考试,公卿大吏皆出其中。这些人毕生被考试所困,耗尽精力,却见识狭隘,以至于对经济、洋务、军务都不熟悉,其结果势必只能培养出夸夸其谈的迂腐学儒。科举制度下,人们只重视死读经文,把它作为科举应试之资,以此来向人炫耀,而并不能让人掌握真才实学,对人的成长没有丝毫的帮助。其后果张孝若说得更为直白,"不是出循规蹈矩的臣子,就是出迂而且腐的呆子。凡是治国大计,做事道理,在这里边决找不出来。"

诚然,即便是在具体的制度设计和操作层面,科举制也存在明显缺陷。由冷籍制度引发的"冒籍"风波,给张謇的心灵带来难以抚平的伤害。张謇能中状元,很大程度不是考出来的,他的试卷是被有心拔擢他的翁同龢等人找出来的,这种"以卷定人"看似科场司空见惯的做法,表面上是在为国选才,但以现代眼光审视,明显有违"程序公正"的要求。从张謇参加顺天应试的深层次原因,以及后来他向学部请求增加海门生员名额来看,科举考试各地生员名额确定,也存在着诸多不尽合理之处。

几乎是在张謇高中状元同时,甲午战争使民族危机进一步加深,自1840年鸦片战争后,中国近代化进程更加艰难,清朝在与西方列强的较量中苟延残喘,国力越发衰弱,特别是《马关条约》允许日本在华设厂,使本以凋零的自然经济遭受更大的打击,张謇感到痛心疾首,"尽撤藩篱,喧宾夺主,西洋各国援例尽沾",其后患是"今更以我剥肤之痛,益彼富强之资,逐渐吞噬"。他看到西方富民强国之本在于发展现代工业,而中国仅仅靠发展传统农业,很难解决民生问题。因而在登上科举制金字塔后,张謇放弃翎顶辉煌的前程,走上了兴办实业之路。

与此同时,张謇顺应清末废除科举制的潮流,积极思考和探索教育转型,推动由科举教育向现代教育转变。他较早提出,废除科举而兴办学校,大力发展农工商、军事和人才培养等方面的专科教育。他在《变法平议》中系统提出"酌变科举"主张,"变五百年之科举,而使天下人才,毕出于学堂之一途",即废科举、兴学校,普及国民教育。张謇站在民族存亡的高度看待教育,指出中国的病兆在于虚弱,而病根是民心涣散和愚昧麻木,说到底是没有普及国民教育开民智,没有发展实业来强国力,因而大声疾呼:"图存救亡,舍教育无由。"

随着西学东渐,新的思潮给张謇很大启迪。如张之洞提出洋务教育基本纲领"中学为体,西学为用",梁启超则强调,教育是为了开民智,培养新道德、新思想、新精神的新民。张謇认为,要培养有用的人才,就要多开学堂。与30年科场生涯相伴的是,张謇不仅是学子,也担任过赣榆、崇明、安庆、江宁多地书院的山长,对传统教育方式、特点和规律具有深刻认知,在除旧布新的时代大潮冲击下,张謇由科举进仕之路,转身走向通往教育新天地的大门。

1902年，他创办了中国最早独立设置的师范学校——通州师范，并以兴办作为现代教育孵化器的师范为发端，建立高等教育、普通中学、小学、专门技艺学校、职工学校及幼稚园等教育机构，形成区域性完整的教育体系，成为新一代的教育家。

二、"为官半日"与"三起三伏"

在中国近代史上，张謇与大他9岁的盛宣怀粗看起来，两人相似度极高，为同时期的政治家、企业家和慈善家。三次乡试而未考中举人的盛宣怀，不仅想做官，而且想做大官。他的"官念"是，通过办大事进而做大官，做了大官再办更大的事。他利用其父与李鸿章是好友这层关系，加入李鸿章幕府并被委以重任，在洋务道路上干得风生水起，还纳贿银30万两买到邮传部大臣的职位。与官迷盛宣怀不同的是，张謇做官是为了做事，如果做不了事，他宁可不做官。张謇说自己进退多次，"虽未做官，未尝一日不做事"，而且在做官与操守之间，更看重后者。在张謇73年生涯里，担任实职的时间不长，他自嘲说："读书三十年，为官半日，可笑人也。"

张謇把家乡作为自己政治进退的基地，"进"时，背倚家乡而影响全国；"退"时，蛰伏江海"自营己事"，同时关注全国。张謇的一生起起伏伏。早年，作为孙云锦、吴长庆的幕宾长达十年，为问鼎全国政治积累资源和经验，后避居乡里近十年，一方面准备科举应试，一方面热心地方事务，为以后从事实业和地方自治做准备，这是"一起一伏"。中年，金榜题名后，被光绪帝授予翰林院修撰，这也是状元被钦赐的最高官位，不过三个月后便因父亲去世而丁忧回家。在此前后，他参与翁同龢为首的帝党的活动，四年后回京销假仅逗留两个半月，就离开京城湍急的政治旋涡，这期间，他在故里创办大生纱厂，走上实业之路，这是"二起二伏"。晚年，他是立宪派领袖，辛亥革命后担任过两三年的民国政府总长，诀别洪宪帝制后，张謇将主要精力投入地方自治，这是"三起三伏"。

张謇新传：状元实业家的跨界传奇

从政的序幕

从1874年起，张謇出外游幕十年。40岁前张謇的人生经历，特别是跟随孙云锦和吴长庆的幕僚生涯，成为他参政的"见习期"、人脉的"积累期"和跨入政坛的"预备期"，拉开从政的序幕。

第一，熟悉政情社意。张謇广泛接触底层百姓生活，观察外部世界动向，进一步拓宽社会视野，增长见识。比如张謇曾随孙云锦到淮安办理疑难案子，深入了解民间疾苦，发现淮安人民的生活状况比南通还要艰苦，由同情进而催生出远大的政治抱负，留下了"建炎时事重江淮，故垒萧萧说将才；欲问中兴宜抚使，愁云无际海潮来"等诗句，表达了经营江淮进而中兴国家的期许。

第二，锻炼从政能力。通过参与孙云锦、吴长庆政事，在辅助幕主同清廷和封疆大吏打交道的过程中，张謇加深了对政坛情况和运作规则的了解。尤其面对"壬午之役"等重大考验，在对一些棘手问题处理和复杂军事斗争中，提升了应变处置、组织协调、化解危机等实际能力。后来，作为开封知府孙云锦幕僚的张謇，为河南巡抚代拟了治理黄河方案，提出"治水、务工、理农"的对策，显露出宏大的气魄。

第三，显露政治才华。早在19世纪70年代末，年轻的张謇就密切关注时政，大胆评点时局，开始在政坛发声。他尖锐地指出，在手握重兵的权臣中，坚持民族大义死战到底的唯左宗棠一人，其他人都是纸上谈兵，而不能让天下人信服。他还认为"中国大患不在外侮之纷乘，而在自强之无实"。在参与赴朝平叛时，撰写出《乘时规复流虬策》《朝鲜善后六策》等政论文章，表现出强烈的忧患意识和超人的见识。

第四，积累政治资源。张謇在"壬午之役"中的表现使其声名鹊起，李鸿章、张之洞、张树声等对其很是看重，后来还有意把他招为幕僚。吴长庆对张謇十分信任，连被提拔为浙江提督赴京城拜见光绪帝时也带着张謇，张謇因此结交了不少政坛高层。他的《代吴长庆拟陈的中日战局疏》等给翁同龢留下深刻印象，翁同龢在致吴长庆信中，时常附笔问候张謇。

吴长庆去世后，张謇返回故里，把主要精力放在科举备考上。同时，开展蚕桑、林木等商业经营活动，组织地方上的士绅商贩减免丝绢、布绢。他还时刻关注国内外形势变化，不忘士子责任。1884年中法战争爆发，日本在朝鲜策划"甲申政变"，身在家乡的张謇，心忧边疆安危，他恨中国之不振，屡提建议，希望驻朝将帅不要再赔兵折将，重蹈覆辙，建议清政府时时有必战之心，事事图能战之实。为防范法军北犯，张謇在家乡参与筹办滨海渔团。在这"一起一伏"中，拉开了张謇从政的序幕。

短暂的翰林生涯

1894年，42岁的张謇高中状元，任翰林院修撰，尽管只是朝廷中枢文书，并无实权，但毕竟可凭借这个平台观察全局，直接参政议政，张謇由此也算是正式步入政坛。

1894年五六月间，新科状元张謇经历了礼部宴请新科进士的"琼林宴"、往孔庙行释褐（脱下民衣）礼、"公请房师"等一系列繁缛礼仪，7月1日才去吏部和翰林院听旨。从张謇这段时间所写日记里，读出的不是欣喜，而是忧心忡忡。如7月2日的日记，"闻朝鲜事大棘"，寥寥数字，却耐人寻味。此时，日本蓄谋已久的战争图谋越发明显，7月25日，日本对清军不宣而战，甲午中日战争爆发。

围绕"战"还是"和"，清廷"帝党"和"后党"之间矛盾激化。十多年前，作为吴长庆幕僚的张謇到过朝鲜，并和日军交过手，对日本侵略野心已有相当了解。他当时就预言，日本会"以中国为其演试军事之地"。因而，当日本再挑事端时，张謇力主抗击日本侵略，对李鸿章妥协退让、主和误国，进行了猛烈抨击。作为"翁门六子"之一的张謇，成为以翁同龢为首的"帝党"骨干。张謇在写给翁同龢的二十件信件和多次晤谈中，详细阐述自己对形势的分析、对战争走向的判断及具体军事主张。张謇不仅参加翰林院35人合疏弹劾主和的北洋大臣李鸿章，而且还单独上奏弹劾李鸿章，指责他自任北洋大臣以来，凡遇外洋侵侮中国，无一不坚持和议，请求另择重臣，以战求和。

还没等到张謇有进一步举动，他就接到父亲去世的电报，仅当了120天翰林院编撰的张謇，在悲愤中匆匆离开京城。回乡守丧期间，他和翁同龢联系密切，时刻关注时局。同时，张謇的父母官、两江总督张之洞交给他两件事，"总办通海团练""总理通海一带商务"。

此时，维新运动兴起。当康有为创办上海强学会时，丁忧在家的张謇同意担任"讲中国自强之学"的强学会发起人，以雪国耻，声称"中国之士大夫之昌言集会自此始"。他十分关注维新派创办的《时务报》，赏识它通"官民之情"，因担忧"议论渐弱"，主张设法扩大其影响。张謇相继撰写了《论农会议》《论商会议》《农工商标本急策》和《请兴农会奏》，宣传变法应以吏治和民生为要务，提出了发展资本主义经济的方案，主张效法西方，在各行省设立农会、商会和工会，"实办"商务，"开导"工务，"振兴"农务，倡导去除官场的毒害，以保君权，认为整顿吏治乃是发展资本主义经济的保证。同时，为倾向变法的翁同龢出谋划策，提出变法的原则及具体革新建议，帮助草拟开办大学堂的章程。

作为老成持重的改良主义者，翁同龢和张謇既支持康有为、梁启超等维新派的基本主张，但又不赞成康梁急躁冒进的做法。张謇一再申辩，"与康梁是群非党"，主张变法应该是平和、中正、渐变的改进，对用激烈雷霆式的手段来变法并不赞成，极力反对维新派提出的"速变""全变"，甚至发动宫廷政变的主张，他认为"药太苦，则吃药者愈不开口"，一再奉劝康梁等人不要轻举妄动。

1898年5月，张謇丁忧期满回京销假。当时，受光绪帝重用的康有为等人推行新政。张謇协助翁同龢写了不少奏议，敦促朝廷发展洋务，促进工商业发展。不久，维新运动夭折，翁同龢被御令解职还乡，张謇担心政局剧变而忧心忡忡，劝翁同龢"速行"。半个月后，他自己借口"通州纱厂系奏办，经手未完"，在吏部宣旨任他新职的第二天，便辞谢再度南归。不久，政坛巨变，维新党人被彻底镇压。从这个过程看，张謇有着非凡的政治智慧，既要改革又很务实。

　　从1898年翁同龢开缺回籍到1904年去世，张謇七年间三次专程到常熟看望恩师。翁同龢去世后葬于虞山脚下，张謇则在与之隔江相望的南通马鞍山东岭之巅，专门建造虞楼，以示永远的怀念。在翁同龢生前，张謇还以春秋时期卫国大夫宁俞"自愚得当，进退自如"的典故开导他，实际上也反映了张謇自己的处世态度——"达则兼济天下，穷则独善其身"。早在青少年时期，张謇的父亲就告诫他，"日后无论穷通，必须有自治之田"。这种进而科举入世、退可终老家园的祖训，深深影响了张謇的一生。张謇达则从政、穷则经商，进则谋全国大政、退则经营地方。

　　如果说康梁变法是甲午战争后在民族危机进一步加深的形势下政治上的激进表现，那么，张謇重商办实业则是这种危机感在经济上的体现。他在家乡致力于实业，奔波在南通与上海、江宁之间，与各地名士交游，向东南督抚陈言，同时仍然注目京师，关心国事。尤其是在"东南互保"中，张謇又一次发挥了重要作用。1900年，义和团运动狂飙突起，八国联军进犯津京，慈禧太后携带光绪帝逃往西安。面对北方纷乱的形势，张謇建议两江总督刘坤一招抚盐枭徐宝山，消除东南不稳的隐患，推动订立《东南保护约款》。刘坤一在"互保"问题上起初犹豫不决，他问张謇，"两宫（指慈禧、光绪）将幸西北，西北与东南孰重"？在常人眼里，皇帝和太后在哪里，哪里就更重要，而张謇看问题却高人一等，他答道：没有西北，东南就无法生存，因为名分不够。而没有东南，西北也难以存在，因为实力不够。作为当时中国经济最为发达的东南地区，是清政府命脉所在，与西北同样重要，保东南实际上就是保清廷。张謇力促"东南互保"，从大者而言，是出于对国家存亡的担忧；从个人来说，当然也是出于发展实业的考虑。作为封疆大吏的刘坤一，实质上是以这种形式，在做决策前的道德论证，而张謇以"西北"与"东南"的"名实"互存论，解开了刘坤一的心结。"我就这样定了，"刘坤一猛然醒悟，指着自己的脑袋，对张謇说："我这颗脑袋姓刘！"下决心不惜冒着掉脑袋的风险去实施"东南互保"。张謇还曾谋求"退敌迎銮"，企望争取到刘坤一的支持，让光绪当政。

推动立宪"三部曲"

20世纪初立宪运动兴起，张謇成为主张立宪的活跃分子，希望通过和平的手段、渐进的方式改良政治。在张謇看来，光绪皇帝是开明的力图革新的皇帝，要在保全皇位的前提下，实行君主立宪。那时，张謇在南通的实业才步入正轨，"实业之命脉无不系于政治"，希望有一个稳定的环境大力发展民族工商业。追求宪政的经历对张謇而言是刻骨铭心的，他晚年总结说："一生之忧患、学问、出处，亦常记其大者，而莫大于立宪之成毁。"

1904年3月，清廷上谕，加赏张謇为三品衔商部头等顾问官。尽管这是虚衔，不过可以抬高社会地位，增强他在朝野的话语权，不仅对张謇经营实业"小有裨益"，也对推进立宪运动大有好处。在此后相当长的时间内，张謇凭借自己亦商亦士、半官半绅的身份，奏响了推动立宪"三部曲"，算起来，这是张謇在政坛第三度活跃的开始。

第一步，张謇围绕立宪进行思考和考察。早在义和团运动和八国联军入侵后，清政府宣布开办新政，要求各举所知，各抒所见，寻找维护统治的出路。在这种"变革"的氛围下，1901年，张謇费时半月，写出2万余字的《变法平议》，主张效法日本，上设议政院，下设府县议会，分吏、户、礼、兵、刑、工六大部类，条陈了42条变革事宜，系统提出了改良主张，体现了张謇一贯的渐进式改革思想，即与其"行百里而阻于五十"，不如"日行二三十里者不至于阻而犹可达也"。1903年，张謇东游日本实地考察，对明治维新以来日本取得的进步感受极深，称"日人治国若治圃"。回国后，张謇"在与官员友人谈论和通信中，经常交换对各种立宪问题的看法"。1904年5月，张謇为张之洞、魏光焘起草《拟请立宪奏稿》。张謇之所以热衷于立宪，固然有其在戊戌变法时就有的思想基础，同时也是基于其自身考虑与境遇变化。此时，大生集团已初具规模，而在创业过程中张謇则深刻感受到办实业在中国之艰难，缺少适宜的温床。所以，

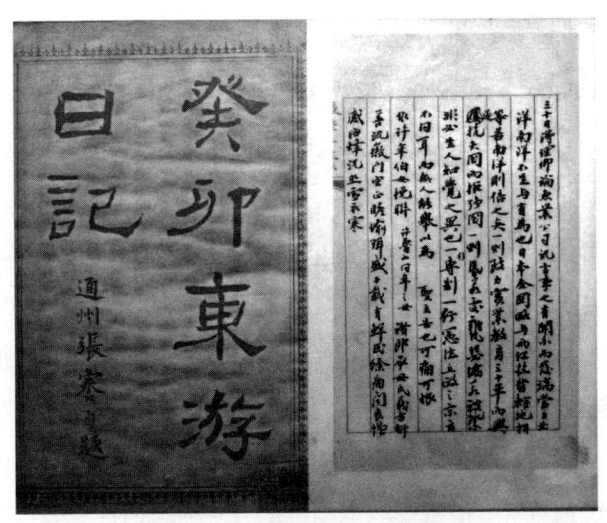

图 1-3 张謇《癸卯东游日记》

张謇热衷立宪，不仅是因为立宪是一种"政治理想"，也不仅是此时"变法之机枢"已备，而是由于政治变革是发展资本主义的需要。

张謇把立宪参照的重点确定为日本，原因在于：其一，张謇一直把日本作为重点关注的对象，日本学习西方颇有成效，日本崛起给张謇极大的震动。1903年张謇日本之行得出结论，中国所以不能像日本那样迅速强大起来，其病根在于有权位者昏惰，因而必须改良政府，如不变政体，枝枝节节的补救也无益。其二，1905年日俄战争，对张謇的刺激很大。庞大的沙皇俄国败给弹丸小国日本，实质上是日本明治维新后实行的君主立宪打败了沙皇专制体制，张謇认为日俄之胜负，是立宪、专制的胜负，胜败的关键不在国土、人口、兵力，而在体制。其三，张謇花精力把中国与西方、与日本做对比。他说欧美"种族各殊，宗教互异，党派又复纷歧，宪法即不能尽合我用，惟日本以帝国为政策，统于一尊，与中国同洲同文，土俗民情大致不远，明治维新当时亦由外侮激迫而成，其国势与今日中国亦复异地同揆"。他还将日本与两江总督的辖地做比较，发现两者面积相等，而日本致力实业、教育不过30年，就能和大国、强国相抗衡，而中国依然昏睡不醒，畏缩不前。张謇一针见血地指出，其根本原因在于，中国抱着专制体制不放，而日本更弦改张，实行君主立宪。

立政宗旨相异，治国效果也截然不同。因而张謇主张，"中日较近，宜法日。日师于德而参英，宜兼取德英。法美不同，略观其意而已"。日本宪法规定皇帝拥有绝对权力，凌驾于行政、立法、司法部门之上，张謇建议采用日式立宪，客观上也能让统治者相对容易接受。

第二步，张謇双向发力，开展立宪宣传鼓动。一方面，张謇自下而上，推动"立宪运动"。用自身的影响，广泛呼吁"立宪救亡"，和立宪派同人通过办报、出书、结社等方式，宣传普及宪政知识，壮大声势，扩大影响。另一方面，张謇自上而下，设法左右"预备立宪"进程。通过撰写奏稿、编译国外资料等方式，千方百计让清朝统治阶层接受立宪主张，用各种途径劝说清朝各级官员赞成立宪，借机影响最高统治者。他与两江总督魏光焘、湖广总督张之洞时常讨论立宪问题，游说他们奏请立宪；还拉下脸面，写信给20年不通音讯的袁世凯，请其赞助立宪；让人给军机大臣瞿鸿禨写帖，请其促使朝廷颁布有关立宪诏令。张謇等人组织翻译刻印日本《宪法义解》《日本宪法》《日本议会史》等书，分送宫廷重臣和达官贵人。张謇甚至让好友赵凤昌设法通过关系把这些书呈送慈禧。1905年慈禧派五大臣出国考察宪政，就和张謇的舆论宣传密不可分。次年7月，出国考察宪政大臣端方和戴鸿慈回到上海，张謇带头发起商学两界公宴，以显示"众心希望立宪也"。他还替端、戴起草《为立宪致各省督抚电》，宣扬只要仿行日本宪法，就可以"君权永固""外患渐轻"和"内乱可弭"。

第三步，张謇通过民间社团和官方组织，双管齐下把立宪主张付诸行动。1906年，清政府宣布预备"仿行宪政"。在民间层面，张謇通过组织政治团体，在全国鼓吹与推进立宪运动。"预备立宪公会"在上海应运而生，它由江浙闽粤等地近300名立宪党人组成，是国内第一个结社性质的立宪团体，张謇等人借用预备立宪上谕中"使绅民明晰国政，以预备立宪"一语，来确定会名，在申请备案时，宣称该会的设立"愿为中国立宪国民之前导"。还出版《预备立宪公会报》《宪报》和有关书籍，宣传宪法、国会、官制、自治、政党等宪政知识。开办法政讲习所，招收学员，培养宪政人才。推动地方自治和成立谘议局，编纂保护工商业发展的商法，呈请清政府尽早颁行。张謇成为"预备立宪公会"的灵魂人物。在官方层面，张謇利用担任具有官方背景的江苏谘议局议长职务之便，向清政府施压。清政府于1907年10月下令筹设谘议机关，为筹办江苏谘议局，张謇对办公场所的设计建造等倾注心血。1908年8月，清政府颁布《钦定宪法大纲》，确定1916年正式召开国会。张謇既从中看到了期望，又深感不满，九年等待实在太久。张謇联合各省谘议局发起国会请愿运动。1910年，他召集各省谘议局代表到上海，推举代表三次赴京请愿，要求清政府立即召开国会。

张謇在为16省议员代表饯行时，发表演讲，"秩然请礼，输诚而请""设不得请，而至于三，至于四，至于无尽，诚不已，则请亦不已"。张謇定下和平请愿的基调，不成不收兵。第一次请愿，未能得到清政府重视。半年后，150多位请愿代表团成员带着30万人签名，开始了第二次请愿，张謇也上书摄政王载沣要求速开国会，但遭到清廷的拒绝。第三次请愿，声势更为浩大，先是各省举行千万民众的游行活动，并带着上百万民众的签名向各省督抚请愿。然后，各省代表分批到京请愿。迫于压力，清廷宣布提前到1913年召开国会。

从立宪转向共和

辛亥革命后，张謇的思想经历了从立宪到共和的深刻变化，他亲身参与了结束清朝统治和建立民国的历史转折，这是他一生中最有政治建树的时期。

清政府所作所为，让张謇一再失望。张謇心心念念的是成立国会、建立责任内阁，并不断为此努力。1911年5月，清政府公布了内阁名单，13人中满族有9人，其中皇族7人，全国哗然，立宪派更是深失所望。立宪派千呼万唤所期待的责任内阁，竟然是皇族内阁，立宪派望速开国会，朝廷却以9年为期。张謇彻底失望，感到清政府"举措乖张，全国为之解体"，他忧心忡忡地向载沣上书，劝他"危途知返"，改组内阁，"重用汉大臣之有学问阅历者"，张謇又说:"亟求立宪,非以救亡;立宪国之亡,其人民受祸或轻于专制国之亡耳。"在张謇的心目中,清廷已病入膏肓,迟早会亡,只是对百姓而言,立宪后亡国所承受的痛苦要小于专制而导致的亡国后果。6月8日,赴京办事的张謇,不忘觐见此时清王朝的实际操盘手载沣,苦口婆心一番忠告,幻想最后关头能有奇迹出现。只要有一线机会,张謇仍不放弃最后的努力,"皇族内阁"出笼后两个月还是未见任何动静,张謇上书道:"循是不变,国家前途之危险,有不忍终言者矣",一度陷入绝望之中。

革命形势的急速发展,超乎张謇的想象。武昌起义时,张謇正在武汉忙于新组建的大维纱厂开机。1911年10月10日夜,在离开汉口的"襄阳"轮上,张謇目睹武昌城内大火冲天,他在日记中记载,"舟行二十余里,犹见火光熊熊烛天"。想起昨日有革命党人被查获处死,他以为这火是闹事者余党的报复。此时的张謇哪里会料到,他无意之中见证了改变中国历史进程的事件。那些大火是武昌塘角辎重队士兵的起义信号,点燃了辛亥革命的火焰。当他顺流而下到达安庆的时候,革命军已经占据了武昌城。张謇还劝说江宁将军铁良、两江总督张人骏出兵镇压。铁、张自顾不暇,无以为应。他替江苏巡抚程德全起草了《改组内阁宣布立宪疏》,请朝廷立即解散"皇族内阁",组织责任内阁,严惩酿乱首祸之人,以稳定局势。他以江苏谘议局的名义致电各省,呼吁不得借助外兵,防止列强干预。此时,张謇仍对清廷心存幻想。革命的烈焰燃向各地,各省纷纷宣布独立,武昌首义后一个多月的时间里,全国有近一半的省份宣布独立。张謇暗自算了一笔账:"计自8月19日至今三十二日,独立之省已十有四,何其速耶!"平均不到三天就有一省独立,清朝已如"绝弦不能调,死灰不能燃"。张謇感到独立之势难以阻挡,清朝大势已去。

"和平光复"的现实,消除了张謇的担忧。张謇原本不赞成用革命手段推翻清政府,以至在武昌起义时,张謇希望迅速平息革命,其根本原因在于,他不希望看到战争和内乱,不愿看到流血。作为实业家的他,担心工商业因战争受到破坏。因此,他对可能造成的社会动荡忧心忡忡。他想尽快平息这种局面。同时,张謇赞同革命派发展实业、富国强兵的主张。各地宣布独立,并未对工商业造成大的损害，在他的家乡南通，革命军只是象征性地用刀劈下办公案桌一角，而"地方秩序如常"，他的大生企业毫发无损。"和平光复"让张謇卸掉包袱，对革命的恐惧大为减轻，他意识到，革命既然已成为大势，谁也没有办法阻止，立宪与革命两者虽说有很大差异，但在当时形势下，立宪党人有责任与革命党人合作，来稳定社会和控制局面。因而，他的思想最终转向了共和。

辛亥革命时期，清政府与革命派、立宪派、以袁世凯为代表的官僚势力，在中国政治舞台上博弈。张謇在清政府、孙中山和袁世凯之间，最终做出了选择。他拒绝接受清廷授以农工商大臣、东南宣慰使的任命，讥讽道："何宣何慰耶？"对农工商大臣之职，认为"理无可受"，公开表明了对清王朝的决绝。对于新生的民国，张謇满怀期待，他自撰春联"民时夏正月，国纪汉元年"，把民、国两字嵌入其中，并将它贴于自家大门上，表达出喜悦和祝福之意。当南北对峙相持不下之时，各方普遍看好袁世凯，张謇也认为"非洹上（即袁世凯）不能统一全国"，让清帝退位的最佳人选非袁世凯莫属，因而"拥护不遗余力"。2月12日，清帝退位。次日，袁世凯声明赞成"共和"，孙中山宣布辞去临时大总统。3月10日，袁世凯在北京就任临时大总统。

总长的"三板斧"

1913年10月中旬，年过六旬的张謇，应邀就任熊希龄"一流内阁"的农林、工商总长，张謇表示，"盖际此时艰，不敢不出，勉尽国民一分子义务"。其工作之勤勉，从他的《客约》中可见一斑，他谢绝"宾客往来雅宴清谈之酬酢""晤时谈话，勿逾十五分钟"。对两年多的任期，尽管他轻描淡写地说自己所做的，"内不过条例（即制定经济法规），外不过验场（各种试验场）""日在官署画诺纸尾"。其实，还是做了很多开创性工作，为中国经济早期现代化做出了巨大努力，也把自己一生的从政生涯推向了高峰。新官上任三板斧，张謇的这三板斧相当精准和奏效。

第一板斧，对中央政府的经济管理机构进行改革。上任伊始，张謇发布《就部任之通告》，"现查农林工商两部员司至400人之多，其学有专门，娴熟部务者固不乏人，而但有职名、无所事事者亦不少。"他将农林、工商两部合并，将原有的8个司并为3个司（农林、工商、渔牧）1个局（矿政局）。对现任部员中，"但有职名无所事事者"和"以任职谋生"而来者，必须加以裁减。具体的办法是，"用人之标准，当视办事之范围，有官而无事者，存其官而不必置其人；有事而人多者，减其人，以适当于事"。所用人员仅为原来农林、工商两部人员总数的三分之一左右，对未留用者分别予以安排，鼓励"各出所学，自谋乡里"，对被留用者，要求"照常办事，毋得疏忽"。张謇裁撤冗员，精简机构，节省经费，提高了办事效率。同时，增加了技术官员，完善了部属专职机构，加强对农林工商业务指导。

第二板斧，加快推进经济法制建设。张謇认为，"法律犹如轨道，产业入轨道则平坦正直"。他结合自身办实业经历总结道，20年来，亲眼看见许多企业失败，原因在于缺少法律的引导。因而他提出，健全经济法制是发展工商业的首要前提，"农林工商部第一计划，即在立法"。张謇上任之初，就向袁世凯提出加速经济立法的主张，建议由农工商部代替法制局制定经济法规，在他的据理力争下，广泛吸收工商界意见，延揽通晓工商法的人才，认真编制了20余部法律，涉及公司、外资、商业、矿业、产业、税收、投标、度量衡、货币、银行、证券、农业、森林、渔业、水利等各个方面，在立法实践中较好地体现了民本主义、环保主义、保育主义、棉铁主义、开放主义等法治思想。其中最重要的《商人通例》和《公司条例》，是在清末全国各商会广泛调查的基础上，经农商部邀请原来的起草人员，反复修改后制定的。在张謇的推动下，民初经济法制建设成效明显，许多立法开历史先河，掀起中国近代史上的立法高潮。

第三板斧，推出一系列发展经济的措施。首先，提出经济发展纲领。明确经济发展重点，从"法律、金融、税则、奖励"四个方面，"扶植、防维、涵濡、发育"本国农、工、商业，拟订发展实业的计划，制定出一套既有目标、又有措施的资本主义现代经济制度。其次，完善金融和税收。通过建立国家金融体系、维护民间金融市场、改革货币制度，缓解金融困难，"为今之计，惟有确定中心银行，以为金融基础，又立地方银行，以为之辅；厉行银行条例，保持民业银行、钱庄、票号之信用；改定币制，增加通货"。张謇提出，对进出口海关税收和国内商品流通税收等制度进行改革。最后，发展民营企业。张謇认为，欲振兴实业，就必须对民营企业实行必要的奖励和补助。张謇强调，"以开放门户利用外资为振兴实业之计"，采用"合资""借贷""代办"等多种方式引进外资。全面改革官办企业制度。从洋务运动起，清政府开办了一些企业，这些官办企业大多数经营不善、效益低下，民国后更是每况愈下。张謇首次明确，政府开办企业的目的，除了保证军需和财政必需，主要在于引导民众兴办企业。

1915年，因不满袁世凯以"二十一条"与日本进行交易和复辟帝制企图，在再三规劝无效的情况下，张謇坚决辞去农商总长等职务。一年前，熊希龄辞职时，有人问张謇是否"同进退"，张謇意味深长地说：在就职的时候，我就当众宣布，我本无做官的志趣，这次来不是为了当总理、总统，而是为了自己的志愿。我的志愿是什么？就是依据自己所读之书，以及思考和追求来行事。愿景能够实现就做下去，否则就走人！可见张謇把做官当作做事的手段，当做不了事时，他就坚决不做官。此时深感"国民实业前途茫无方向"的张謇，毅然决然地与倒行逆施的袁世凯分手，回到了家乡南通。已逾花甲的张謇，从此退出了政坛，在专注经营地方事业之中，燃烧着他的余烬。

三、筚路蓝缕实业路

甲午战败，清政府被迫签订《马关条约》，巨大的民族屈辱，给了张謇当头一棒。在日记中，他痛心疾首地写道："几罄中国之膏血，国体之得失无论矣。"他在为张之洞起草的《条陈立国自强疏》中，提出速讲商务、建立公司等九条建议。梁启超后来说："唤起吾国四千年之大梦，实自甲午一役始也。"

— 27 —

张謇新传：状元实业家的跨界传奇

没落的大清帝国，并没有被甲午海战的炮声震醒。紫禁城内外，王朝威仪如旧，慈禧太后从颐和园回京城，恰逢暴雨，接驾的文武百官包括那些七八十岁的老臣，跪在污浊的泥水地里，雨水顺着红顶子淋到袍褂上，一个个如落汤鸡。轿内的慈禧，连眼皮都懒得抬一下。此情此景，恰为路过的张謇所目睹，他感到透心的冰凉，读书人身列朝堂，难道只是为了做磕头虫？这成为张謇"三十年科举之幻梦，于此了结"的一个直接触点。

张謇有办实业的念头，由来已久，"自丙戌（1886年）后，即思致力于实业"。他把国家喻为树，教育比作花，军力乃至国力则是果实，而树的根为实业。如果没有实业这个根，那么花和果何以依附生长？他认为，"中国振兴实业，其责任须在士大夫"。经营乡里时，张謇就帮着父亲引导乡邻种桑树养蚕，他效仿西方公司制的办法，筹集款项从湖州购买桑苗，先赊给农民，等到桑树长大可供养蚕时，再加息收回售苗款。张謇还把视线投向海外，1891年，他写信给远在英国的好友顾延卿，要他帮忙搜集西方农学等方面书籍，供自己学习借鉴。祖上曾做过瓷器等小生意的张謇，自小受家庭的耳濡目染，似乎原本就有这方面的天赋。士人办实业过去虽有之，如盛宣怀之流，大多是先纳赀捐官、再以官员身份从事实业，而以状元头衔下海的却闻所未闻。张謇毅然诀别官场，从一向居于"四民之首"、以清高自命的封建士大夫中的一员，转而与长期被视为"四民之末"的商人为伍，走上荆棘丛生的实业之路。张謇以大生纱厂为轴心，逐步打造出一个上下游相互关联的现代产业集团，资本一度达到2400万两白银，成为当时国内首屈一指的民营企业。不过，20世纪20年代，这个庞大的商业帝国却很快由盛而衰，年迈的张謇无力回天，只能看着已经营30年的企业被江浙财团所接管。晚年的张謇，曾无限感慨地回忆创业的过往，自己"一意孤行，置成败利钝于不顾"，"幸而利，幸而成"，又"至于钝，几于败"，他只能顾影自怜，"不幸而生今之时代"。

艰难起步：《厂儆图》背后的辛酸

1895年年底，清政府总理衙门奏请谕令各省设立商务局。署任两江总督兼南洋大臣的张之洞，奏派张謇在通州设立商务局。张謇下决心舍名逐利，"捐弃所恃，舍身喂虎"，以状元之尊，从事长期被视作末业的工商业，最初他不免有些踌躇。张謇跨出这一步，并非心血来潮，他内心甚至有过激烈的挣扎。从国家层面来说，"求国之强"本应是政府的责任，但当政者昏庸不足与谋，有钱人也指望不上。从书生角度来看，读书人虽愤世嫉俗，但大多只会空谈，而不为世人看重。作为有责任的士大夫，不得不委曲求全，与官员和富人打交道。从自身方面来说，抱有"愿成一分一毫有用之事，不愿居八命九命可耻之官"信条的张謇，这样做既是为国之大计考虑，同时也是替读书人争气。

大生纱厂筹办过程中，张謇历经千辛万苦，迈过一道道坎。纱厂建成后，张謇特地请人画了鹤芝变相、桂杏空心、水草藏毒和幼小垂涎四幅《厂儆图》，悬挂于厂里公事厅内，它记载着自己办厂所遭遇到的四次历险经过。

图1-4 《厂儆图》

（一）沪董潘华茂、郭勋毁约

起步之始，张謇遇到的最大问题是集资难，他几乎是白手起家，自己能拿出的创业资金只有区区2000两白银，其中700两还是借来的。张謇的原始资本和唯一可以依靠的最大的无形资产，就是状元的名头。张孝若是这样描述其时心力交瘁的父亲,"白天谈论写信筹划得手口不停,夜间又苦心焦思,翻来覆去,寐不安枕;官绅的接洽说话,一天几变,捉摸不定。有钱人的面孔,更是难看,推三阻四。上面的总督虽然赞助,而底下的官员没有一个不拆台。旁人也没有一个看好。"在集资方式上,纱厂历经"商办""官商合办""绅领商办"变化。起初,张謇设想纱厂为纯粹的商办,计划筹款60万两。1896年春,张謇选定南通城西水陆交通方便的唐闸为厂址,开始购地、造栈房,等到由通董所集的全部股金2万余两用尽时,曾承诺筹集股金40万两的上海董事潘华茂、郭勋却分文未见,两人根本就没积极开展集股工作,六名董事中还有两人不到半年就毁约退出。作为纱厂主要生产资料的纱机毫无着落。正在此时,两江总督刘坤一提出,将之前张之洞用官款向海外采购、搁置于黄浦江码头多年的纱机,作价50万两入股。无奈之下,张謇硬着头皮,接手了这些已有三四成零件锈坏的纱机,这样大生纱厂又改为官商合办。办厂之事才露出一线生机。但事隔不久,潘华茂、郭勋突然改变承诺,只答应各负责筹股金8万两,沪股一下又短缺了9万两。不久,两人扬言,"既用官机,复请官款,沪股顿散,即有亦不交",索性退出董事会,筹资越发艰难。潘华茂字鹤琴,郭勋字茂芝。厂徽图之一《鹤芝变相》指的就是这两人。

(二)盛宣怀、桂嵩庆食言

张謇感到凭借一己之力,实在难以凑齐约定的50万股金,只能想方设法"分机以轻商力"。于是他想出变通办法,主动找到身兼官僚买办的江苏老乡、常州人盛宣怀。两人合领作价50万两的官机,再各筹商股25万两,分别在通州、上海建厂。官股"按年取息,不问盈亏",是为"绅领商办"。盛宣怀表示,愿为张謇筹资帮忙,因此大生发行的股票上,除了有张謇的署

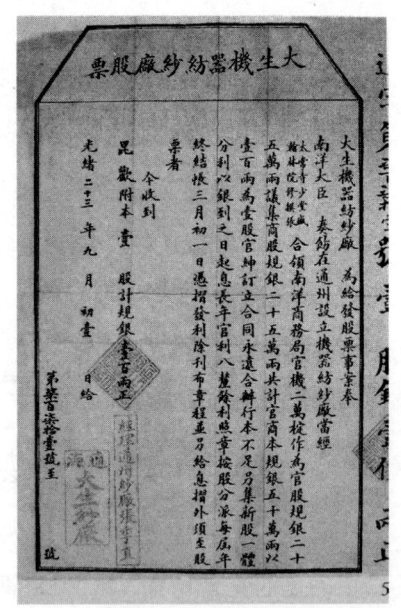

图1-5 大生股票

名，还印有盛宣怀的大名及头衔。江宁布政使桂嵩庆也信誓旦旦承诺，助筹五六万股金。潘、郭退董这一险情似已涉过，张謇加快建厂步伐，忙于盖厂运机、筑路建房、修闸砌岸，纱厂各项工程粗见眉目，在此节骨眼上，急需大量用款，但各路股金却屡催不应。

张謇手中仅有的一点资金捉襟见肘，只得东挪西凑，往往是甲日筹得一二万，乙日已罄，丙日再筹，而丁日又须还甲。张謇只得函促盛宣怀"当念已出之言"，践约救急。盛宣怀手里有一大笔闲置不用的铁路公司专款，此时正放在钱庄生息，张謇便恳求能高息借贷。任张謇告急之书几乎字字有泪，盛宣怀就是不为所动，敷衍应付，百般推托。桂嵩庆是按刘坤一之命，将上海码头上那些布机推销给张謇的经办人，完差之后，便再也不提助筹股金之事。张謇又一次被抛入险境。厂徽图之二《桂杏空心》，画有空心的折枝桂、杏二树，"桂"即桂嵩庆，盛宣怀字杏荪，"杏"为盛宣怀，两人食言自肥。

（三）通州知州汪树堂百般阻挠

张謇在逆境中挣扎，为筹资奔走于湖北、南京、上海、通海各地，他找到两江总督刘坤一等政要，声泪俱下地诉说办厂艰辛、筹资不易，"中夜彷徨，忧心如捣"，仿佛置身于悬崖峭壁，稍有不慎便会粉身碎骨。刘坤一电饬上海、镇江、芜湖等地道员，要求帮助张謇拉些股东，又令通州、海门地方官各拨公款，将存于当地的地方公款转存纱厂，以应急需。岂料一些地方官员不仅不出力赞助，有的甚至还暗中作梗，采用种种方式刁难张謇。张謇了解到通州有公款8万多元存典生息，如官府出令以此款来支持自己，并不难做到。心胸狭隘的通州知州汪树堂，不愿自己所控制的钱被拨出，表面上答应刘坤一。而当张謇找汪树堂拿钱时，后者声称根本无可挪动之款，只能动用"宾兴""公车"款子，这是地方上资助秀才参加科举考试的专款。若动用此款，势必会引发社会不满和秀才的义愤。汪树堂让他的师爷黄阶平唆使秀才们，在城门各处张布揭帖，公开闹事。汪树堂两面三刀，在公堂之上假意劝诫士人不要聚众滋事，背地里却把秀才们联名上告之事，添油加醋地向刘坤一报告，结论是张謇办厂扰民，不合舆情，乡绅士人皆不赞成。地方顽固势力的竭力反对，成为张謇创业途中又一障碍。水、草分别影射汪（水是汪的偏旁）、黄（草是黄的部首），厂徽图之三《水草藏毒》讽寓汪树堂、黄阶平的所作所为。事实上，筹办纱厂五年，张謇自谋生计，不曾动用纱厂一分钱，有时连旅费都是靠卖字筹措的。

（四）朱幼鸿、严小舫趁火打劫

1899年年初，纱厂筹建告成。张謇择易经"天地之大德曰生"而为厂取名"大生"，并一口气拟下多副对联，"生财有道，大利不言""通商惠工，江海之大；长财饬力，土地所生""秋毫太山，因所大而大；乐工兴事，厚其生谓生"，既巧妙地把"大""生"嵌入其中，又融入自己对人生深邃的思考。可还没等张謇喘口气，更大的麻烦又出现了，纱厂虽建成却无法开机。只要纺机一开，每日就需耗工本4000两，若以三个月计算，则缺少36万两的流动资金。此时，张謇的钱袋已空空如也，他四下化缘却到处碰壁，没有一人施以援手。万不得已，张謇去上海和各方商量，准备将付出四年汗血的大生纱厂出租。走投无路的张謇，黄昏时常常徘徊于上海泥城桥一带的煤气路灯下，仰天俯地，一筹莫展。官僚朱幼鸿、严小舫等人趁火打劫，百般压价，妄图吞下"落地桃子"。取朱幼鸿、严小舫两人名字中间一字，成"幼小"，厂徽图之四《幼小垂涎》道出了张謇对这伙趁危要挟小人的深恶痛绝。

张謇满腔义愤，只能做最后的一搏。他同沈燮均等人商议，"尽花纺纱，卖纱收花"，以手头现有的棉花纺纱，再用售纱之款购花，"苟延一息"，若孤注一掷仍不能有所转机，便关闭工厂还给股东。天无绝人之路，当时正值土纱受排挤、机纱供不应求、价格上涨之际，张謇生产出的"魁星"商标的机纱，销路之好出人意料，开车当年纱厂竟有纯利5万两。张謇精打细算，用售纱之资维持再生产，在几乎没有流动资金的情况下，硬是把纱厂撑持了下来。

快速扩张：雪球是如何滚大的

张謇以棉纱作为主业，从兴办纱厂起步，直到纱厂布入正轨后，他开始考虑建设相关的原料基地、机器修理制造、交通运输、综合利用等一批配套企业。1901年5月，张謇正式成立通海垦牧公司，这是继大生纱厂后张謇兴办的又一家公司。他在与汤寿潜、郑孝胥等拟定的章程中，拟"集股股本以22万两为准，每股规银100两，共2200股"，说明办公司的宗旨是通过开垦沿海荒滩，来扩大百姓就业和发展生产，把它作为已初见成效的大生纱厂的产棉基地。这标志着张謇的实业活动由工业扩展到农业。以集股办公司的形式来兴农业，把"召佃开垦"与"集公司用机器垦种"两者，中西合璧地揉为一体，张謇成为中国历史上第一个吃螃蟹者。

万事开头难，在张謇面前有三大拦路虎。首先，开发盐垦离不开筑海堤、建闸等水利工程，投入资金量巨大，而回报期长，风险极大。有钱人一般不愿投资，至1904年公司实收股本20.9万两银，还不足筑堤修渠之用。1905年原打算再招新股8万两，实际上仅筹到大生纱厂2万两。张謇不得不想尽办法动用各处社会关系，好不容易到1910年才收足股金30.9万两，投资者中不少为富商、地主、官僚和企业法人。其次，沿海滩地产权复杂，众多的地产纠纷使得张謇猝不及防，当地"沙棍"地痞借机滋事。张謇只得争取官兵驻扎公司附近，以起到震慑作用，通过赎买等手段和巨额资金，先后花8年时间化解了原来繁杂的地权矛盾。最后，通海垦区为盐碱地，只有浅耕才能防止返盐，这需要提高农民的生产积极性和技术水平。垦牧公司负责基本农田水利设施建设，把土地租给农民生产，而农民对租地有一定的处置权。

经过五年努力，到1905年夏垦牧公司建成7条长堤和一部分河渠，开垦出7000余亩土地。可是，一场连续五昼夜的大风暴，使公司遭受毁灭性的打击，造成人员伤亡，已建成的各堤全部被冲毁，牧场羊群等财产损失惨重。在股东们不愿承担12万两修复费用的情况下，张謇没有退缩，想方设法筹集到一批款项"工赈"垦区，用两年时间修复了被毁工程。1911年3月，通海垦牧公司召开第一次正式股东大会，张謇在会上动情地回顾了公司十年的创业史，从当年"凫雁成群飞鸣于侧，獐兔纵横决起于前，终日不见一人"，到如今"栖人有屋，待客有堂，储物有仓，种蔬有圃，佃有庐舍，商有廛市，行有涂梁，若成一小世界矣"。垦区规划有序，"堤成者十之九五，地垦者十之三有奇"，盐碱土地得到初步改良，为大生纱厂等提供优质原棉。河渠道路把田地划成一个个"井"字或"十"字，农民住房四周有菜圃、竹园，还建起"自治公所"、初等小学、中心河闸等，中国最大的现代化垦牧区终于初见端倪。

与此同时，大生纱厂利润逐年增长，丰厚的盈利吸引更多的投资者入股。大生还吸收盛宣怀未曾使用的纱机，到1903年总纱机增加到40800锭，占当年全国纱锭的11.9%。到1907年，张謇先后创立了以大生纱厂为轴心，直接或间接为大生纱厂服务的19家企业单位。这年8月底，大生召开了第一次股东大会，决定将这19个企业单位合并，组成通海实业公司，由张謇担任总理。张謇赠送每位股东一把绘有公司地图和公司创业史的折扇，用一个半小时回顾了大生十二年的历史，向股东们表达了自己建设一个新世界的愿望。从1901年至1913年，大生纱厂共获纯利355万余两白银，股东分红丰厚。至1911年辛亥革命前，张謇又陆续投资创办银行、船栈、堆栈等十余个企业，形成了一个以纱厂为中心、各项事业为一体，资金链、产业链紧密关联的产业集团。张謇还把实业投向南通以外，如1903年，张謇和黄以霖创办宿迁耀徐玻璃有限公司，这是中国第一家民族资本玻璃企业，生产出中国第一块平板玻璃。

图1-6 筹办大生纱厂时的张謇

张謇通过滚雪球把实业做大，其产业扩张路径主要有：一是由工到农。张謇把产业布局，由大生纱厂延伸到通海垦牧公司，从南通近郊唐闸纺织工业领域扩大到黄海海滩农业领域。这是因为两者之间联系紧密，南通作为国内重要棉区，上海、苏南甚至日本客商竞相采购，导致棉花价格剧烈波动，影响到纱厂的生产。通过改造黄海海滩盐碱地，建立大面积的棉花生产基地，以确保大生纱厂的原料供应，可以提高市场竞争力。二是由农到农。通海垦牧公司开发的盐碱地，占这一带滩涂面积不足0.5%。垦牧公司的成功和大生纱厂产能的扩张，吸引越来越多的资本投向垦地植棉，张謇兄弟及其友人，陆续开办二十多家盐垦公司，抱团发展。张謇还把垦殖和盐、渔业相结合，1906年设立同仁泰盐业公司，采取工场式的集中生产管理。盐民多兼营渔业，张謇相继建立吕四渔业公司和江浙渔业公司，向国外定购蒸汽机拖网渔船，最先发展机船渔业。三是由农到工。黄海海滩开发、新兴农业公司发展和棉花产量提高，以及开办纱厂巨大的利润回报，催生出新的办厂契机，也吸引着江浙沪商人来通海布点办厂的目光。一方面，张謇通过官府对外地商人来通办纱厂予以阻止；另一方面，他加快崇明外沙、海门和南通开办大生分厂的步伐。张謇精心选择厂址，把大生分厂办在产棉区，当地农民擅长植棉和纺纱织布，纱厂布局因而较为合理，"有相成之势，无相犯之嫌"。四是由工到工。为确保大生纱厂主业发展，同时也为争取企业利润的最大化，张謇将产业前延后伸，持续为纱厂创办上、下游配套企业。资生冶铁厂最初是专为给大生纱厂修配和制造机件而设，创办轮船公司和修建大生码头是为解决纱厂物料运输问题，复新面粉厂靠纱厂的多余动力来磨粉食用和浆纱，开设大聪电话公司用来和上海等外地的业务联系，而纱厂轧花棉籽被广生油厂用来制油，广生油厂的"下脚"又被隆皂厂用于制造皂烛。

图1-7 张謇创办的广生油厂实验室

走向巅峰：庞大的实业帝国有多大

辛亥革命后，大生资本集团得到进一步发展。大生一、二厂利润源源不断且极为丰厚，为张謇进一步扩张提供了资金条件。1914年，他在海门开始创建大生三厂，并拟订建立四厂、五厂、六厂、七厂、八厂、九厂的庞大计划。六厂于1919年开始筹建，不久流产。八厂在1920年开始筹建。至1924年，大生一、二、三、八4个厂的资本总额已多达770余万两。经过多年苦心经营，加之第一次世界大战爆发后，外国棉纱进口锐减，国内棉纱市场产销两旺，且价格上涨，因此，1912年至1921年成为大生集团发展史上的黄金十年，仅大生一、二厂历年纯利总额累计有1663万两，相当于1921年两厂资本总额369万两的4.5倍。

与此同时，盐垦事业也得到了很大的发展。由于通海垦牧公司开垦的熟地增多、收益增大，加之大生各厂对棉花需求量较大，从1913年起又掀起了新一轮的盐垦高潮。至1920年，先后成立了大有晋、大豫、大赉、大丰、大祐等十几家盐垦公司，投资总额为2100多万元，占地总面积共达450多万亩，年产棉花60余万担。张謇还大力发展金融、交通运输业等其他产业，淮海银行于1920年1月正式开业，大达轮船公司先后自置江轮7艘，航行沪扬、沪海两条航线。1922年，张謇领导下的大生企业集团，业务遍及一、二、三产业，下辖103家企业，涉及几十个行业、上百种产品，资金总额达2480余万两，成为全国最大的民族资本集团。张謇实业走向巅峰，他身兼多个大公司的董事长、总理等要职，成为国内实业界泰斗。

张謇认为，"实业在农工商，在大农、大工、大商"。他以大手笔构建起实业的大格局，推动建立大工、大农、大商的近代经济体系。

（一）发展现代工业

张謇认为发展现代大工业，是自强御侮、富民强国的动力所在。"富民强国之本实在于工。讲格致，通化学，用机器，精制造，化粗为精，化少为多，化贱为贵。"张謇下功夫研究光绪、宣统两朝海关贸易册后发现，列强输入中国的大宗商品棉和铁，使中国白银大量外流，造成的财富损失要远远多于赔款，若不设法加以解决，即使不亡国，也要穷死。因而张謇提出了"棉铁主义""棉尤宜先"，他觉得与民生最为关切的产业"无过于纺织，纺织中最适于中国普通用者惟棉"，他从棉纺织入手兴办实业，为了实现棉产等资源的综合利用，节约企业运营生产成本，加快资金周转，张謇以大生纱厂为轴心，谋求纺织业产业延伸，建立大生纱厂原料基地，综合利用纱厂的棉籽、下脚、飞花及多余动力，发展冶铁、制造、电力、食品、轮船运输业及通信、金融、商贸、仓储，在南通建立了门类齐全的产业体系，开启南通近代工业化的进程。

图1-8 大生纱厂码头

（二）经营公司制农业

张謇借鉴使用股份制等公司制度来经营农业。通海垦牧模式标志着我国农业由传统的小农生产开始走向公司制大农业。在较为恶劣条件下，对沿海滩涂进行大规模开发、改造和投资，离不开巨额资金，因而只能采用公司制。张謇在《公司集股章程》中，提出要"仿泰西公司"依靠股份制集资，称"凡有大业者，皆以公司为之"。在通海垦牧的示范下，其他各盐垦公司纷纷采用公司制经营方式，以股份形式广泛募集社会资金，投资人依据股份收益分红。公司制的优势，在水利工程、土壤及棉种改良、田间管理等各个生产环节，得以实现。为适应垦区生产特点，实行"公司加农户"的经营方式，合理设定公司与农户之间的权益关系，以公司统一管理、集约经营为主，同时注意调动农户生产积极性。张謇力主把新型的大农业和大工业统筹发展，通海垦牧公司得到大生纱厂等资金方面的支持，其植棉是为市场而生产，与纱厂关系密切。更为难能可贵的是，张謇把提高垦区农民素质与公司发展联系在一起，将为通海小学堂、农学堂筹集经费作为创办公司的四个目标之一，体现了一代儒商独到的眼光。通海垦牧模式被广为仿效，起到了良好的辐射作用，带动了苏北地区农垦事业的发展。

（三）积极走向世界

具有雄厚实力和开放眼光的张謇，在立足本地发展实业的同时，还放眼海外。他多次组织本地和国内商品参加世界博览会，积极鼓励对外贸易。1920年，张謇在繁华的美国纽约第五大街开设窗口，专营南通绣品。次年，又在上海成立新海贸易公司，从事进口业务。他和梁启超等人一起，计划与美国、比利时等国合作，设立航业公司发展远洋航运，并向国外各类企业投资。张謇主动依托经济中心上海，在大生筹建之初就在上海成立事务所，为产品经上海输出和转运服务，同时吸引上海的资金、技术、人才、信息等生产要素流向南通。1921年，张謇主持筹建上海吴淞商埠，从全球海运业和港口发展趋势出发，制订吴淞开埠计划，提出了港口建设构想和措施，后因江浙战争爆发而中断。

图 1-9　设于纽约第五大道的南通绣织分局

由盛而衰：1922年发生了什么

1919年，张謇在《告诫实业同人书》中预言："大凡失败必在轰轰烈烈之时。"1922年，是大生由盛而衰的转折点，几乎连年赢利的大生一厂亏损39万两，二厂亏损41万两。其实，此前危机就显露端倪，1921年大生一厂账面负债已有400万两。国内纱价自1922年初便猛跌，而棉花价格却迅速上涨。棉贵纱贱，使华商纱厂16支纱每包从1921年秋季前的赢利22~30两，转而亏损8~14两。由于找不到走出困境的良策，大生亏损越来越严重，资金无法周转，不得不抵押借款。1923年，大生抵押借款442万两，占784万两总借款的56.4%，1925年即张謇去世前一年，大生已资不抵债，仅大生一厂的债务就高达白银906万两以上，资产负债率更是创纪录地达258%，上海的中国银行、交通银行、金城银行、上海银行和永丰钱庄、永聚钱庄组成债权人团，全部接办了大生各厂，大生企业实际上已宣告破产。

企业兴衰，有其自身规律。当今世界500强平均寿命在40~50年，跨国公司平均寿命是11~12年，日本和欧洲企业的平均生命周期为12.5年，美国企业的平均寿命8年，存活能超过20年的企业仅占企业总数的10%，只有2%的企业能存活50年。表面上看，走过近30年历史的大生，似乎也难逃宿命。但从更深层次分析，其衰落有着极其深刻的原因。第一次世界大战结束后，西方列强掀起新一轮对华经济侵略狂潮，加上国内军阀连年混战，国民经济日益凋敝，正是在这种内外交困的大环境下，大生资本集团内部潜在的危机也一并爆发出来。

第一，大生企业采取"厚利股东""得利全分"的高额利润分配方式。这种只图眼前利益分光吃尽的做法，严重影响企业资本的自我积累，导致企业失血严重。张謇以8%"官利"的标准，向股东承诺，银到之日起息，然后再算利润，如果有余则照章按股分派。大生一厂历年所分配掉的官利和余利分别有295.5万两和57.4万两，占利润总额的65%，有些年份分红率竟高达100%。

第二，大生企业承担了过多超越自身能力的社会职责。作为有情怀的实业家，张謇一直以建立"新世界"为理想。他依靠大生企业包揽和承担了许多超越自身能力的社会职责。正如张孝若对其父的评价，"他认定凡自治国先进国应有的事，南通地方应该有，他就应该办。他不问困难不困难，只问应有不应有。"南通各项地方社会公益事业，几乎都要依靠大生纱厂的资金"挹注"，给企业造成不堪承受的沉重负担。

第三，大生企业集团的摊子铺得太大。张謇全面开花地办了十几个行业的六十多家企业，希望建立起购、产、销、运一条龙，农、工、商等各个环节都能自我满足的循环体系，摊子铺得太大，战线拉得过长，人力、财力、物力分散，造成主辅业难以兼顾、辅业拖累主业的被动局面。1922年，关联企业拖欠大生钱款达473.1万两，大生被拖入困境，不得不靠借贷来维持。张謇不得不承认，"南通实业，三五年来，因急进务广而致牵阁"。

第四，大生企业的市场竞争力不强。张謇排斥外地企业进入通海地区，力图维持垄断经营的特权。1904年，上海商人朱爵谱想在海门设厂，张謇痛斥其见"通厂获利已优，思染厥指""因羡生贪，因贪生妒"，要求商部饬令朱爵谱"另行择地建设"。1907年，大生在崇明外沙建分厂，获得"二十年内，百里之内，不准别家另设纺厂"的权利。当"一战"结束，帝国主义卷土重来，原料和产品市场争夺日趋激烈时，缺乏竞争力的大生企业，很快就被击垮。

四、"一个人"成就"一座城"

张謇"半生文章、半生事业"，地方自治是伴随"半生事业"的主线。其政治主张几经变化，但对地方自治的执着却从未改变，他说自己一切活动"最后的目的，则尤在纯粹自治"。苏北小城南通，为何能借助清末民初的地方自治，在全国上千个州县中脱颖而出，成为享誉中外的"模范城"；与同时期各种地方自治的理念和探索相比，张謇的实践有着怎样别具一格的特点？

《南通地方自治之成绩》

无疑，张謇是南通地方自治的总设计师。他凭借其个人声望与影响，以地方自治之名，在家乡进行早期现代化的综合性试验。1915年，《南通地方自治十九年之成绩》出版，标志着张謇地方自治思想走向成熟，其实践初具规模。前一年的6月，民国大总统袁世凯向担任农商总长的张謇详细了解南通的自治事业。张謇与张詧等人商议，委托得意门生江谦领衔，组织编写《南通地方自治之成绩》，进而示范全国。全书由实业、教育、慈善和自治等章节构成，对每项事业的历史缘起、运作系统、预算等细节，都作详尽说明。张謇频繁与张詧、江谦和地方官员通信，对书的结构框架、内容风格和写作进度，具体提出要求，强调条理须明而不繁、简而不漏，要用逻辑方式来表达事物的重要性——例如工厂的利润是如何为学校的建立提供资金来源，师范学校是如何带动小学和中学的发展，勘测的需要是如何导致了师范学校中测绘科目的建立。他建议，书中不仅包括已完成的工程，而且也要包括正在实施和将要施行的项目，还主张引用比文字更能有效表达的地图、表格、专栏和统计数据。此书原名《南通地方自治之成绩》，正式出版时被张謇改为《南通地方自治十九年之成绩》。所谓"十九年"，张謇认为其地方自治始于筹办大生纱厂的1895年。该书第一次全面记录了南通地方自治的历程，充分反映了张謇地方自治理念，无疑对地方自治在南通及其他地区的深化，具有重要的昭示和引领作用。

张謇地方自治思想的发展，从自在自发到自觉自为，大致经历了四个阶段。

（一）滥觞（1886—1894）

张謇地方自治思想的萌发，最早可以追溯到甲午战争前。其振兴实业的责任在士大夫的观念，最早是在1886年第一次会试落第后萌生的。那时张謇除为科举备考外，作为乡绅的他"尽力乡事"。比如，谋求通海花布减捐，倡导改良和发展蚕桑业，主动参与地方教育文化事业，向学部为当地争取扩大拔贡名额，主持赣榆、崇明等书院，编修东台等县志。再如，积极从事慈善公益及其他社会事务，设立具有赈灾平粜功能的义仓，恢复慈善机构溥善堂，一度受调任开封知府的孙云锦之邀，协助治理黄河，赈救灾民。另外，还筹办民间自卫组织"滨海渔团"。在经营乡里的过程中，张謇对百姓疾苦和社会实情有了进一步认识，积累起治理乡务的经验，这也可看作是他地方治理的最初尝试。更重要的是张謇由此开始思考依靠实业、教育、慈善推行自治的最初方向。不难看出，他所拥有的"穷则兼济一方"的士子初心，超越了"穷则独善其身，达则兼济天下"的传统书生观念。

（二）孕育（1895—1905）

张謇的地方自治思想，产生于他实业和教育救国的实践。巨大的民族危机和清政府腐败无能的双重刺激，是促使张謇走上自治之路的重要原因。甲午战败成为张謇人生的拐点。面对外侮纷扰、内政腐败和黎民疾苦，张謇毅然把救亡图存的理想付诸实施，先是创办了大生纱厂、通海垦牧公司等实业，后来又开办了通州师范、南通博物苑等教育文化事业。张謇还创立了一些自治机构，如1904年成立南通总商会。与此同时，张謇对地方自治的认识更为深入，在此期间他提出了一些改良和立宪政治主张，如1895年《代鄂督条陈立国自强疏》、1901年《变法平议》，就涉及地方自治内容。1903年，张謇对日本进行考察，日本市町村实行的地方自治做法，对他启发很大。

图 1-10 南通博物苑

（三）形成（1906—1914）

伴随着清政府预备立宪，张謇地方自治思想逐渐成形。1906年，清政府开始预备立宪，地方自治成为预备立宪的重要内容。张謇认为"立宪基础，首在地方自治"。此后，清政府颁布《九年预备立宪逐年筹备事宜清单》和《城镇乡地方自治章程》，规定自治范围包括学务、卫生、道路工程、农工商务、善举、公共事业、筹集款项等八项。在此前后，张謇开始使用地方自治一词，公开亮出地方自治的旗号。如在1906年《请拨给捐款补助通州中学公呈》中，他就提及地方自治，"今国家方宏普及教育之仁，父老亦将有地方自治之望"。张謇对照清廷地方自治章程，对南通"原已举办者""甫经创办者""尚待筹办者""不能强办者"仔细研究，详加规划，他后来的实践远远超出清政府所规定的自治范围。1908年，通州地方自治会成立，张謇担任议长。1912年，英国传教士李提摩太有关普及教育、公共卫生、兴办实业、发展慈善四个方面的主张，对张謇触动很大，并在已有成效基础上，对南通地方自治进一步规划，逐步加以提升。

（四）成熟（1915—1926）

张謇在人生最后十年，大力总结、宣传和展示南通的地方自治。1915年，因反对袁世凯复辟帝制而愤然辞职的张謇，从此"遁居江海，自营己事""盱衡世界潮流之趋向，斟酌地方事业之适宜"，推动南通地方自治取得更大的成效。1915年张謇不无得意地评价说："南通自治为全国先，历十余载……南通自治，似亦足备全国模范之雏形。"海内外慕名而来参观者络绎不绝。他对地方自治认识也上升到民族存亡的新高度，认为，"国可亡，而地方自治不可亡""国亡而自治精神不变，虽亡犹不亡"。1922年，张謇拟举办南通地方自治二十五年报告会，筹备中的分类展览场馆有：实业，包括农、垦、盐、工、商等方面物品的陈列；教育，包括初高小学、中学、男女师范、幼稚园、盲哑学校和农、商、纺织、医诸校办学业绩的展览；慈善，包括育婴、养老、贫民工场、游民习艺、残废、济民、栖流等情况介绍；公益，包括水利所建各堤闸、涵洞、河渠、桥梁和交通设施建设等方面取得的成果。从《南通地方自治之成绩》出版到筹备南通地方自治二十五年报告会，不难看出，在张謇的经营下，南通不仅是推行地方自治起步最早的地方，同时也是成效最为突出的城市。20世纪20年代初，荣德生、卢作孚等实业家纷纷来通考察，效仿张謇的做法。

效仿泰西和师法田畴

地方自治发端于近代欧洲，本意是为了平衡中央、地方权力和发展地方事业，而采用的自我管理、自我服务、自我完善的地方组织形式。张謇拿中西历史进行对比，认为中国古代的地方自治说到底是官治，因而废而不举，西方国家受专制政治的影响较小。他希望借西式的民治来销蚀中国的专制。对于自己推动地方自治的初衷，张謇多次加以说明："痛乎！言于前清政府大官者，二三十年而莫之听；言于今政府，亦莫尽听也。乃本吾良知，奋吾良能以图之。"另一次，他说："欧美学说之东渐也，当清政之极敝，稍有觉于世之必变，而为之地以自试者，南通是。"不过，张謇并不是将泰西地方自治学说全盘照搬，而是注入东方式的内涵与解释。

儒家思想对张謇影响很大，张謇十分推崇顾亭林、颜习斋经事致用的主张，痛斥"书生为世轻久矣，病在空言，在负气"。张謇地方自治的最初灵感，源自1700多年前的"无终山都邑"。东汉末隐士田畴，为避战祸而带领族人逃到无终山，后来集聚此地的人越来越多，形成都邑。田畴订立"相杀伤、犯盗、净讼"二十多条法律，制礼仪，办学校，民众自觉遵守，路不拾遗。张謇对辞官不受、遁居僻壤、匠心营国的田畴大为景仰，写下"雄节不忘田子泰"诗句，发动通师和农校学生探讨田畴现象。张謇立志不做官，办厂种田兴教育，处处以田畴自况，把垦牧公司厅堂题为"慕畴堂"。张謇试图将西方地方自治学说与中国传统精神结合起来，打造现实版的"无终山都邑"，志在"以一隅与海内文明国村落相见，不辱我中国"。

其一，基本取向：自存立、自生活、自保卫。 张謇强调，"自存立，自生活，自保卫，以成自治之事"，其实质就是要探索建立一个区域性的近代社会范型。在无法求助于政府和社会的情况下，通过自我发展，满足民生，来确保社会安定，因而他说："今人民痛苦极矣。求援于政府，政府顽固如此；求援于社会，社会腐败如彼。然则直接解救人民之痛苦，舍自治岂有他哉！"

自治始于自立自强，张謇认为，"自治当从自重、自苦、立信用始。信用为吾人之自助。舍此，吾未见能自治"，要广泛参与，"一人、一家、一村、一镇皆吾人自治之藉"，要各尽其力，"人民则宜各任实业、教育为自治基础，与其多言，不如人人实行，得尺则尺，得寸则寸"。要点滴积累，"踊跃从公者，做一分便是一分，做一寸便是一寸。鄙人之办事，亦本此意"。

自治应体现民生之本。张謇创办大生纱厂目的是"为通州民生计，亦即为中国利源计"。张謇曾说："一切政治及学问，最低的期望要使大多数的老百姓，都能得到最低水平线上的生活。"张謇在民生事业中投入巨大的精力和财力，把实业、教育、慈善作为地方自治的支撑，热心慈善公益事业，创办医院、盲哑学校、育婴堂、养老院等社会慈善救助机构，开创近代社会区域保障体系的先河。

自治离不开社会安定。在外有列强干涉、内有军阀混战的背景下，张謇竭力周旋各方，在政局动荡之中努力维护区域安定。大生系统建有专职保卫实业、维护治安的武装，从最初组织不脱产的"工团"，发展到拥有建制武装的"实业警察总队"，官兵人数近1000人，为自治和事业发展打造稳定的社会环境。

其二，空间路径：成聚、成邑、成都。张謇借用先贤智慧，推进地方自治。在《记论舜为实业政治家》中，他表达了自己向往远古贤君发展实业、经营地方"一年而所居成聚，二年成邑，三年成都"的政治理想，张謇的宏大愿景是以南通为示范，将这种地方自治模式推广到全省乃至全国，并谋求与外国的先进"村落"作文明之竞争。

张謇在南通的地方自治实践，源自1895年在唐闸建大生纱厂。唐闸位于南通城西北，原来只有不多的几户人家，但交通便捷，处于水陆要道，附近又为棉花产区，周围有不少乡民从事传统的纺纱织布业。张謇征地400亩，其中140余亩用来建厂，1899年大生纱厂投产时，唐闸已有工人800多人。

在大生纱厂逐年赢利后，张謇在附近新建了大兴面粉厂、广生油厂、阜生丝厂等配套工厂，同时启动市政建设，修道路、兴河运、搭工房、盖商铺、办学校，并以运河为界，工厂区设在河西，居住区、行政、公园设在河东，唐闸大桥连通东西。到1920年唐闸工厂林立，商业兴盛，有近万户，人口5万人，成为近代工业重镇。当时国外发行的世界地图上，赫然印有这个弹丸之地。为了便于货物运输，此后张謇在沿江的天生港开辟港口，创建轮船公司，航行于通沪之间，还陆续在天生港建造仓库和火力发电厂。在南边五山风景区，张謇植树造林，建有不少景点和墅所。南通老城区被赋予教育、文化、商贸等新功能，在南濠河畔发展文教事业，在桃坞路一带设有公共行政设施和商业金融、娱乐休闲、餐饮旅馆等服务业。

图 1-11　唐闸一角

经过30年经营，按照"成聚、成邑、成都"思路，打造了唐闸工业区、天生港港区、五山休闲区和老城区，构成了"一城三镇，城乡相间"的独特田园城市格局，同时又与周边的三余镇、常乐镇、海复镇等新兴垦区乡镇组团发展，从而促进了区域城镇化水平的提高。

其三，内涵布局：实业、教育、慈善。张謇地方自治涉及国计民生的各个领域，实业、教育、慈善是其主体工程。张謇说："实业者，西人赅农、工、

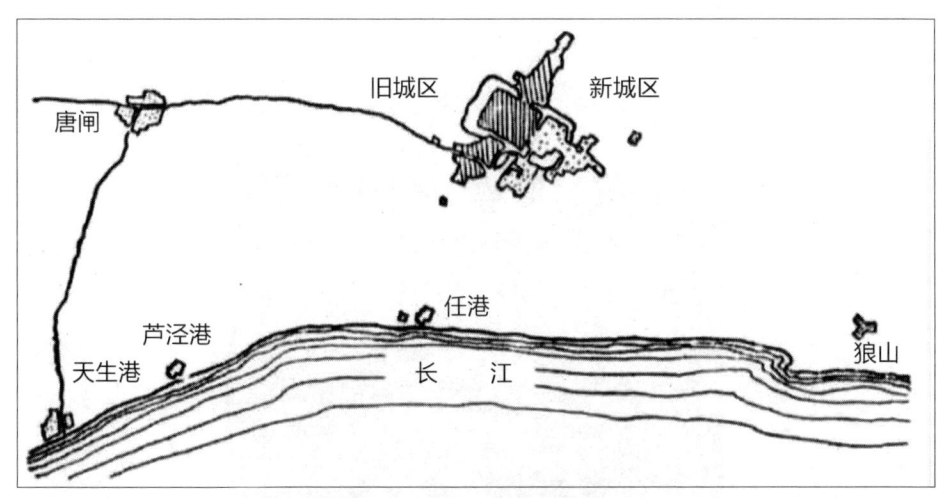

图 1-12　南通一城三镇示意图

商之名",并把水利、交通也归并为实业。不难看出,张謇所做的地方自治事业,涉及经济、教育、文化、社会、交通和城市建设各个方面,是南通向现代化转型的整体性重构。张謇主张循序渐进,推进地方自治,应遵循事物发展固有的规律,从无到有、从小到大、从塞到通。

在实业发展方面,张謇倡导"棉铁主义",从棉纺织入手兴办实业,建立起门类齐全的产业体系,开启南通近代工业化进程。张謇借鉴股份制等公司制度来经营农业,通海垦牧公司示范和带动了苏北地区农垦事业的发展。张謇积极鼓励对外贸易,主动依托上海,吸引各类要素和资源流向南通。

在社会建设方面,张謇开办慈善事业,以社会福利为中心内容建立各类社会事业,包括医院、气象台、公园、残废院、栖流所、济良所和模范监狱等,构筑现代慈善公益组织体系。同时,他投身于交通（公共车辆、路灯、桥梁、涵闸）、通信（电话、电报）、公共安全（改造政府监狱,设警察传习所、妓女改造所和戒毒所）、公共休闲（公共体育场所、唐闸公园和市区东、西、南、北、中五公园）等建设,把传统慈善事业向现代社会公共领域拓展。他还成立了一些"准政府"机构,如清丈局、保坍会、路工处等社会组织。

图 1-13　南通五公园（东公园、西公园、南公园、北公园、中公园）

在教育文化事业方面，张謇推动科举教育向现代教育转变，以创设通州师范为起点，建立高等教育、普通中学、小学、专门技艺学校、职工学校以及幼稚园等教育机构，形成区域性完整的教育体系。同时，创立公共文化事业，建有馆藏文物达29000余件的南通博物苑，有中文书籍15万余卷、外文书籍600余部的南通图书馆，还开办戏曲学校——伶工学社和电影制造公司、一流水准的更俗剧场。

张謇的地方自治，带有鲜明的个性特点。由他"个人主治"为主，作为清末状元和势倾东南乃至全国的新兴绅商代表，张謇在政坛、士林和地方上具有崇高的声望，颇为朝野看重，他积极争取官府资源和动员社会力量，从经济入手来推动教育、社会和城市建设，使南通近代化进程表现出较高的组织程度。这不仅不同于欧美、日本的地方自治城市，而且与同时期天津、上海、苏州等地方自治相比，也有很大的差异。袁世凯在天津推行的地方自治，将官治融入自治，以迎合清廷通过整合社会力量来强化统治的意图。上海地方自治是在外国租界刺激和影响下发生的，由绅商倡办并以城市管理和建设为主要目的。在以市民公社为特色的苏州地方自治活动中，街区基层自治组织主要参与市政建设和管理，与孙中山倡导民权、黄遵宪重视地方自治政权和地方议会建设、梁启超认为自治本质是法律和民主不同，张謇地方自治思想基本不涉及民权等民主政治内容，因而张謇的地方自治，与西方以民主政治为要义的地方自治理念有很大不同，更多地体现他田畴般的士大夫情怀。事实上，与田畴一样，张謇是经营地方的伟大开拓者和成功实验家。

走出"欲自治不能"的困境

张謇强调"自治须有资本""即使政治上之预备，必先为人才上之预备，尤必先为经济上之预备"。张謇多次感叹，"不自治不可，欲自治不能"。至于"欲自治不能"的原因，1905年创业已十年的张謇反思说，所经历的艰难险阻无以计数，概括起来有三难，即"集资难""求才难"和"御侮难"，生性倔强的张謇既然认定"不自治不可"，那就只能想方设法走出"欲自治不能"的窘境。

一是解决集资难问题。经费缺乏是制约地方自治的首要难题。张謇常因"自治待举之要事，相逼而来，而自治经费之问题，茫无所向"。清末地方财政，根本无力承担地方经济发展和社会文化建设的功能。1909年清廷颁布《城镇乡地方自治章程》，仅规定以"地方公款公产"作为自治的经费保证。实际上，几乎所有的地方既无自治所需的"公款"，也无可用的"公产"。在一些地方推行自治，因经费匮乏而被视若苛政，激化社会矛盾，清末由此引发的"民变"和"风潮"有数十起，因教育经费问题造成的毁学事件和诉讼案件有上百件。张謇主要靠一己之力和企业办社会来解决地方自治经费，"岁丰则扩其范围，值歉则保其现状"。

个人私产，包括办实业所得的股息、红利和公费，还有私人礼金和卖字收入，甚至是银行贷款。张謇曾在1921年、1923年、1925年等年份，对于自己用于地方事业的费用，分别做过统计，他和张詧一共捐给"教育、慈善、地方公益"的经费，包括负债在内，合计达400万元之巨。

企业盈利。张謇以企业办社会，用实业支撑事业，大生成为南通兴办各项社会事业的投资主体。张謇希望借各位股东资本之力，成就自己建设一新世界雏形之志，以雪中国不能实行地方自治之耻。为办通州师范学校，张謇将大生"余利"每年抽出1/14，作为固定经费。二十多年该厂用于办社会的支出，占纯利的8%。

集资募捐。公共集资，包括采取股份公司形式集股聚资，以及为办公共事业而募集公债，如曾为建南通电气工厂和发展公共汽车交通而募集公债。另外，还有张謇的一些亲朋好友和社会人士的资助，如沈燮均曾资助通师一万元。

二是解决求才难问题。张謇曾感喟知音难觅，"经营通州一方之实业"，"所同心共事者，一兄与三数友而已。"办纱厂，张謇主要依靠布商沈燮均；搞垦荒，选用学过测绘的江知源；兴教育，重用才学横溢的江谦。而张謇提到的一兄，就是有着十多年官场历练的胞兄张詧，在江西为官的张詧回到南通后，承担起张謇实业"内当家"角色。张謇从事地方自治，最开始的骨干团队主要由业缘、地缘、血缘联结而成。大生最初"通沪六董事"中沈燮均、刘桂馨都是南通本土布业巨子，江谦、江知源则是张謇早年主持的江宁文正书院的学生，后又分别被委以通师校长和通海垦牧公司副经理的重任。地方自治的推行，对人才需求量大幅增加，张謇想方设法予以解决。

就近遴选。主要是从"家族二代""商二代"和"友二代"中挑选。张孝若留洋归来，张謇让他全面辅佐和参与自治事业。被张謇誉为"大生后起之秀"的沈燕谋，是其好友沈燮均之孙。经过张謇精心栽培，好友周家禄之子周坦、陈维镛之子陈琛、何嗣焜之婿刘厚生、部下林兰荪外甥吴季诚，分别在自治机构和大生集团担任要职。

自主培养。张謇根据经济社会发展需要，先后开办师范、纺校、农校和医学院等，大力培养各类人才。张文潜是张謇创建的南通纺校学生，在美国深造后担任大生八厂副经理兼工程师。通师学生孙钺好学笃实被张謇看中，未等结业就破例被选中参与博物苑筹建，后又被聘为首任苑主任。通师另一个学生孙支厦，在校学的是测绘科和土木工科，毕业后参与张謇对南通的城市规划和建设，成为事实上的南通总建筑师。这些本土成长起来的年轻一代，成为南通地方自治的领军人物。

延纳人才。张謇不拘一格罗致人才，通过自己物色、友人推荐和公开招聘等途径，借才引智，遴选地方自治急需的各类人才，如邀请戏剧家欧阳予倩主持伶工学社，聘请有"针神"之誉的沈寿担任女工传习所所长。张謇在大生纱厂和通师创办之初，聘请了一批日籍教习和洋专家。他坚持"待遇宜厚，情感尤重"原则，先后从英、美、法、德、日、荷等国引进各类人才四十多人，其中就有著名的水利专家特来克。

三是解决"御侮难"问题。张謇推行地方自治及各项事业，受到各方面的阻力。张謇举例说，过去从事垦牧，现在疏浚河道，受到下面的阻挠；过去发展航运，如今兴办盐业，又有来自上头的阻力，这些都实有所指。如，张謇组织开垦沿海荒滩，当地游手好闲的"沙棍"借机滋事，甚至哄抢荡草等公司财物。又如，他任同仁泰盐业公司经理时，为改良制盐投入大量费用，"改良盐"每斤成本达27文，而盐运司却按旧例11文7毫的牌价收购，公司因而难以为继。张謇拟再办一家盐业公司以弥补亏空，盐运司百般推脱，张謇又请求运盐到外地销售，盐运司拒不应允。由于官府安于苟且、肆意打压和制度僵化，造成革新维艰的窘境。张謇希望通过改良政治，为实业发展营造良好环境，也为推动地方自治提供制度保障。特别是他在担任北洋政府农商总长时，提出了一系列经济发展的纲领和法律制度。

"倒置的金字塔"

1922年，南通地方自治事业进入巅峰期。本来，张謇打算仿照大阪博览会和南洋劝业会，举办南通自治二十五年成绩报告会。不过，此前一年夏秋的飓风暴雨，打乱了他的计划。

也就在1922年8月，南通城迎来了当时国内最负盛名的顶尖级科学团体——中国科学社。四天的年会行程被安排得满满的，到会的40名著名学者下榻于一流的俱乐部宾馆，除参加年会活动外，还应邀参观南通具有代表性的地方自治事业，包括实业、教育、文化和慈善等机构，晚上则在更俗剧场观看由张謇创办的电影公司拍摄的新闻纪录片《南通风景》，让科学家们以当时最时尚的方式来感受南通。有人告诉已逾八十的马相伯，将去参观的沿海垦区在几十公里之外，他笑答："吾闻南通县道，宽阔平坦，甚愿偕行，若不趁此机会，恐将难见张啬公经营自治之最大成绩。"梁启超则发表演讲称，"南通是我们全国公认第一个先进的城市"。柳诒徵将南通和上海比较，"上海之新事业非不多于南通，而所以远不及南通者，即由其尽失却中国文化之精神，而为西洋文化之奴隶也"，过探先写下1700字参观感受，盛赞"南通之著闻，以实业之发达""南通之著闻，以教育之普及""南通之著闻，以自治之成绩"。

图1-14 1922年，张謇邀请中国科学社到南通召开年会。（前排左起杨杏佛、张孝若、张詧、推士、张謇、马相伯、梁启超、吴敦复、谭熙鸿、丁文江，二排戴领带者竺可桢，三排戴眼镜者陶行知）

不过，同样在1922年，连年赢利的大生纱厂出现严重亏损，这一年成为大生由盛而衰的转折点，张謇的自治事业因而受到牵累。其实，年轻的张孝若早已看出危机的端倪。他不止一次地把南通地方自治比作是"倒置的金字塔"，"这么多的地方事业，靠着一人一家确实不稳"。为改变局面，张孝若不是没有努力过。1920年，受西方文化影响较深的张孝若希望通过组织自治会，改变过去"个人统系的南通""个人自治模范之南通"，让自治会成为南通120万人民的代表。张謇不以为然，"南通之人，人各一舌，舌各一语，语各一曰，名曰自治，未必能自治"，他认为"县之人，为地方实心办事，能为自治表征，不尽系乎县会之有无"。"倒金字塔"结构及"个人主治""企业办社会"，使南通地方自治更多体现的是张謇个人的影响和力量。

张謇在南通推行地方自治30年，成效卓著。

第一，领先性。通过地方自治探索，南通在很多方面走在同时期国内城市的前列，创下了众多的"中国第一"，一、二、三产业互动，文教和公共事业较为完备，生产、生活和生态布局合理，充满人文关怀。张謇在基础条件远远落后于西方的情况下，为推动南通城市化所做出的贡献，堪与新型城市建设的鼻祖霍华德相媲美，张孝若说其父所办的事业"在中国都是第一件事"。

第二，系统性。横向来看，由点到面推进各项事业，如1901年通海垦牧公司成立后，张謇近代化事业的空间范围逐步扩展到更为广阔的通海及周边地区，甚至在遥远的绥远河套地区建有西通垦殖公司。纵向来看，着眼于实业发展、社会进步和民生事业改进，按照治标与治本、需要与可能、时机与条件，区分轻重缓急，分步实施。他还主张徐州建省，发起组织"专谋自治事业"和"合群自治"的苏社，希望通过"省各自治而后能联"的"联省自治"，把自己的地方自治实践推向全国。

第三，协调性。注重产业协调，以棉纺织为主体，建立紧密关联的植棉基地、配套企业及交通运输、金融贸易等产业。注重区域协调，通过发展棉纺织、港口运输来带动唐闸、天生港市镇建设，通过黄海垦植来保证棉花原料供给，带动沿海滩涂开发，促进以工兴城、工农互动、城乡一体。注重要素协调，在主城区，科学规划并配置公共行政、教育文化、商业金融、市政园林、娱乐休闲、餐饮旅馆等要素，整体提高城市现代化水平。

第四，特色性。张謇的地方自治，既有目标和计划，又有具体实在举措；既涵盖物质层面，又涉及精神领域；既是中国的，又融入西方元素。在其主观认识上，"在商言儒"的他，继承了中国传统文化特别是儒家思想的精髓，同时又吸收借鉴近代西方的一些价值理念。南通的地方自治，是在几乎不靠外力情况下，完全通过自身努力的自治，正如张謇自己所言，"南通事业向系自动的，非被动的，上不依赖政府，下不依赖社会"。

在国力积弱、列强肆虐的大背景下，张謇在"群喙摧撼之中，风气盲塞之地"，艰难地探索着建设"新世界"之路，虽屡屡碰壁却初心不改，他努力寻觅着改造中国社会的妙方良药。南通从落后小城跨入现代城市行列始于张謇，近代南通历史也由此而翻开新的篇章。当代著名学者吴良镛认为，南通堪称中国近代第一城。由此看来，张謇当之无愧成为"近代中国地方建设之第一人"。

五、近代史上"斜杠"探路者

张謇可谓近代史上"斜杠"人物的代表，正如胡适所言，"独立开辟了无数新路"。他大力实施实业救国和教育救国主张，在推进传统社会向近代社会转型过程中，开创了许多前人所未有的事业，其中不少为全国之最或第一。比如：

大生企业集团在清末民初成为我国最早的民族资本企业系统；

通海垦牧公司（1901年）是我国第一家农业股份制企业；

通州师范学校（1902年）是我国最早的民立师范学校；

江浙渔业公司（1905年）是我国第一个官办民营渔业公司；

南通博物苑（1905年）是中国人自己创办的第一座博物馆；

南通纺织专科学校（1912年）是中国第一所纺织专科大学和第一所厂办

大学；

河海工程专门学校（1914年）是我国第一所水利专科学校；

军山气象台（1914年）是中国人创办的第一座气象台；

聋哑师范传习所（1917年）开中国聋哑教育先河；

伶工学社（1919年）是我国第一所正规戏剧学校；

…… ……

"斜杠"者张謇，作为一位大百科全书式人物，近代史上很少有人能做到像他那样，涉足如此广泛的领域，在经济、政治、军事、外交、教育、金融、法律、宗教、慈善、气象、文博、诗歌、书法等众多方面，都颇有建树。对于这些领域张謇所做出的成就，大多已为人们所熟悉。不过，鲜为人知的是，张謇还是中国近代测绘发展的先驱。由于诸多原因，人们对此知之甚少。因而这里仅以测绘为例，介绍张謇在实业、教育和地方自治以外领域所做出的开创性贡献。

测绘在中国历史悠久，被广泛应用于古代天文、地理、工程、军事、地图编制及国家管理领域。同时，测绘与张謇推行的地方自治、实业发展、城市建设和治水工程，关系密切。清末《清会典图》的测制，编练新军时对大比例尺军用地图的测绘，推动了中央、省级专职测绘机构的设立和测绘专门教育的兴办，测绘因而发展成为一门独立学科。伴随社会进步，测绘对经济发展、工程建设、社会管理和国防军事的作用，越来越凸显。

独树一帜的测绘观

张謇的测绘观，源于其长期的知识和实践积累，特别是在他兴办实业、推进地方自治和履职农商总长、全国水利局总裁等社会活动中形成。对水利测绘的认识，是其测绘观的重要内容。张謇曾说自己之所以对水利测量"熟审事理"，是因为"早年略窥治河之书与泰西水利之粗迹"。作为清末状元，张謇博览群书，注意钻研古代测量制图技术，在他捐给南通图书馆的图书中，就有国内外各类地图数百幅。他用心读过清中期冯道立《淮扬水利图说》等典籍，1894年参加科举殿试应对河渠策问时，特地提到绘制《九边图》的申用懋，说明他在这方面确实下过功夫。同时，张謇对国外测绘也颇为留意。1903年，在考察日本大阪博览会农林馆时，张謇把北海道开垦图和自己的通海垦牧公司规划图做比较："北海道开垦图最详，与通海垦牧公司规画同者，墓地有定，廛市道路皆宽平；不同者，田不尽方，河渠因势为曲折。其不同之最有关系而大者，北海道故有大林，而我垦牧公司地止荒滩；北海道无堤，而我之垦牧公司地非堤不可"。宋希尚早年曾在大生的盐垦公司和通州保坍会工作，1921年张謇资助他赴欧美游学，1923年宋希尚回国后，追随张謇开发吴淞，主要负责"测绘市区地图"，张謇通过这样的方式吸收借鉴西方的先进做法。

当然，从根本上讲，张謇对测绘的认识，离不开他长期与之相关的实践。一生以"治物"为重的张謇，十分注重亲身调查探索和总结提高。早在1887年，随孙云锦赴开封府任职的张謇，为获取治黄第一手资料，多次冒险乘船勘察黄河。此后数十年，张謇所从事的各类与测绘相关的活动，就一直没有间断。直至他去世前两年的1924年，还要求毕业于通师测绘科的学生、导淮测量处处长沈秉璜，将十多年来对淮河和运河测量成果公之于众。张謇对测绘的基本主张，可以归纳为以下几点。

第一，发挥"测绘为基"的先行作用。张謇说："测绘为地方自治之先基。"早在20世纪初，在向清廷提出的新政建议中，他甚至把测绘提到"变法之轨道"这样的高度，主张"学堂先学画图"，借鉴日本小学的做法，把测绘纳入基础教育之中，建议各府州县的初立小学堂，延请测绘教习，教学生测绘。测绘所涉及的国计民生领域十分宽泛，张謇在担任北洋政府农商总长时，主张把调查测量矿产、盐业、林业等资源，作为改革行政管理、提振经济的基础。他还有针对性地提出一些颇有见地的具体主张，如要处理好城市建设中规划与测绘的关系，"建设之先须规划，规划之先须测绘""建设之规划求其当，规划之测绘求其详，循序以进"。

张謇认为，测绘成果能为公共活动和社会管理提供重要的决策依据，因而始终重视地图的功用。1911年，他在为《南通县测绘全境图》所作的序中说："旧时方志之图不足据，军用之图又不能容，然欲求自治，则必自有舆图始。欲有舆图，则必自测绘始。"1913年，他致信南通县参议两会，强调"舆图为立国根本第一事"。1914年，在《江苏测绘舆图议》中，张謇重申，中国今日不可无精确之舆图，民国肇建，庶政待新，舆图涉及机构设置、内务、财政、农商、交通、教育、军事、司法各个方面，政府应视之为先务。不难看出，张謇把测制舆图摆在突出位置，作为经济社会一切事业的基础来看待。

第二，强调"国家主之"的公益属性。张謇认为，测绘具有公益属性，应以国家投入为主。筹办培养水利测绘人才的河海工程专门学校时，时任农商总长兼水利局总裁的张謇提出，学校的开办经费2万元由国家承担，而每年的办学经费3万元，则由首先得益、替其代培学生的直隶、山东、浙江、江苏四省均摊，经他出面协调，每省拨给开办费5000元，每年负担办学经费1万元。在筹建军山气象台时，张謇意识到，兴办测绘等面广量大的社会事业，不是"私家财力"所能负担的，在欧美则由"国家主之、地方辅之"。不过，

图 1-15　军山气象台

近代中国由于时局动荡、国力衰微，忙于补救"人事"还来不及，哪有闲工夫去研究自然呢？在这方面没有办法和欧美去比，清末民初政府无力顾及这些，张謇只能用一己之力勉为支撑。当然，这终非长久之计。张謇对此有着清醒认识，他不无忧虑地说，军山气象台虽为全国千百个县中的先声，但也很可能是硕果仅存。

第三，确立"始有准的"的科学精神。在筹办河海工程专门学校时，张謇就指出，"教育之道，贵定方针。凡百设施，始有准的"。对测绘专业学生和从业人员，他提出具体的素质要求。告诫通师测绘班学生，"诸生在事，务须习练知识，忍耐劳苦，以养成公德，名誉第一"。至于选拔测绘人员，张謇要求"察度学术外，兼须采询平日性行，必选其合于慈善、勤勉之格"。

针对不同的测量活动和对象，张謇提出个性化原则和方法。如对南通城市的测绘，张謇健全相关的规则办法，还总结出三条经验："必定经纬线""必用三角测""必用五千分（之）一比例"。而主持淮河水利测量时，张謇建立起一套测绘制度，对勘察测量的方向、比例、时限及人员配备、设备、资金，做出周密规划和预算，并将测量分为预测、实测和平面测量三个阶段："第一期曰预测，自淮下游以至上游及有关淮域各河一一遍测；第二期曰实测，俟预测告竣，确定应开应浚之河，详加复测；第三期曰平面测量，就淮水流域之内，区别地形之高下，规划支渠、沟洫、圩堤、闸坝之所宜"。

张謇对测量工作极其严谨。1914年，年过六旬、担任全国水利局总裁的张謇带领测量人员，采用西方仪器设备，亲赴淮河流域实测一个月，他们先合在一起勘测，后又分头行动，时乘舟船，时易火车，甚至冒着土匪枪声作业。

第四，倡导"彼之可学"的开放视野。张謇是近代较早注意学习西方的有识之士。在开展测绘等水利治理活动中，他提出"本旧说而参新法"，主张以古制为依据，重视对古代测绘理论和实践的借鉴，同时又赋予新的内涵。他说："方舆之图，不自今始也。《周礼·大司徒》：'以天下土地之图，周知九州之地域广轮之数'"，不过，古代的测量制图方法简单，测量仪器也不精准，不足以恃。事实上，近代中国的测绘业，总体落后于西方。张謇清醒认识到"西术可以补中术之不足"，他在为从西方考察归来的宋希尚所写的《欧美水利调查录》序言中，更是提出"彼之学可为我学，彼之法可为我法"。

在组织对长江、淮河测量时，张謇邀请荷兰、瑞典、美国等众多国家的专家参与。当时中国制造不出先进的测绘仪器，张謇在创办河海工程专门学校和军山气象台时，设法向西方国家购置先进的测量仪器。在组织测量淮沂泗水道时，张謇从国外采购一批经纬仪、水准仪、六分仪、流速仪。他还重视水利测量技术和方法的改进，测绘河道时首次综合使用平面图、纵横断面图和水位、流量、气候等要素。

测绘教育的兴办

中国近代学校测绘教育始于19世纪末，主要以军方为主导。如1897年袁世凯在天津创建北洋测绘学堂，1904年清政府成立京师陆军测绘学堂，它们都是较早的军事测绘专科教育。与之不同的是，张謇在通州师范开展测绘教育，主要基于发展实业和推进地方自治的需要，目的是培养实用的测绘人

图1-16　通州师范学校校门

才。民用测绘毕竟不同于军事测绘。1914年7月，张謇在为开办河海工程专门学校写给大总统袁世凯的呈文中，认为水利测绘"与地方舆地测量可以相通，而与陆军测量所应用者，则比例之大小，地形之主要，迥然有别。故现今我国陆军中习于测绘者，尚不乏人，习于土木而兼河海工科者，颇难其选"。

第一，在通州师范开设测绘科。早在1901年，张謇以日本为借鉴，系统提出发展测绘教育的设想，"学堂先学画图。山川都邑，非图不明；户籍水利，非图不清；警察，非图不灵；海军、陆军，非图不行；矿山、铁路、工商，非图不营。图，固变法之轨道哉！测量、画图之学，本不精深，学以半年，即能成就。日本初等小学即事绘图。故虽工商出游，莫不能右握铅刀，左擎纸素，随所游览，形形貌势"。为了能使自己提出的这些改革方案付诸实施，张謇上书两江总督刘坤一，力陈创设师范学堂之重要，"新宁韪之，下监司议，仅立算术测绘师范而已"，张謇拟将测绘和算术、师范教育并列，作为最基本的科目。1902年，张謇在创办通州师范时说："要实行地方自治，必先测绘各区舆图"，因此在师范学校附设测绘专科，以培养测绘人才。在他制定的学校《开办章程》中，把测绘科目定位为学生"受教之基础"、学校"公益最要之专科"。

1906年7月，张謇在通州师范学校开设测绘科，学生除从师范部一、二年级中挑选数学基础较好的外，还从校外通过考试招录一部分，学制一年半，设有测绘、算术及文史基础知识等课程。1907年年初，聘请日籍教师宫本负责测绘专业课，教授手板测量、罗针测量、经纬仪测量、水准测量、制图等内容，还组织实地测量实习。1908年1月，测绘班43名学生学成毕业。1908年2月，通师增设工科，挑选测绘科9名成绩优秀的毕业生继续深造，学习的课程科目为：建筑材料学、施工法、力学、透视画、图根测量、三角测量、河海测量、筑港学、河工学、道路学、制图实习，仍由宫本担任科主任并包班教学。1909年年初，这9名学生毕业。宫本曾在台湾土木局担任技师多年，学识经验丰富，教学水平较高，对学生热情而严格。通师测绘科和土木工科的毕业生，后来成为通州测绘局、南通清丈局、江淮水利公司的骨干力量。导淮测量处处长沈秉璜、协助张謇创办南通军山气象台的刘渭清、地图编绘界的权威葛烺、著名建筑师孙支夏，都曾就读通师测绘科。

第二，筹办河海工程专门学校。张謇任北洋政府农工商总长并兼全国水利局总裁时，深感国内测绘人才奇缺，"我国应加修治之水利，几遍全国，以现今少数之人才，令从测勘，实属不敷支配"，而各地"纷纷商请测员。目前不必言工程学，求仅明测绘、略知水利学之人，已苦无从招致。晨夕忧惶，不知所计"。张謇因而呼吁，"惟有急设河海工程学校，以期养成学生，俾可为助"。他最初设想，"学生定额百人，以中学毕业及能知算术、测绘者为合格，毕业年限，暂定二年"，并亲自协调解决校舍、师资和办学经费等问题，设四年制正科和两年制特科两班。1915年3月，我国第一所水利专科学校、也是第一所测绘专科学校——河海工程专门学校正式开学，张謇专程参加典礼。1917—1927年的10年，河海工程专门学校培养学生230人，毕业后大多数参加导淮和海河、长江河道整治等工程。

图1-17 1915年3月河海工程专门学校开校仪式（前左七为张謇）

第三，呼吁成立测绘养成所。为了加快培养水利测绘专业人才，1915年8月，张謇呈请大总统袁世凯饬令各省筹设河海工程测绘养成所。张謇为其制定的章程中，明确测绘养成所以培养河海工程测绘人才为宗旨，直辖于全国水利局及各省巡按使。凡测绘养成所毕业生，由全国水利局及各省巡按使指派服务3年，课程科目仿照河海工程专门学校。1915年，江苏河海工程测绘养成所在高邮成立，设有二年制本科、一年制速成班，先后培养毕业生126人。

各类测绘机构的建立

与测绘教育一样，近代测绘机构也是以军事需要为主而建立起来的。1903年清政府设立练兵处测绘科，就是效仿西方军队体制建立的近代第一个专职测绘管理部门，后来练兵处测绘科演变为陆军部军咨处下的测地局，同时各省也相继成立陆军测绘局（科），主要负责军事方面的测绘事务。在张謇推动下，先后设立的南通测量局、江淮水利测量局和南通军山气象台，则主要用于地方自治、水利治理、天文气象观测等民用目的。

第一，设立南通地方测绘机构。1908年年初，张謇在推行地方自治中设立通州测绘局，后来又相继设立清丈局、清丈传习所和路工处等自治机构，负责南通境内面积和地形地物测量、土地清丈、城市交通规划建设等职能。张謇亲自担任通州测绘局局长，测绘局下设干事、测量、制图3股，干事股主管测绘事务，测量股设图根测量、地形测量班，制定图根作业、水准作业、地形作业一系列测量规范和办事细则。1913年9月，张謇在给南通参议两会的信中不无自豪地说："测量局自成立以来成效卓著。全境五万分之一图，业已印出；二十一区分图，亦可次第竣。从此自治基本规定，而各区界址、地亩、道路以及学区、警区，均可了如指掌。"在南通自治机构中，测绘局存在的时间最长，支出费用也最多。

第二，推动组建水利测量机构。1909年，出任江苏省谘议局议长的张謇，认为导淮必先从查勘全流域和测量入手，提议筹建江淮水利公司。早在1906年，他就上书两江总督端方，建议设导淮局，负责导淮的测量工作。江苏谘议局通过了张謇等人的治淮提案，在清江浦（今淮安市）设立江淮水利公司测量局，后改称江淮测量局，隶属全国水利局，主要负责勘测淮河水系的河道、地形、雨量、水位、流量等。测量人员以通州师范测绘班毕业生为主，后来把苏州土木工科的毕业生也充实进来。

1913年，北洋政府在北平设导淮总局，以张謇为督办。次年，导淮总局扩充为全国水利局，由张謇兼总裁，内设测绘、调查、工程等六科，测绘科内又有测量、绘图两课。张謇向大总统袁世凯建议说，反复考虑，需要各省设立水利委员会，以从事调查测绘工作。袁世凯要求张謇"督饬有司，测量高下，分别疏导，先浚海港入水之处，以畅其流"。张謇认为，治淮为全国水利之先导，亲自勘测淮河。1920年4月，又成立以张謇为督办的江苏运河工程局，下设淮扬徐海平剖面测量局及江北运河工程处，负责运河测量等工作。

第三，筹办天文气象测量机构。1916年，张謇在南通军山建立气象台。早在1906年，他就在南通博物苑创设测候室。后又在南通甲种农业学校建有测候所，开设相关课程。1913年9月，张謇派数理娴熟，且有法、英、日文基础的刘渭清，到法国人开办的上海徐家汇观象台实习，学习测量经纬度、测子午线、天文年历用法等方面知识，又到昆山陆家浜验磁台研习推算各地日月蚀（食）、日月出没、节气等法，了解各地磁针偏差的测数及各地台站的海面高度。张謇还派员到北京中央观象台及观测总所参观学习。据1917年3月27日南通本地《通海新报》报道，张謇委托徐家汇观象台，向英法等国购置二十余种仪器设备，包括"时辰仪，为观测及报时之用""日晷仪，为观测太阳、以校准每日时刻之用""经纬仪、天体仪、指星仪等件，为观测天体经纬及校准时刻之用"，办军山气象台耗用建筑费用7703元，造路费709元，购置仪器费用2006元，其他开办费500多元，皆由张謇、张詧兄弟捐助。另外，张謇还承担军山气象台每年常用开支。根据军山气象台1917年1月—1926年11月收支账目，十年间张謇共捐出19000多元作为气象台日常经费。

张謇曾将军山气象台开办情况，向民国各级政府直至农商部报备。经过两三年筹备，1917年年初，气象台开测。张謇自任气象台总理，台务由刘渭清主持，业务涵盖天文和气象等，包括在南通境内进行大地测绘，以经纬仪测定地方经纬度和子午线，预报日食和月食，观测行星、黑子、极光和黄道光，测报潮汐和守时报时等。气象台还从事科学研究、科学普及和人才培养工作，举办测候训练班，对进修生教以实用的天文、气象观测方法。1919年5月31日，南通县农会主办的《南通新报》在《测候生期满考试》报道中，登载有对进修生的毕业考题，包含"用三等经纬仪测北极星以求子午线及纬度，又测恒星以求经度"等内容。军山气象台改良制作的铜质指星仪、赤道晷，在1922年直隶工业观摩会上展出并获奖。还定期编制和发布观测资料，与世界上四十多个国家和地区交换。

开全国先河的业绩

张謇精通测绘知识。1919年，根据历年实测记录，他在《江淮水利施工计划书》中精密计算，详细分析淮河入江、入海水量分配，淮水最大流量按每秒12500立方米计算，"拟以最大水量百分之五十六，即每秒七千立方公尺，由三河、高邮湖经归江各坝入江；百分之二十四，即每秒三千立方公尺，由张福河、废黄河入海；以百分之二十留存洪泽湖"。在《张謇全集》中，附有水道图、施工计划图二十多幅，其中在《张謇全集（4）》后，附有通海垦牧公司等画图16幅，在《张謇全集（5）》后，附有东盐阜原有各大港分段图等6幅图，这22幅图主要为盐垦公司分布图和治淮等水利方面的用图。在组织对南通测绘时，张謇能熟练地运用地形学上的信息。筹建军山气象台时，他在分析地形、运用测量数据的基础上，经过比较和优选，修建了一条通向军山顶部气象台最合适的道路。更为重要的是，张謇将测绘业务广泛应用于实业、自治、治水和社会管理之中。

第一，滩涂测绘。1900年，张謇筹建通海垦牧公司，借用陆师学堂毕业生。江导岷等人携测量仪器，在大片人烟稀少的荒滩上测量。张謇还细心地嘱咐江导岷，测绘之后"到省画草地、垦地合图及缩图，所用纸须八尺煮捶宣，先裱一层作衬尤好"。测绘成为通海垦牧公司的基础性工作，在1901年制定的由46人构成的公司"编制职员表"中，专门有"测绘二人"岗位及薪酬标准。1910年，通海垦牧公司已初具规模，筹备股东会时，张謇要求"精绘全堤总图，各圩分图。总图明大势，分图须将各圩田亩、房屋、沟渠、道路、桥梁以及佃居、堼数、字号一一绘入，并详注名目"。这不啻是通过"精绘"垦牧公司的竣工图，以直观的方式，由张謇向股东们展示十年来的垦牧成效。

第二，城市测绘。张謇在南通推行地方自治时，就十分重视测绘的作用。身兼通州测绘局局长的张謇，主持在南通全境范围内进行大规模的测绘。张謇在组织编写的《南通地方自治十九年之成绩》"测绘局历年成绩报告总表"中说："以南通七千四百三十五方里之面积，皆为我测绘人员足履之所跋涉，手腕之规画，历尽艰辛，备尝困苦，风餐露宿固所不辞，酷暑严寒亦未所懈"，使得"自治区、学区、警区可得而分，田赋可得而厘，户口可得而查，农田水利可得而修，工商业可得而计矣"。同时开展专题测绘，如公路测量设计，测设北干路（今通榆线204国道一段）和南干路（今通启线一段）38公里。清丈土地，丈竣南通境内田地二百余万亩，并规范为原田、沙田、灶田、灶荡、沙地、民荡、荒地、基地、河道等十类。通过测绘和编制各类地图，为户口统计、田赋征收、选区划分、教育布局、治安维护，乃至交通水利建设、农工商发展和南通成为"模范县"，奠定了基础。

1920年11月，68岁的张謇被北洋政府任命为吴淞商埠督办。为建设"商港合一"的东方大都市，1923年年初，张謇公布《吴淞开埠计划概略》，将"测绘精密地形"作为"第一步"，以"规划全埠道路、河渠位置""先求测绘之详，次求规划之当，再具计划书，商告国人，广求教益"。张謇组建埠界测地绘图的班子，很快测量完成二千四百分之一的全埠地图，"测绘已竣，规画初成……定路线一千六十余里，用地二万四千余亩"。

第三，资源勘测。测绘涉及国计民生各个领域。张謇在担任袁世凯政府农商总长后，加快推进法制建设，推动把资源勘测写入相关法规条文，以此来提高政策效能。1914年，他向大总统袁世凯建议，在直隶龙门县筹设国家第一铁厂，在江苏秣陵关设国家第二铁厂。还组织对两处铁矿"测绘详图，并就近采勘适于炼铁之煤，以便计划设厂"。张謇致力于盐政改革和盐业发展。他认为，盐政改革"入手之方，首先调查场产、测绘滩地，次则盐滩登记，制盐特许，使供求相应，不至过剩"，强调"今欲各省一律办理，何处可以设仓，何处可以设栈，何处宜用步警，何处宜用马警或水警，均非有详细之地图不可""建仓设警，为整理场产之必要，调查测绘又为建仓设警之起点"。张謇把对盐业资源开展调查，组织测量和制图，作为盐务改革的"起点"和"入手之方"。着力采取措施整改林政，针对东三省等地森林保护不力的乱象，张謇认为，"吾国林野向无正确之图籍，以故一切规画均无从着手。今欲求林政之统一，自非先测绘不可"。在农商部下设林务局，负责国有森林勘测、管理和经营事务。

第四，水利测绘。中国具有实用意义的河道地形测量始于近代。而最先倡导用近代技术测绘长江流域的，要数张謇。20世纪70年代宋希尚在《河上人语》中说："五十年前用仪器来测量水利工程作为设计依据，不易置信，张公实为推动最力之人。"第二次鸦片战争后，列强企图控制长江治理权，着手开始河道测量，1861年，英国海军测绘长江航道。张謇为此疾呼，"英人则于我长江上自宜昌下迄崇明、宝山，测量已二十许年，有图有表。试问扬子江谁之地也"，同时，位于长江下游北岸的南通坍塌严重，而清政府却束手无策。张謇痛心地说："江之受病深矣，沿江之水灾，航行之阻浅亦久……试问有知江之流量若何，流速若何，流向若何，倾斜度若何者乎。"

1908年，张謇出资3000元邀请上海浚浦局派人来通，勘测水势。荷兰、瑞典等国水利工程师经过数次勘测，完成了通州沿江形势图和勘察说明书。以张謇为首的南通保坍会，据此实施护岸工程。1922年，张謇担任副会长的扬子江水道讨论委员会，组织对镇江至南通长江两岸860平方公里进行测绘。张謇聊以自慰地说："政府特设扬子江水道讨论会，謇虱其间。又设扬子江测量处于上海，为自汉口迄江阴第一步之量深度浅，测坡证平。盖吾国人自测量之水道，淮之外，江其一也。自五月至今，测绘告蒇，可以编次成帙矣。"

同样，张謇为治理淮河也倾注了大量心血。他认为，"非先加测绘不能穷诸水之源流，祛积年之痼弊"。他主持下的清江浦测量局，对整个淮河流域流量、水量、雨量和水位，进行了十多年的勘察测量。他组织实测废黄河口潮位，把 1912 年 11 月 11 日下午 5 时的低潮位，作为基准面，确立淮河流域以废黄河零点为基面的统一高程基点，沿用至今。在老子山、盱眙、高良涧、蒋坝设水位站，开展中国近代最早的湖泊水文观测研究，成为用西方测量技术整治水利的创举。

张謇治淮测量区域之广、勘察内容之多，超过前人，积累了丰富的第一手资料。此外，张謇还对测量和治理黄河、扬子江、珠江、松花江、辽河等流域，提出方案。

第五，地图绘制。张謇重视地图的绘制与使用。通州测绘局成立后，张謇组织通师测绘班学生，开展州境内地积和地形测量，这项工作从 1908 年 3 月到 1910 年 5 月，历时两年多，1910 年 6 月开始图纸绘制工作，次年 2 月完成。测绘面积为南通全境 7435 方里，共测图 791 幅，绘图 865 幅，缩图 992 幅，引图 974 幅，算图 463 幅，比例尺包括 1∶5000、1∶10000、1∶20000、1∶50000、1∶180000 和 1∶250000 6 种。从 1915 年 8 月到次年 10 月，又组织较大规模区域内水利测绘，共测图 345 幅，绘图 401 幅，晒图 3590 幅，算图 271 幅，比例尺均为 1∶5000。南通的测绘事业由此居于全国前列，尤其是"五千分之一图在全国，亦惟南通为第一次"，其做法被北洋政府内务部作为示范，指导全国。

张謇还重视地图的出版使用。20 世纪初，他创办了近代新式出版社——翰墨林印书局，编辑出版大量测绘方面的书籍和地图。如 1917 年 11 月，翰墨林印书局印刷发行的 1∶5000《南通县城厢图》，图上标明南通城厢街道、水系、文庙、县署等，还有 1895 年以来张謇实业发展的主要项目位置和用地情况。此外，翰墨林印书局还代印《南通县警察守望地点及巡逻路线图》等有实用价值的地图。

更为可贵的是，张謇是近代我国较早意识到用地图宣示国家主权的有识之士。清政府准备参加 1906 年意大利米兰渔业国际博览会，张謇参与了前期筹备工作。他提出要绘制海图，以表明渔界和海权，为此上书清廷指出，"中国渔政久失，士大夫不知有所谓海权"，强调"表明渔界，即所以表明领海主权"，建议"渔界全图……准经纬线着色精绘""此图印成，可以发给渔业总公司，各省渔业总会、分会，并可由外部连同赴义赛会章程咨送各国驻京公使各一分"。清政府商部按照张謇提议，组织绘制"江海渔界全图"，包括中国海总图 5 幅、沿海七省份图 7 幅，并以中、英文详细注释，以此向国人乃至世界宣示中国领海主权。张謇晚年特地在自订年谱上郑重记下此事，"规画意大利秘拉诺赛会，以中国东南海渔界图往与会。渔界所至，海权所在"。秘拉诺赛会，即米兰渔业国际博览会。

第六，测绘著述。张謇的测绘理论和实践都极为丰富，散见于其各个时期演讲、书信、日记、规章、条陈、呈文等文献资料。

张謇重视对各类测绘实践的总结。1911 年，他为翰墨林印书局代印、由南通测绘局编辑的《南通测绘之成绩》作序，详细介绍了近代南通测绘业发展缘起、过程及其主要测绘数据。书中介绍了通州测绘局基本情况、规章制度、人员和经费使用、工作成效，还包括当时南通水陆道里、江岸测绘图表等内容。

1915 年，由张謇组织编写的《南通地方自治十九年之成绩》中，详细记

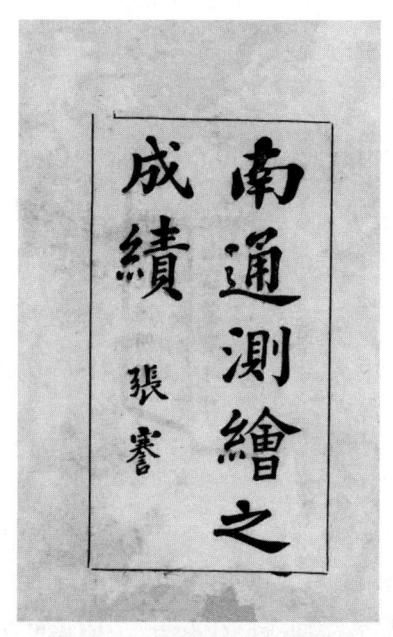

图 1-18 《南通测绘之成绩》

第一章·开路先锋

录了地方测绘人才培养、测绘机构建立和测绘工作开展的情况及其成果。

张謇组织并参与编写的《南通县图志》，记述了近代南通发展实业、教育、兴办地方自治的业绩。其中地理志部分，将用现代测量仪器实地测得的数据，编制成测绘表。张謇在《续纂后序》说："测绘莫要于以五千分之一为比例"他把大比例尺的五千分之一图誉为"国之秘图"，并称"入志以五万分（之）一（图），此南通名'图志'之义例也。"

1924年，张謇还组织力量将12年来淮河测量的成果，包括平面、断面、流量、雨量、水位、土质等翔实数据，汇编为《导淮测量处成绩》出版，他为之作序。

从这些著述中，不难寻觅到张謇兴办测绘事业，领导、主持和参与测绘活动，以及测绘思想形成的历史轨迹。

张謇曾说："内务部、省长佥以南通测量为一千七百县之嚆矢。"同样，张謇对中国近代测绘业的贡献是开创性的，尤其是他促进传统测绘业实现了近代化的转变，由清末军方主导和军事需要为主，转为以民用为重点和全方位为经济社会服务。张謇推动兴办一系列的测绘教育和测绘机构，为发展实业和地方事业开展工程测量，在建设家乡南通和开埠吴淞时主持了大规模的城市测绘，为治淮和长江保坍组织对江淮水利进行勘测，任北洋总长期间重视资源普查和相关法规的建立。张謇在近代测绘领域的探索是其实业救国、教育救国实践的重要组成部分，所取得的业绩，完全可以与其实业、教育、社会事业等其他方面的成就相媲美。

第二章·交往世界

据笔者对张謇日记、来往信函和诗词等史料统计，与张謇来往的各个层面有名有姓的人物，超过一千五百人。张謇的社会交往极其广泛，前期凭借游幕和科举应试建立起广博的人脉关系，后期利用作为状元的巨大资源，通过兴办实业、上书提建议、参与政治与短暂的入仕之机，广泛结缘政、商、学、军界人士，交往对象从清廷和民国政府的首脑、各地督抚到地方士绅，织就了一张涵括学缘、业缘、地缘、亲缘的庞大网络，堪称顶级社交圈。

第二章·交往世界

一、与执政者的恩怨

张謇在清末民初政治舞台上积极作为,为了实现自己的政治抱负,他是如何和最高当政者交往的,彼此有哪些恩怨纠葛?

被张冠李戴的慈禧"四次召见"

关于张謇和晚清实际上的最高掌权者慈禧之间的交往,有一则流传甚广的说法。从1907年春起,张謇曾被慈禧四次召见,慈禧每次语及时局之非,不觉泪下。慈禧四召张謇的说法,被数十本涉及晚清时局的著作所引用,而且还被演绎得绘声绘色。如召见时,张謇直言国家财政陷入两难的窘境,还如实陈述怨声载道的世情。慈禧不禁失声痛哭。又如,张謇曾问慈禧,改革是真还是假?太后说:"因不好才改良,改革还有假的不成,此是何说?"还说:"我久不闻汝言,政事败坏如此。你可以问问皇上,现在召对臣工,不论大小,甚至连县官也时常召见,哪一次我不是用言语以求激发天良,要求他们认真办事?万不料全无感动。"在许多涉及晚清的著作中,都沿用了上述说法。不过,笔者查遍张謇日记、年谱和信函,并无此记载。

张謇日记虽然所记事情较为简单,但对于一些重要事件特别像与一些重要人物的交往,却很少漏记。从张謇日记、年谱等资料记载中不难发现,他和慈禧的直接交往很有限。

一次是张謇在1894年9月15日(八月十六日)日记所记,"随班入贺上皇太后加徽号礼"。徽号是赞美之辞，清代遇盛大庆典便有加上皇太后徽号之礼，以示尊崇，1894年（光绪二十年），慈禧六十大寿叠加徽号"崇熙"，张謇随王公大臣、文武百官等入慈宁宫，参加贺慈禧加徽号仪式。

另一次是十年后的1904年8月4日（六月二十三日），他让赵凤昌把有关日本《宪法义解》等书寄给内务府的赵庆宽，径达内庭。赵庆宽擅丹青，颇为慈禧赏识。张謇说："事即不成，花去几文，权当落去几点眼泪。"事实上，慈禧看到此书后，召见军机大臣瞿鸿禨时说："日本有宪法，于国家甚好"，这在张謇年谱中有详细记载。据说，这位不明就里的军机大臣，赶紧让人找来宪法类书籍补课。因为地位悬殊，张謇和慈禧的交往只是间接的和远距离的，张謇往往只能通过一些间接手段来影响晚清当权者。

其实，自1898年告假出京到1911年再次赴京，中间13年，张謇未曾到过京城。1911年阴历五月，为组织赴美报聘团，张謇曾进京拜见摄政王载沣，张謇在日记中写道："摄政王南面坐，旁设四坐，见则肃立致敬。王命坐，即问：'汝十几年不到京，国事益艰难矣。'敬对：'自戊戌出京，今已14年。'"显而易见，张謇此前离开京城已有14年，因此1907年春慈禧召见张謇纯属子虚乌有。

被慈禧四次召见的，其实另有其人。岑春煊（1861—1933），历任陕西巡抚、山西巡抚、四川总督、两广总督等职，以"敢于言事，参劾官吏"而著名。八国联军攻入北京，岑春煊以迎銮护驾有功，深得慈禧信任。岑春煊曾被慈禧四次召见，痛陈时局之非，并弹劾庆亲王纵容贪腐。据他晚年所写的自传《乐斋漫笔》记载，1907年岑春煊"抵京之日，即蒙两宫召见，温谕有加，并详询近来病况，命在京休息，以备续有召对……入对凡四次，太后语及时局日非，不觉泪下。"岑春煊直言，"斯即人心离散之时。到此地步，臣愚实不敢言矣。"不觉失声痛哭，太后亦哭。言："我久不闻汝言，政事竟败坏至此。汝问皇上，现在召见臣工，不论大小，即知县亦常召见，均勖以激发天良，认真办事，万不料全无感动！"显然，也只有岑春煊这样深受慈禧信任的封疆大吏，才有机会与晚清最高掌权者面对面交流。事实上，张謇当时对清廷的主张，也要借岑春煊之手，来加重建议分量。1906年淮河大灾，时任两广总督岑春煊在上海治病，张謇前去拜见岑春煊，陈说治淮方案，并请后者代为上奏。

类似慈禧四次召见张謇这样被误传的例子，还有不少。如民间传说，慈禧六十寿诞时，在翁同龢运作下，特地选中第六十名贡士张謇为状元，以示纪念和庆贺。张謇因撰写贺联"太后寿诞六十花甲，轮流转返老还童千千岁；佛祖治国二圣临朝，天地应大清江山万万年"，从而讨得慈禧欢心，故点张謇为恩科状元，这也仅仅是戏说而已。

上述这些以讹传讹的说法，给人造成张謇对慈禧感恩戴德、彼此关系亲近的错觉。而事实并非如此。甲午中日战争后，围绕"战"还是"和"，清廷"帝党"和"后党"之间矛盾激化，张謇是以翁同龢为首的"帝党"骨干。在京城，张謇曾看到回宫途中的慈禧，对在暴雨中跪地接驾的文武百官不屑一顾的样子，为此极为不满，内心触动很大，也成为他自我终结求仕之路，并转而下海的直接诱因。

心怀感恩的天子门生

1894年5月28日一大早，光绪帝在太和殿传胪，张謇被授以翰林院修撰，尽管张謇在日记里仅留下"百官雍雍，礼乐毕备"这简短的八个字，但不难看出仪式十分隆重，这是张謇与光绪第一次近距离的接触。张謇状元及第，离不开自身努力，以及老师翁同龢等扶持。同时，还必须得到当朝皇帝光绪的恩准。对此，翁同龢日记里有过详细地描述，"卯正，上御乾清宫西暖阁，臣等捧卷入，上谛观第一名"，翁同龢在光绪帝面前，对张謇大加赞赏。张謇在日记中有过相似的记事，可互为印证，"卯正，皇上御太和殿传胪，百官雍雍，礼乐毕备，授翰林院修撰"。太和殿传胪是张謇一生引以为荣的大事，他的人生由此而逆袭，由寒门而跃为天子门生，张謇对光绪帝始终充满感恩之情，在当天的日记中，他诚惶诚恐地写道："小臣德薄能浅，据非所任，其何以副上心忠孝之求乎？内省悚然，不敢不勉也。"张謇成为帝党的重要成员。

1898年，丁忧期满回京销假的张謇奉旨入乾清宫。此时正值戊戌政变前夕，翁同龢被勒令回籍，张謇再次见到光绪帝，看到"圣颜""神采凋索"，心中自然十分难过，他在日记中写道："恭诣乾清宫引见，瞻仰圣颜，神采凋索，退出宫门，潸焉欲泣。"不久，慈禧发动政变幽禁光绪帝，张謇为刘坤一起草《太后训政保护圣躬疏》，反对废黜光绪帝，设法维护光绪帝的地位与人身安全。1900年义和团运动爆发，八国联军攻入天津、北京，张謇又联络刘坤一等筹商将光绪帝迎至南京等方案。

1908年，光绪帝与慈禧太后相继去世。张謇10月18日的日记记载，"得范予讯，知两宫皆病危"。同月22日的日记记载，"见报载，皇上二十一日酉刻大行。稍有知识者无不疑眩哀痛。八月各省保荐医生南来，固言上无病，日进方三四纸，进药三四碗。太后病，服药则不许人言也"。从张謇这些日记中不难看出，第一，对光绪帝病情，张謇极为关注。第二，对在慈禧把持下，清政府处理皇上和太后病情的不同方式，他甚为不满。第三，对光绪去世，张謇深感悲痛，同时也心存"疑眩"，因为"八月各省保荐医生南来，固言上无病"。张謇还写下数首挽词，1911年，张謇在北京被光绪帝的同父异母弟摄政王载沣召见时，不禁勾起对光绪帝的回忆，"先帝改革政治自戊戌始，中历庚子之变，至于西狩回銮以后，皆先帝艰贞患难之时。今日世界知中国立宪，重视人民，皆先帝之赐"，感激之情跃然纸上。

对载沣最后的忠告

光绪帝去世后，年仅3岁的宣统帝溥仪登基，其生父载沣担任摄政王，成为清王朝最后三年实际上的最高统治者。张謇上书《请速开国会建设责任内阁以图补救意见书》，并组织三次国会请愿运动，托自沪回京的赵庆宽向当政者"痛切密陈，勿以国为孤注"。

清廷日益感受到张謇的重要性。1911年，张謇赴京办理商会代表访问美国之事，被载沣亲自召见。张謇对此过程记载之详细，在他的日记中并不多见。在凌晨苦等六小时后，张謇被"引见于勤政殿。先至御坐前跪安，起，入西房内。摄政王南面坐，旁设四坐，见则肃立致敬。王命坐"，"云：'汝在外办事辛苦，名誉甚好，朝廷深为嘉慰。'"在交谈中，张謇缅怀"立宪皇帝"光绪，回顾办实业、兴教育和推行地方自治经历，表示"虽不做官，未尝一日不做事，此盖所以仰报先帝拔擢之知"，载沣对张謇勉慰有加，张謇以"外交有三大危险期，内政有三大重要事"，对小他近30岁的载沣，苦口婆心地忠告。深受儒家思想熏陶的张謇，对有知遇之恩的载湉、载沣兄弟一直心存感激，自然忠告的态度是真诚的，借用张謇在日记中所述，可谓"哽咽流涕"。同时，挽救岌岌可危的清朝心愿又是迫切的，因而张謇在《请新内阁发表政见书》中批评载沣等"两月之间，寂无表见，何以新外人之耳目，慰士民之属望"。

武昌起义爆发，张謇顺应潮流走向共和，并对载沣进行"最后之忠告"，他与伍廷芳等致电载沣，"大势所在，非共和无以免生灵之涂炭，""为皇上、殿下计，正宜以尧舜自待，为天下得人。倘行幡然改悟，共赞共和，以世界文明公恕之道待国民，国民必能以安富尊荣之礼报皇室"。革命形势急速发展超乎张謇的想象。武昌首义后一个多月时间里，全国有近一半的省份宣布独立，张謇感到清朝已如"绝弦不能调，死灰不能燃。"

1911年12月14日，张謇剪掉作为清朝臣仆标志的辫子，小心妥帖地包好寄回老家，还在日记上意味深长地写道："此亦一生纪念日也！"而就在年初，当剪辫之风传到南通时，张謇在他创办的通州师范，亲自向已剪辫子的70多人训话，以"要朝廷立宪、要国家富强，不关辫子的事"为由，要求众人装假辫子。如今张謇幡然醒悟，恐怕连他自己也想不到。次年2月，清帝退位。据胡汉民和刘厚生说，300多字的逊位诏书出自张謇之手。不过，张謇自己对此只是在日记中意味深长地写下："大局定矣，来日正难。"尽管清廷退出历史舞台已成事实，但前路未卜，张謇并没有感到轻松。

孙中山：从"未知涯畔"到"民国元勋"

武昌起义以后，张謇与孙中山开始有了直接交往。1912年1月1日，南京临时政府成立，刚刚从海外流亡回来的孙中山就任临时大总统，张謇被任命为实业总长。孙中山宣誓就职的地点，正是由张謇一手规划建设的江苏谘议局。两天后，张謇与孙中山在南京见面，两人促膝"谈政策"。

在南京临时政府成立前夕，张謇提出《对于新政府财政之意见书》，为新政府拓展财源支招。为解临时政府燃眉之急，张謇以大生企业的名义向条件较为苛刻的日本三井洋行借款，但对临时政府来说仍是杯水车薪，孙中山不得不接受盛宣怀的建议，准备以中日股权各半合办汉冶萍钢铁厂为条件，再次向日本人借款。张謇致函孙中山等人加以劝阻，指出日本对汉冶萍钢铁厂一直别有用心，盛宣怀尤不可信，"一受其饵，则于国防于外交，皆为大失败"。孙中山没有能说服张謇，也没有能留住张謇，在任职40天后，他正式辞去实业总长之职。

从表面上来看，张謇辞职的直接导火索是对以汉冶萍公司向日本抵押借款一事，他与孙中山的意见相左。但实际上，两个人在个性乃至政治主张上存在分歧。张謇曾用"未知涯畔"即不着边际来评价孙中山。信奉"做一分是一分"的张謇，认为长期流浪海外具有浪漫情怀的孙中山，想问题、办事情考虑得过于简单。同时，他对于孙中山的政治主张不仅不理解，甚至存在着误解，如1921年3月张謇在致梁启超信中，对所谓"孙中山之公妻说"发出感慨。在当时条件下，对于孙中山和袁世凯的选择上，他更倾向于后者，更认同于袁世凯的实力和主张。

临时政府存在的时间不长，在临时政府内张謇和孙中山合作的时间更短。此后，张謇和孙中山一直保持着往来。1912年4月，张謇往上海哈同花园参加统一党欢迎孙中山的集会。同年11月，张謇在上海参加孙中山组织的国民党欢迎日本众议院议员团的宴会。1922年12月，张孝若拜访因陈炯明部叛变而回沪的孙中山。据张孝若回忆，孙中山"致问我父，情意殷殷，随手题了一张最近相片送给我父，并且还拿了一本英文《实业建设计划》题了款送给我读"。1925年前后，张謇"派人亲自到广州住了三个月；回来将他实地考察得到的内容告知"，张謇才觉得"南方政府前途，大有希望"。

图 2-1　1912 年初孙中山卸任临时大总统，张謇等人与其合影于上海延安中路哈同夫妇的私家花园

1925年3月12日孙中山去世，两周后身着礼服的张謇亲往南通公共体育场参加盛大的追悼会。他高度评价孙中山的功绩，"孙中山是手创中华民国之人，是国民党之领袖。既手创民国，则凡属中华民国之国民，谁不该敬佩他！谁不该纪念他！"对其个人品格赞赏不已，"不畏艰难，不怕苦，不耻屡仆屡起，集合同志，谋举革命，千回百折，备尝艰苦，至辛亥年事会凑合，卒告成功"，对孙中山的历史地位给予充分肯定："孙中山不但为手创民国之元勋，且为中国及亚东历史上之一大人物""对孙中山，勿爱其长而因护其短，勿恨其过而并没其功，为天下惜人才，为万世存正论"。

从最初"未知涯畔"的看法，到十多年后"民国之元勋"评价，反映了张謇对孙中山认识的转变。

与袁世凯的合合分分

1881 年，袁世凯投奔他嗣父的结拜兄弟、督办山东防务的吴长庆，因而

图 2-2 孙中山赠送给张謇的照片

图 2-3 张謇赠送给孙中山的照片

和早其五年被吴长庆延揽入幕的张謇相识。张謇负责教授袁世凯读书，后者虽文字粗疏，但办事机敏，经张謇举荐，袁世凯被"旋予帮办营务处差"，月饷从10两银增至30两银，并配有两名勤务兵听差。朝鲜"壬午兵变"后，袁世凯随庆军入朝平叛，因"治军严肃，调度有方，争先攻剿，尤为奋勇"而崭露头角，被委派为"驻扎朝鲜总理交涉通商事宜"。

张謇和袁世凯在庆军中共事约三年，袁世凯对张謇执弟子之礼。两人关系的疏远，是由于袁世凯在攀附上直隶总督兼北洋大臣李鸿章后，对吴长庆阳奉阴违，且目无师长，如对张謇的称呼先"夫子""老师""先生"，而后是"某翁""某兄"，张謇戏称："足下之官位愈高，则鄙人之称谓愈小矣。"他在日记中评论袁世凯"刚而无学，专而嗜名"。

此后近二十年，张謇与袁世凯联系极少。他对袁世凯的才能时有肯定，"其材固公家谢幼度也"，把袁世凯比作东晋时的谢玄，但对其人格也多有指责，"是儿反侧能作贼，将祸天下，奈何"。两人偶有来往，比如张謇在顺天乡试中"南元"，会做人的袁世凯致贺函赠贺银，赠银数量还明显多于他人。甲午战争开战前，袁世凯想方设法从朝鲜避祸回国。此时张謇刚刚状元及第，袁世凯还特地拜访张謇，刘厚生在张謇传记中对两人这次见面做过叙述。此后，两人的人生走上不同的轨道。1895年冬，袁世凯开始在天津小站练兵，训练中国新式军队。张謇则在家乡筹办纱厂，开始走上实业救国的道路。

当立宪运动兴起时，袁世凯已身居直隶总督兼北洋大臣要职，他的名字又重新被张謇提起。作为立宪运动领袖的张謇，积极联络各省督抚，敦促清政府实行君主立宪政治。张謇在年谱中，对两人重新交往的缘由是这样记载的，1904年，张謇以立宪派领袖身份请求朝廷立宪。张之洞认为立宪事关重大，嘱托张謇试探袁世凯的态度。张謇致信袁世凯，希望他能体察世界大势，效法日本明治维新时的伊藤博文，"成尊主庇民之大绩"。尚处于观望之中的袁世凯含糊回应道："尚须缓以俟时。"张謇并没有放弃对袁世凯的劝说，清政府对立宪态度松动，袁世凯也开始转向，复函张謇说："各国立宪之初，必有英绝领袖者作为学说，倡导国民。公夙学多才，义无多让。鄙人不敏，愿为前驱。"

1911年，张謇赴京途经彰德时，特地去拜访两年前回籍"养病"的袁世凯。据同行的刘厚生回忆，张謇等人"在火车上，又共同讨论謇晤世凯如何措辞，如何与世凯交换意见，如何说明时局之危，如何商量安定时局之方法，并请謇以诚恳坦白之态度，要求世凯吐露其真意"。6月7日下午5时许，张謇乘坐的火车抵彰德，袁世凯安排的副官带着轿子，早早在车站恭候。张謇乘轿至洹上村，与袁世凯见面交谈。关于谈话内容，张謇在当日日记中写道："道故论时，觉其意度视廿八年前大进，远在碌碌诸公之上。"可见，这次会面袁世凯给张謇留下不错的的印象。后来，张謇专门到天津参观袁世凯任直隶总督时所建设的社会设施，在日记中写下参观感想，"慰廷要是不凡，但气稍粗犷耳，举世督抚，谁能及之？"洹上会谈、北京之行和天津参观，一下子把张謇和袁世凯两人疏离多年的关系拉近了。

武昌起义后，清政府被迫起用袁世凯镇压革命党人，同时指令他组织责任内阁，袁世凯请张謇担任农工商大臣，张謇不予理睬，并一再致电袁世凯，劝其支持共和。北方代表唐绍仪到上海参加议和时，袁世凯特别嘱咐他一定要先听取张謇的意见。在"惜阴堂"幕后会谈时，张謇积极居中斡旋，"一手托南北"。1913年10月，年逾60岁的张謇到达北京，出任"第一流内阁"农商总长。

一年后，当袁世凯图谋复辟帝制时，张謇劝其做中国的华盛顿，不要效法上断头台的法国路易十六，"陈是非，说利害，反复更端至二小时之久"。当张謇发现袁世凯称帝之念已定时，断然与之分道扬镳，重新回到家乡南通。纵观张謇的一生，担任实职的时间很短，当"道不同"时，他就坚决"不相为谋"，这在他和袁世凯合合分分的三十多年中，表现尤其明显。从此，张謇彻底退出全国政坛，再也没有去过北京。

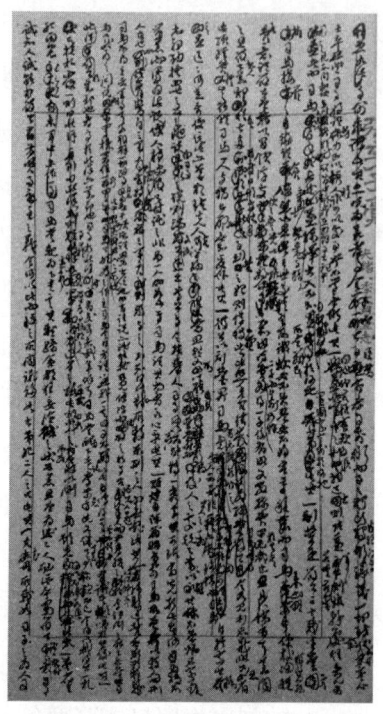

图 2-4　张謇与袁世凯绝交信底稿

与北洋政府首脑的是是非非

袁世凯死后，北洋政府首脑走马灯式地轮换。作为清末状元、曾经的内阁成员和具有全国声望的实业家，张謇成为历届北洋政府首脑看重并竭力笼络的对象，与他们之间交往频繁。

1916年6月，黎元洪依法继任大总统，张謇致电祝贺，并赞成黎元洪提出的"必使中国成法治国"的主张。1912年，张謇从北京乘车赶赴武汉，参加民国成立后的第一次国庆日庆典活动，受到时任湖北都督黎元洪款待，黎元洪给张謇留下的印象颇佳，"黎诚笃而廉洁，以是得众心"。黎元洪出任共和党和后来进步党的理事长，张謇则为理事。1913年12月，张謇担任农商部总长兼全国水利局总裁，黎元洪担任袁世凯政府副总统。两人都反对袁世凯称帝，为此张謇请辞农商总长及全国水利局总裁，黎元洪请辞中华民国副总统、参议院院长，张謇不接受"嵩山四友"申令，而黎元洪则拒绝"武义亲王"的册封。这个时期，两人有诸多交集，政治主张也接近。

冯国璋继黎元洪后成为大总统。此前，张謇和冯国璋在沿海开垦等不少方面均有交集。1914年，时任农商部总长兼全国水利局总裁的张謇为勘查淮河水灾，多次途经南京，与江苏都督冯国璋会面，"磋商要政"。冯国璋对张謇在苏北沿海"废灶兴垦"，以及通海垦牧公司十余年来的成绩，十分感兴趣，还令手下鄢遇春赴南通参观，张謇为此非常热心并作了精心安排，告诉其"路程须由宁而通，再由通而吕四。到通可住有斐馆"，还"知照该公司主任届时招待"。同时，寄给冯国璋介绍通海垦牧公司的资料，使其"知该公司经营之大概也"。当袁世凯走向帝制时，他劝冯国璋在南京成立中央政府，维持共和国体，舍袁世凯来换取全国"统一""秩序"。张謇还曾向冯国璋举荐毕庶澄，毕庶澄的哥哥毕庶元在张謇创办盲哑师范传习所时被聘为老师，因这层关系，毕庶澄对张謇执弟子之礼，后来担任奉军旅长、军长和渤海舰队司令等职。

1918年10月，徐世昌担任大总统，张謇致电祝贺。张謇和徐世昌的交往由来已久，1911年6月，张謇北上对清廷做最后忠告之时，报纸疯传他将入阁，被奏请"宾师之位"，张謇拜见时为清朝内阁协理大臣的徐世昌，强调自己"不可以公推而来，得官而去"，徐世昌表示理解，并为之饯行。进入民国后，张謇和徐世昌的联系更为密切。张謇在向袁世凯提出疏通辽河航运计划和修建松辽运河计划时，都向徐世昌作通报。后来图谋复辟帝制的袁世凯为笼络人心，加封张謇、徐世昌等为"嵩山四友"，两人均置之不理。袁世凯称帝后，蔡锷发起护国运动声讨袁世凯，南方各省纷纷响应。徐世昌致函张謇，"劝北上"为袁世凯调解南北，张謇高度评价徐世昌在帝制"勃兴之时，洁身而退""风谊卓然，谁不钦仰"，同时也谢绝当调解人，"自帝制告成，而洹上之信用落；帝制取消，而洹上之威望坠。无威无信，凭何自立？""为国计，免外人之干涉；为民计，免军人之荼毒；为洹上计，上不失为日月更食之君子，次不失为与时屈伸之英雄"，希望袁世凯退休，要求徐世昌"兼劝退"。

段祺瑞四次出任北洋政府总理，于1924—1926年担任民国临时执政。张謇在任农商总长两年中，与时任陆军总长段祺瑞多次共同出席会议或庆典等公务活动，两人开始交往。1915年，张謇向段祺瑞推荐曾任江苏水警专署署长的徐承业，称后者热心于"军事上应用学术"，并"分编用书十余种"，唯出身寒门，生活清贫，望"稍予相当之津贴"，让徐能完成研究，为军队服务。张謇和段祺瑞都反对袁世凯称帝。袁世凯死后，辞职回乡的张謇多次致电段祺瑞："外交之厄，或从此止，天也；内政之艰，且从此始，责在人矣，""今政局之万急，而循环更迭以为难者，莫不知为军政、财政固已。顾下走以为此非本也，本在道德"，对担任北洋政府总理的段祺瑞予以告诫和警示。

张謇和北洋政府首脑的交往，主要集中在以下几个方面。

第一，在内政外交政策上，对北洋政府进行劝诫。张謇和北洋政府执政者之间关系较为紧密，1917年上半年，黎元洪和段祺瑞发生府院之争，拟邀张謇入阁，张謇因不想卷入军阀派系之争而婉拒。尽管张謇与北洋政府有不少合作，但在内政外交政策等方面也存在很大分歧。冯国璋、段祺瑞决定对西南用兵，实行"武力统一"，张謇表示强烈反对。1920年，直皖战争爆发，张謇批评这场战争"天理所不容，人心所不顺""直不知此等战衅，何由而起"，警告段祺瑞，"盈速者亏亦速，盈甚者亏亦甚"。

北洋政府对外签订一系列丧权辱国条约，张謇因而与其关系迅疾恶化。张謇对《中日共同防敌军事协定》"不胜惊骇"，连发四电警告冯国璋、段祺瑞，"凡此诸条，明目张胆，兼巧篡豪夺而有之。苟为中国人而良心未丧尽者见之，孰不眥裂？"1919年巴黎和会将原德国在山东的权利转让给日本，张謇怒斥徐世昌，"全国愤恨，愈演愈激，此为三年以来亲日政策之结晶"。对于北洋军阀政府的卖国行为，张謇毫不留情地予以鞭挞，强烈敦促徐世昌"迅电巴黎专使，严令决勿签字"。张謇一方面发表《敬告全国学生书》，反对学生走出校门参与政治运动，另一方面又同情五四学生运动和参加示威游行的学生，呼吁徐世昌释放被捕学生，"念京、津学生举动有激而成，其思诚究出于爱国。当此全国鼎沸，似不宜过拂舆情，为意外利用，致增内哄。拟求将逮捕学生释放，以安学校，而靖民气"。

第二，向北洋政府提出各项具体建议，为应对时局出谋划策。1916年，张謇致电黎元洪、段祺瑞、冯国璋，赞同为蔡锷举行国葬，"蔡公松坡，以义立人，以勇殉志，舍生负气，异口同悲。顷闻有人提议国葬，窃谓当今无愧此礼者，惟蔡公一人"，"使海外知中国自有巨人，后世知今日尚持公道"。

同年，中国银行遭遇挤兑风潮，张謇致电国务总理段祺瑞"中国银行成立以来五载于兹，信用渐著。前次停兑风潮幸内外勉力维持，未至破坏。所惜京津两行以部欠过巨，无力支持，竟至停兑，小民嗟怨，国信扫地，万分危险"，呼吁段祺瑞"速筹的款，拨济京、津两行从速开兑，以新天下耳目"。当时财政部任命徐恩元为中国银行总裁，遭遇社会各界反对，张謇给段祺瑞连发三电，指出徐恩元"举动乖谬，声名狼藉"，劣迹甚多。在张謇等各方反对下，徐恩元不久便黯然离职。

张謇与北洋政府首脑中交往较多的，要数徐世昌。两人函电来往不断，涉及内容广泛，有建议徐世昌大力发展中国植棉业，筹运粮食出口"济助西欧战后民食，特别免税"的；有请求"保护幼稚之内国商民，稍减外商之压力"的有呼吁发展淮南盐垦，并要求授权"遇事急时得施正当之防御"的；有为对南通水利建设做出杰出贡献的荷兰水利专家特来克请功的；有请求把运河治理经费纳入政府财政预算的；有替中国科学社呼吁办公场所的，对于张謇的这些建议，徐世昌大多给予积极回应。

第三，在经济建设和民生等方面，与北洋政府执政当局多有合作。时任北洋政府副总统的冯国璋对张謇沿海开发计划非常感兴趣，1916年夏，和张謇等共同集资250万元，领衔创办江苏华成盐垦公司，在当时的阜宁有荡地75万亩，其中开垦出来的熟地就近21万亩。1918年，冯国璋任代理总统后，由张謇具体主持公司事务。

1917年秋，天津发生水灾，张謇致电冯国璋、段祺瑞，"津郡奇灾，闻之惨恻"，让南通实业界筹集6万银元紧急赈灾，冯国璋很为感动，向张謇颁发"善与人同"匾额。

张謇计划开展的江苏运河工程、新运河工程和上海吴淞商埠工程，在徐世昌任大总统时获得批准。徐世昌亲自派人到南通征求张謇意见，张謇拿出导淮方案,并要求政府保证筹款等责任。张謇被委任为工程督办,主持开展三大工程。黎元洪二度出山担任大总统时,张謇为吴淞商埠局工程及陇海铁路南线走向和他有过多次筹商。

第四,与北洋政府首脑保持良好的私人交谊。彼此的交往由公务领域拓展到私人关系,从台上延续到在野。1914年,段祺瑞50岁寿辰,张謇致函贺寿,并赠"楹联一匣"。1920年,他还让南通纺织专门学校的学生仿徐世昌"大总统相片",绣制其肖像,以示钦佩之意。

1922年,张謇70岁生日时,黎元洪亲书"寿"字以贺,还专门派代表抵通,赠送"山中宰相神仙福,江左夷吾干济才"寿联,把张謇比作陶弘景和管仲。徐世昌也送来寿联和寿章。

1926年秋,张謇辞世,此时冯国璋已去世多年。黎元洪发来唁电,并题写挽联:"仕隐系兴亡,居然成邑成都,代养万民光上国;安危存语默,堪叹先知先觉,未完七策奠新邦",还送去挽章:"建业垂勋",派专人来通参加葬礼。徐世昌送来挽联:"风度长论千载上,讴思应遍大江东"及"神旧奎宿"挽章。段祺瑞向张孝若发来唁电:"惊耗传来,深为悼惜。尊大人福寿全归,固无遗憾。而子欲养,亲不待,古今同情。"

二、林林总总父母官

在中央,担任过军机大臣兼总理各国事务衙门大臣的翁同龢和张謇保持着亦师亦友的关系,且被张謇倚之为后盾。在地方,张謇同历任两江总督等父母官们,维系着良好的关系,因而受到督抚们的器重,尤其是在高中状元后,与先后出任两江总督的张之洞、刘坤一来往频繁。

形形色色的督抚

在督抚中最先赏识张謇的,要数张树声。作为孙云锦的幕宾,他常受命起草给江苏巡抚张树声的公函,后又和张树声之子张华奎结为好友。1882 年,朝鲜"壬午兵变"后,署理直隶总督兼北洋通商事务大臣的张树声负责对朝事务。张謇作为入朝平乱的吴长庆军中的幕宾,有机会随吴长庆去天津面见张树声,参与小范围密谈。入朝后,张謇在为庆军草拟给张树声的公函中,通报前方军情。张树声、吴长庆十分赏识张謇的才干,拟向清政府举荐破格录用,张树声还面邀张謇入幕,被张謇婉辞。1884 年,张树声去世,张謇在日记中感叹,"知己凋零,可为伤惋已"。

另一位对张謇有知遇之恩的,是两江总督沈葆桢。张謇也时常为吴长庆起草给沈葆桢的信件,其见识和文采为沈葆桢所欣赏。张謇只是吴长庆的幕僚,沈葆桢则是吴长庆的上司,地位悬殊的张謇竟然越级给沈葆桢"数上书言事",而沈葆桢丝毫没有责备。1879 年,张謇先后参加了科试与三院会考优行生试,"皆第一"。事后,张謇拜访主考官之一的沈葆桢,后者因患病而未能相见,却让人给张謇带信,"文不可但学《班书》,当更致力《史记》"。之后,张謇参加乡试未中,沈葆桢给以鼓励和安慰。不久,沈葆桢去世,临终遗言竟是要当时名不见经传的张謇为其撰作祭文,张謇深情地说:"天下如公者之少也!"

督抚之中和张謇谈得来的,还有周馥、端方、瑞澂和程德全等人。1904 年,张謇拜访担任两江总督伊始的周馥。早年,张謇随吴长庆入朝平乱时,就与时任津海关道会办周馥有过接触。1885 年,张謇在顺天乡试中取"南元",周馥曾赠银祝贺。在周馥两江总督任上,张謇围绕实业和教育发展等,提出不少请求,都得到周馥支持。1905 年,张謇陪同周馥视察南通,用五天时间一路考察了同仁泰盐业公司、通海垦牧公司、大生纱厂和通州师范学校。

与周馥一样,端方在任江苏巡抚和两江总督时,对于张謇提出的请求,总能设法满足,张謇评价其人"言论甚明爽"。1909 年 2 月,应端方邀请,张謇赴上海参加万国禁烟会,主持预备立宪公会聚会欢迎端方,在端方乘船回宁途中,张謇同船回通,陪其参观通州师范学校。端方酷爱金石书画,多次邀张謇来署中观赏文物。南通博物苑曾接收端方所赠文物 61 件,有"拓本数十,陶器十数"。

作为立宪派灵魂人物的张謇,在筹备发起全国性的国会请愿活动时,得到江苏巡抚瑞澂的支持,两人作了分工,由瑞澂负责联络各省督抚,张謇则负责联络各省谘议局,推动朝廷速开国会。后来,瑞澂升任湖广总督,两人交往仍旧频繁。张謇往武昌访问瑞澂,瑞澂专门派小火轮来迎接,安排他下榻总督署后园,围绕立宪多次长谈。

1911年正月,张謇往苏州拜访江苏巡抚程德全。因志趣相投,张謇此后去苏州必访程德全。武昌起义爆发,张謇和程德全都能顺应潮流,从立宪走向共和,两人积极参与南北议和。民国后,两人都涉足组党参政活动。程德全出任江苏都督后,张謇和他在很多方面密切合作。至于曾任民国江苏民政长和江苏省省长的韩国钧,张謇与他配合默契,而韩国钧则在实业、教育等方面,给张謇以支持。

当然,在与历任两江总督打交道过程中,张謇也有过不愉快的经历。对1903年后担任两江总督的魏光焘,张謇认为其"老于世故"。在创办渔业公司和改良盐业方面,两人多有交涉,魏光焘对张謇"事事龃龉,时时压制"。两江总督张人骏,在1911年江苏谘议局临时会议期间,迟交预算案30多项,担任谘议局议长的张謇,率全体常驻议员,以辞职相抗议。

张之洞:"可人"又"气怯"的领路人

张之洞称得上是张謇兴办实业的领路人。两人交往,始于1895年。仅这一年的张謇日记,直接记载两人交往的就有14次之多,如"谒南皮(指张之洞,他祖籍直隶南皮,即今河北沧州)尚书,久谈""至江宁诣南皮,论下不可无学,学不可无会,若何实地进行""留谈商务""久谈,留饭","留谈商务,归有筹辟海门滨海荒滩之议"等。其实,早在十多年前,随吴长庆赴朝平息"壬午兵变"的张謇,就因《朝鲜善后六策》等文受到张之洞的关注。张之洞在山西巡抚和两广总督任上,多次邀张謇入幕,并赠予"四十金",被张謇婉辞,也就是张謇后来所称的"山西之辟，粤东之招"的由来。

甲午战争爆发后，他们均主张对日本持强硬态度。状元及第的张謇因父丧回乡守制，两江总督兼南洋通商事务大臣张之洞令其"总办通海团练"，张謇欣然受命。《马关条约》签订后，各地团练解散，为办理善后，张謇去南京首次见到张之洞。两个人为此书信不断，两个月内三次会面做长谈。张謇为张之洞拟《条陈立国自强疏》，以立国自强八项主张奏清政府。张之洞认为张謇是办厂合适人选："查通州在籍绅士、前翰林院修撰张謇向来讲求时务，情形较熟，当经函商，力筹护持小民生计，杜塞外洋漏卮之策，属其邀集绅商，剀切劝导，厚集股本，就地设立纱丝厂，以副朝廷自保利权之至计。"同意为张謇提供部分机器设备。在创办大生纱厂过程中，张謇时常寻求张之洞的帮助。1897年3月，张謇亲去武昌，拜访已回任湖广总督的张之洞，"说通厂事"；后来致函求助于张之洞，痛陈纱厂筹办中"决踵见肘之势"，请他做盛宣怀的工作，注资大生纱厂。1897年4月，张謇率员赴武昌，考察湖北新政，对张之洞兴办实业的气魄极为倾倒，"于此见西人艺学之精，南皮要是可人"。

张謇对张之洞也多有支持。如1895年10月，张之洞让人发来电报，声称上海强学会"南皮主之"，要张謇列名为发起人，张謇欣然应允。张謇与张之洞也常有意见不一致之时。1895年，张之洞奉清廷命改通海一带名目繁多的厘捐为产地统捐，引发"商民大哗"，张謇一而再与张之洞及其部下沟通，甚至"辩论二十日"，历诉"统捐利病""通海不可增厘捐理由"，倡议由"商民认捐"。张謇责怪张之洞"迟回不决之误"，认为"通海一时包捐之不成，其根仍在南皮"。矛盾根源在于两人所处地位的差异，张謇代表的是地方绅商的利益，而作为封疆大吏的张之洞自然更偏袒官府的利益。

张謇与张之洞亦有不合拍的方面，突出表现于政治改革主张上，张謇强调变法"必先更新而后旧可涤者"，强调"更新"在先，表现出敢于标新除旧的勇气，张之洞则主张"欲行新法必先除旧弊"，强调"先除旧弊"，显得持重有余而进取不足。1904年4月，张之洞到南京与两江总督魏光焘商谈立宪，特约张謇参加，两人还委托张謇等起草奏稿，"经七易，磨勘经四五人"，最终也没有将张謇等拟的"语婉甚而气亦怯"的奏稿呈上去。在立宪运动中，张之洞一味揣摩慈禧心思，显得老于世故、首鼠两端，对他所说的"创为有限制宪法之说，民间有义务无权利"，张謇嘲讽道："此老发端既不勇，而以大学章程例之，正恐学术杀人之事不免"，说他是"学术杀人"，如制定大学章程一样，用限制学生的办法限制人民。

身居高位、久处官场的张之洞，无疑也染上官场的一些陋见，尤其是他"好谀不近情"的"达官贵人之通病"，常令张謇不快。张之洞甚至给张謇留下了"反君子"的印象，张謇说他身上"有五气：少爷气、美人气、秀才气、大贾气、婢妪气"。比如，张之洞出了名的爱睡懒觉和午觉，让张謇三次跑了空趟。1902年11月，张謇拜访再次出任两江总督的张之洞，商议办学之事，因后者午寝未遇，约隔五日晤；五日后再访，张之洞"时已初，仍未起也"，时至晌午还没有起床；次日"谒南皮，仍直其寝"，于是又推迟一日。

张之洞给张謇留下的印象是矛盾的，既有推行实业时"可人"务实的一面，又有政治个性"气怯"官僚的一面。从张謇日记中描述的一些细节中可以看出，

图2-5 "江宁公宴图"，张謇（前排右一）为湖广总督张之洞（前排中）、两江总督魏光焘（前排左一）起草请求实行君主立宪的奏稿（摄于1904年5月）

一方面他对张之洞某些方面不满；另一方面张謇又认为，"今天下达官贵人能知言可与言者，无如南皮"，从整体上看，张之洞算得上是一个开明且能办实事的人，在"中国之官专与商人诘难以为能"的官场上，尤其是在晚清高官当中，张謇觉得很少有人像张之洞这样和自己谈得来。

刘坤一：集"吕端""诸葛"一身的推手

刘坤一是继张之洞后支持张謇的重要人物。1896年，刘坤一接替张之洞回任两江总督，直到其1902年逝世五年多时间里，他支持张謇兴教育、办实业和相关政治活动。

在受命于张之洞创办大生纱厂时，资金紧缺一直严重地困扰着张謇。为寻求刘坤一的支持，张謇多次赴江宁拜见他，在1896年的日记中，有多处留下"诣新宁（指刘坤一，他是湖南新宁人）说通厂事"，"新宁电速往宁，随之以电复"等记录，两人还有数十封信函往来。两人交往过程也是一波三折，1898年在大生纱厂即将开工出纱的关键时刻，因资金短缺连日常的开支都无法应付的张謇，眼看自己"通厂筹款，垂成而败"，将要走投无路，只得连发四信给刘坤一，指斥刘坤一，"新宁委厂不顾，来讯甚无理！"甚至准备一走了之，愤愤地表示，"辞厂，辞商务！"在张謇的争取下，"新宁来讯，稍委蛇矣。许电饬通海牧丞拨款"。尽管两人交往过程并不一帆风顺，但最终合作促成了纱厂投产。刘坤一经张之洞同意，将滞留在上海码头的机器设备作价投入纱厂，还电令各地官员"劝入股（纱厂）"，帮助张謇筹措资金。在推动纱厂由"商办"到"官商合办"、再改为"绅领商办"的过程中，刘坤一发挥了积极作用，同意"听商自便"，由张謇"通官商之邮"。1899年10月，"纱厂以售值日起，辗转买棉供纺，得不停辍"，刘坤一对张謇拱手称庆，"棉好，地也；机转，天也"，并"俯首拊掌，嗟叹久之"。

后来张謇创办通海垦牧公司，也得到刘坤一很多支持。他多次代刘坤一拟稿上奏朝廷，提出"召佃开垦，成集公司"等建议，刘坤一帮助他奏请朝廷撤销了盐场禁垦的规定,对张謇等人拟订的《通海荒滩垦牧初议》和《章程》,给予支持,并批示道:"举办垦牧,增课惠民,天利公溥。际此时艰财匮,有此自然之利,岂容听其废?"刘坤一在离世前五个月,批准成立通州师范学校,认为张謇此举"用意深远,立法精详良深。嘉慰!应准立案"。

在政治活动领域,张謇和刘坤一虽有分歧,但更多的则是合作。戊戌变法失败后,张謇策划并代刘坤一起草《太后训政保护圣躬疏》,目的是为了保护被软禁的光绪。1900年,八国联军攻陷北京,义和团运动掀起高潮,张謇策动张之洞、刘坤一与各国驻沪领事达成"东南互保"。清政府推行"新政",张謇应邀为刘坤一撰写《变法评议》,全面阐释改革主张,奏稿虽经反复修改磨掉棱角,仍没有被瞻前顾后的刘坤一所采纳。张謇因而"意绪为之顿索",感到"新政殆无大指望"。刘坤一去世时,张謇写挽联予以悼念,称他"吕端大事不糊涂""诸葛一生惟谨慎",对其一生做了恰如其分的评价。

张仁奎:"相随十载"的大亨

张仁奎,字锦湖,山东滕县山亭(现枣庄市山亭区)人,担任通海镇守使十年之久,其间被北洋政府授予上将军衔,同时他在清末民初加入青帮组织,后来成为闻名沪上的青帮首领。张仁奎和张謇在南通有过长达十年的交集。

提到民国时期青帮大亨,人们往往首先想到的是黄金荣、杜月笙之流。其实,论辈分张仁奎远在他们之上。青帮的发展主要靠师徒传承,到了清末,最初定辈分的二十字用完后,又以"大、通、悟、学"四字续排辈分。张仁奎属"大"字辈,为民初最高辈分,帮内的声望很少有人能够企及。

1917年8月,张仁奎奉命带领第七十六混成旅驻防南通,后就任通海镇守使,管辖范围包括南通、海门、泰州、崇明、启东等地。张謇率南通各界代表在南公园欢迎张仁奎来通赴任,据本地小报《新报》报道,"进园时,军乐迭奏,冠盖盈门",张謇设宴招待。手握兵权的张仁奎,并不忌讳自己的青帮身份,因而在江淮一带声名远扬,建立起盘根错节的江湖网络。不仅有很多部下跟着他加入青帮，而且地方上政商等界，也有不少人慕名投靠他，警署、官衙、商会的一些头面人物成为其弟子。

张謇对青帮基本上采取宽容和利用的策略。当年，对于张仁奎所追随的大哥徐宝山，张謇曾专门向两江总督刘坤一"陈招抚徐老虎（即徐宝山）策"。张謇本人虽没有参与帮会组织，但对手下人的加入并不阻止。做过梅兰芳徒弟和秘书的京剧演员李斐叔，早年是张謇创办的南通伶工学社的高才生，深得张謇喜欢。一次，张仁奎在南通俱乐部做寿时，经张謇介绍，李斐叔和张仁奎结识，并行磕头等礼参加青帮。张謇打趣说，斐叔从今以后，往来江湖，可以有恃无恐了。

张謇在家乡兴办实业和发展各项事业，离不开地方人士特别是军政官员的支持。1915年，张謇从袁世凯政府辞职后回到南通，把全部的精力都投向地方自治事业。张孝若回忆说："我父从北京回通，专意经营村落。那几年维护地方治安，整治地方内政，很得我父信用的，有军政警各界官吏"，其中张仁奎居首，"各负责任，办事都很有能力，因此地方没有匪患，行政都很有条理，人民在那几年，很能安居乐业。地方自治事业，所以能放手办去"。南通能够跃身成为当时享誉中外的模范城，首先离不开作为推进城市发展灵魂的张謇，同时从某种意义上说，张仁奎也功不可没。

在南通驻防近十年，张仁奎积极襄助张謇发展实业，推进地方自治。他曾说自己"十载追随"张謇，对后者极为敬重，并以弟子自称，常到张謇府上请安问好，张謇也以上宾之礼待之。1894年张謇恩科应试中，曾以考官高熙喆为师，得到后者的力荐，而高熙喆和张仁奎又是同乡，后来辞官回乡的高熙喆曾到南通看望弟子张謇，张仁奎也参与接待。很多年后，张仁奎的长子迎娶高熙喆的长孙女，两家因南通和张謇而结缘，成为儿女亲家，成就了一段佳话。张仁奎积极参与张謇发起的各类社会活动。1917年下半年，海河流域发生特大洪灾，灾民达500余万人，尤以天津受灾最为严重。10月张謇邀请张仁奎等官绅商学界人士在通崇海泰商务总会开会，"公议劝募天津水灾振款，拟筹一万元，陆续汇往灾区"。春祭、警察队列演习检阅、市区濠河上的重要枢纽跃龙桥通车、南通"规模最大的建筑物"通崇海泰商务总会大厦（现为全国重点文物保护单位）落成，张仁奎都陪同张謇参加，有时还致辞表示祝贺。熊希龄、孙传芳等民国要人来南通考察，张仁奎随同张謇参与接待。第一次世界大战爆发后，日本侵占我国胶州湾及胶济铁路，各地民众发起赎路运动。1922年12月，张謇和张仁奎等为胶济铁路公司认赎路股，"决定诚招平均数五万元""公议（认股）分摊办法"。张仁奎还参加张謇主持的其他重要庆典、重要接待和重要活动。张謇在南通城南建造第一公共体育场，主持南通第一届中等以上学校运动会，张仁奎也一同参加。

张仁奎积极支持张謇的实业及各项事业。大丰盐垦公司在张謇创办的各盐垦公司中面积最大，且冠甲两淮。1918年12月，张仁奎随张謇前往上海大生沪事务所，参加张謇、周扶九等发起的大丰盐垦公司创立会。次年5月，张仁奎和张謇等在南通参加大丰盐垦公司股东会议，讨论"公司自丁巳秋间开办迄于戊午冬月成立，其间规划情形及进行状况"。1920年6月，他们再次参加大丰盐垦公司股东会议，"议分第一期田亩"办法。1924年1月，张仁奎将收到的1000元捐款交给张謇，用于贫民工场、残废院、蚕桑讲习所、女工传习所等慈善教育事业。1924年9月，张謇听说张仁奎军营中需要医生，向其推荐徐栋廷等三名南通医校的优等毕业生，郑重其事地介绍说：他们均"有志投效"营中，且"人亦谨饬"，还希望张仁奎"如不相需，或为转荐他处"，1924年10月张謇又写信给张仁奎，建议其向上"呈明巡使"，将镇江江防圌山段东生洲等处废置后膛炮，"酌分数尊运通，亦将来之防备也"。1925年，张仁奎捐献2000元，用于治理南通市区的护城河濠河。张謇写下《公园治沼记》，并发表于《大公报》上，记下此事，还"绘图并记，勒石以示永久"。张謇十分信任张仁奎，经常将要事托付。

张仁奎和张謇两人私交甚密，交往频繁。每逢张謇张詧兄弟生日，张仁奎都要为他们设宴祝寿。张仁奎生日，张謇亦如此。1922年，正当张謇70岁寿辰时，张仁奎不仅携手下将士拜贺，还洋洋洒洒写下长篇寿序，记录了自己和张謇亦师亦友的关系，"荷师知许，复习于左右"，同时以亲身经历发自内心地对张謇的事业给予称颂,"勿论中外,无不谓南通之治,蔚然全国之冠",该序或许是张仁奎这位武将存世最长的文字。1924年5月,作为北洋政府考察专使的张孝若出访欧美日归来不久,被任命为驻智利公使(后没有到任),张仁奎专门宴请张謇、张孝若父子,以示祝贺。次日,张謇设宴答谢张仁奎。不到半个月,张謇又参加张仁奎在濠河游船"苏来舫"上举办的宴会,并即兴赋诗。喜爱植树的张謇还邀张仁奎去观赏自己种下的梨树。张仁奎升任第10军军长,调防睢宁一带,张謇特地为张仁奎饯行,嘱张孝若致辞,宾主"觥筹交错,谈论慷慨"。

尽管北洋军阀为争夺地盘混战不断,但先后统治江苏的李纯、齐燮元、孙传芳都没有动过张仁奎,这得益于张仁奎和张謇之间的良好关系。1920年7月,张謇致函江苏督军李纯,称赞张仁奎"诚实和平,为地方所信",要求暂缓裁并该部,以保一方平安,张謇在信中说:"近来江北一带,谣言四播,盗匪潜伏,青纱帐时期尤为可虑。南通辖境尤近沪渎,各处原有防队,近稍更调,人心即大惶恐。环请转求镇使(指张仁奎)权留原防,藉固保卫。"1924年9月,张謇"闻张旅留驻通防之二百余人有续调之说","颇形皇怯"。1926年7月,张謇对张仁奎部"奉调他驻"深为不满,写信给江苏省省长陈陶遗,表示"地方长官责守攸关,值此时机,不宜轻动"。为了争权夺利的需要,北洋政府频繁调动军队,而张謇希望张仁奎能长期留在南通"藉固保卫",这也从一个侧面说明张謇对张仁奎的倚重。

张謇对张仁奎十分信任。当碰到各种难题时,常和他交流磋商,研究解决的办法。张謇日记中留下不少两人晤谈的记录。北洋政府拒绝恢复《临时约法》和国会,并准备以武力镇压南方,孙中山在广州成立护法军政府,形成南北对峙的局面。段祺瑞挑起第二次南北战争,在此背景下,1918年9月张謇和张仁奎商议调停南北争端,"谈二小时之久"。南通"模范县"声誉日隆,各地来参观者渐多,1920年5月张謇致函地方军政首脑张仁奎等人,规定"凡来宾欲参观各处者……得有相当之介函,索取证券前往。其容许参观之处,须验明人数、期限相符者,妥为招待。其持有私人或团体介函,概行谢绝"。

张謇、张詧兄弟创办的南通棉业、纺业、证券、杂粮联合交易所，因为经验不足和市场剧烈波动，引发一系列社会问题。据张謇日记等记载，1922年2月，张謇与张仁奎多次"说交易所事"，因"有冲突，并无办法，本日又须开拍见告。走问诸君是何意见，作何办法"，张仁奎等"俱言：第一关系商市，第二退翁（即张詧）威信"。张謇在听取众人意见后，反复权衡，因其"外关社会利害与风俗，内关家庭恩义与将来……遂拟一依法律解决之法""组一临时清理会"，将交易所关闭。

1923年张仁奎59岁，张謇接连几天忙碌着为张仁奎写寿屏和纪寿碑，甚为用心，因天气寒冷，差点煤气中毒。他还亲率各界人士在南通城西要道上的候亭为张仁奎树立纪寿碑，碑文由张謇兄张詧撰文、张謇亲笔书写。

张謇在世的最后一个生日，张仁奎在南通俱乐部宾馆为他操办了贺寿宴会。一个多月后张謇辞世，张仁奎在挽联写道："卅年事业，岂徒文史过人。忆自惜状头，惟有先生当首屈；十载追随，不以武夫视我，问从今报德，只应诸子共心丧"，其知遇之恩和敬仰之情，溢于言表。

三、"一友"两"弟子"做助手

1899年，张謇在大生《厂约》中说：纱厂建成非"下走才力智计之所能"，并称是"二三同志君子贤人劻勷而提挈之力多也"。1905年，他在写给农工商部大臣载振的信中又说："纱油诸厂，昔恃一友，今恃一兄；开垦、兴学，此恃一弟子，彼亦一弟子。""一友"指沈燮均，"一兄"为张詧，而彼两"弟子"，说的是江导岷和江谦。张謇发展实业，离不开众星拱月的创业团队，上述几个人则是他最为得力的左膀右臂。

"信望过謇"的沈燮均

沈燮均，字敬夫，江苏海门人，纱厂早期四董事之一，为大生纱厂创业初期仅次于张謇的核心人物，正如张謇所说："所倚以为建纺厂者，独一敬夫。"其经历与张謇颇为相似，科举之途也不顺畅，早年费了不少周折才考上秀才，虽然好不容易被选为岁贡，取得去国子监深造的资格，却放弃科举仕途，下海经商，所经营的土布布质细、门面大、尺头足，在东北三省很是畅销，成为南通最大的布业巨商。他利用丰富的经验和在当地的人脉资源，全力协助张謇。

作为一代儒商，沈燮均和张謇有着很多共同语言。在张謇创办大生纱厂前十多年，两人就有过密切的合作。清政府征收的"厘捐"很重，严重影响到通海地区商业的发展。为此，1883年张謇和沈燮均代表布商，向官府多番交涉，减捐终获成功，"布商感燮均减捐之劳惠，信望过謇"。当时，沈燮均在商人中的威信甚至超过了张謇，两人还为增加海门学额积极向官府争取。张謇对沈燮均十分敬重，这也成为此后两人合作办厂的基础。

张謇最早投入大生纱厂的2000股金，部分由沈燮均代垫。办厂初期，"謇由书生入实业，未为众信"，流动资金极为紧张，山穷水尽的张謇，走投无路时甚至一度产生放弃办厂的念头。危难时刻，沈燮均挺身而出，全力资助张謇办厂，依托自己经营的同兴宏布庄向上海和南通的钱庄透支，借得巨款接济大生。从他"可自关门，不可令厂停秤"的义举中，张謇感受到他的"朴诚"和"忠勇"。沈燮均还利用和通、崇、海花纱布商的关系，尤其是在同行中的声望，为陷入资金困顿中的大生纱厂筹资。由于沈燮均精通布业和熟悉南通棉、纱市场行情，在大生纱厂资金极度紧缺的情况下，给张謇提出"尽花纺纱、卖纱收花、更续自转"的应对策略，最终帮助纱厂渡过难关。张謇评价道："通纺之兴，归功于燮均之助。谓与共忧患，屡濒危阻而气不馁、志不折、谋不二者，燮均一人而已。"

沈燮均管理经验丰富，为创办纱厂张謇常年在外奔波，"厂事悉赖沈君敬夫维持挣扎"，成为张謇办厂须臾不可缺少的左臂右膀，两人保持密切联系。纱厂建成后，张謇请沈燮均担任进出货董，掌管供销事务。张謇兄弟与沈燮均、高清、蒋锡坤等商人相结合，构成了大生的核心，沈燮均是大生纱厂最初几年中仅次于张謇的骨干人物。

沈燮均为张謇办成大生纱厂并取得经济效益，做出了不可替代的贡献。同时，仗义执言的他脾气极刚，渐渐地与大生领导层在办厂、营销、用人等方面发生分歧，因而于1901年"坚决引退自营布业"。从此，张謇经营纱油诸厂由"昔恃一友"变为"今恃一兄"，张詧成为他的主要助手。

"益爱重之"的江谦

江谦，字易园，安徽婺源（今属江西）人，是被张謇发现和培养的近现代教育家。张孝若曾有过这样的评论，"我父办师范教育，主持策划最得力，学行意识都很优美，而为我父最得意的门人是江君谦。清末民初我父政治上的策划，他赞襄的地方最多"。

1895年，张謇担任崇明瀛洲书院山长时，对江谦先识其文，后识其人。江谦少年时熟读"四书""五经"，17岁应童子试，六场皆获冠。1894年，19岁的他参加乡试，因卷纸写不下，把续文写在试卷背面，主考官以"未卷不得弥封"，而不予录取。父亲已逝的江谦，随经营杂货及烹饪等祖业的伯父来到崇明。江谦替友人做崇明瀛洲书院的试卷，文字老练似饱经世事的中年人，时任瀛洲书院山长的张謇为其拍案叫绝，"嘉叹以为美才，非县所尝有"。过了些日子，江谦又以他人名字参加书院考试，成绩超过众人。因江谦两次"不以己名试"，爱才心切的张謇，托人四处打听其情况，而江谦也对新科状元张謇心仪已久，1894年冬专程去海门拜见，张謇这才因文而识人，初次见面经过一番了解，"察其业，颇窥三代两汉之书。与人语，辞顺而气下"，才学不凡且谦逊温雅的江谦，让张謇对他愈发看重。

1896年，江谦随担任山长的张謇到江宁文正书院读书，学习《朱子全书》和《春秋》三传，研究国际公法。江谦祖母70大寿时，张謇应邀撰写"寿叙"，对江谦祖母的善行予以肯定，对江谦进行鞭策和鼓励，师生间结下深厚情谊。张謇非常看重人才，"欲得渊颖有志识之士数十辈，端本经训，而各专其一二家之言，以待世变而应天下之所乏"。

张謇对弟子江谦的学业非常关心。江谦在文正书院学习三年后，1899年春，被张謇推荐去南洋公学师范班深造。江谦对张謇，不但仰慕其才，且钦佩其实业、教育救国之志，同时也没有辜负他的培育和期望。张謇在南通兴办实业时，江谦追随其后，曾协助管理大生纱厂，主要是在夜里巡视工厂车间。后来，他又带领数千青壮劳力围垦造田，在荒芜的海滩上从事垦牧事业。

江谦作为张謇的重要助手，参与通州师范学校的筹办，担任国文课教习，1907年，任学校监理，具体负责校务，后来又任命江谦为代理校长。作为语言学家的江谦，提出用"国语"替代"官话"，"用合声字拼合国语，以收统一之效"，他精于文字音韵之学，由英文切音，发明阴阳声母通转规则，成功试行音标方案。江谦倡俭朴学风，传"明德新民"之教，信行"知行合一"，注重"能读能耕"，为师范生开辟习农之所，与日籍教师一起倡导教学改革，制定校训、校歌，培养学校精神。1911年，江谦将张謇创办通师时写的手札，编印成《手牒》。对于家境贫寒、生活拮据的学生，江谦经常给予资助，自己家用不给时，只得由夫人通过织巾来增加收入。经张謇举荐，1915年江谦担任南京高等师范学校（南京大学前身）首任校长。现在的《南京大学校歌》就是当年由江谦作词、李叔同作曲的，歌词集中反映了江谦的办学思想。

长期协助张謇办学的江谦，深受后者影响，"以先生之冒风雨，犯寒暑，而不敢自居其苦，以先生之捐身家，徇社会，而不敢不忘其穷"。1915年，张謇的濠南别业落成，江谦写贺联称赞："有庇人广厦万间，最后乃营五亩。非举国蒸民饱食，先生何暇安居？"生活之中，张謇和弟子江谦也保持着亦师亦友的关系。江谦在老家婺源江湾重建萧江宗祠永思堂，张謇为其撰写《重建宗祠记》和堂联。江谦在家乡出资筹建江湾中心小学，张謇予以资助，赋诗以贺。1926年8月，张謇辞世，江谦作长诗《追怀张南通诗》，对恩师一生高度评价。1935年3月，江谦来到啬公墓，怆然涕下，作诗"旧缘重合又南通，新墓祠中拜啬公。无限情怀当面隔，佛声泪雨一时从"。次年，张謇逝世10年,江谦发起兴建常乐镇张公祠,并赋诗曰:"天民先觉莫公先,担的乾坤事满肩。"

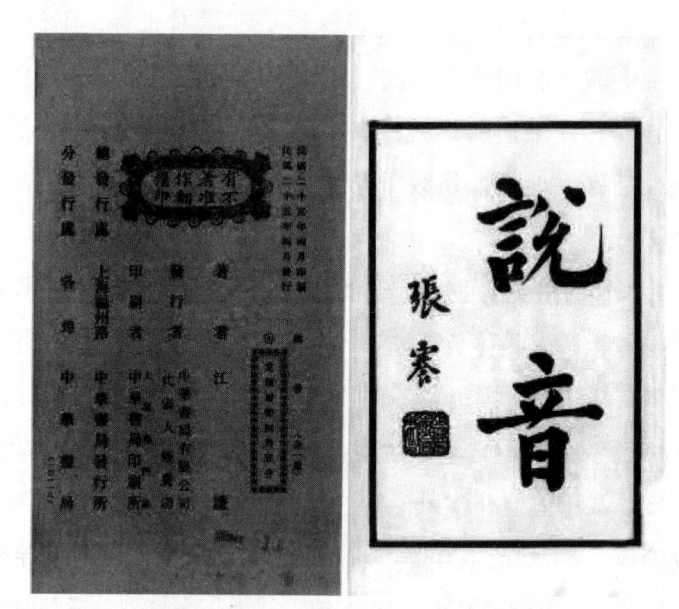

图2-6 张謇为江谦《说音》题写书名

"坚忍之才"江导岷

江导岷,字知源,婺源人。早年经同乡江谦介绍,到张謇主持的江宁文正书院就读。当年,张謇筹办实业和教育事业,苦于社会上人才匮乏。为长远计,张謇将江导岷等文正书院弟子送至新式学校继续深造。1898年,江导岷进入培养近代军事人才的江宁陆军师范学堂,学习测绘专业,1901年以优异的成绩毕业。

为了解决纱厂原料的供应,张謇筹建通海垦牧公司,准备在沿海地区垦地植棉。1900年,他到启东吕四沿海一带察看可耕之地,"期辟此地,广植棉产,以厚纱厂自助之力",约请江导岷"同画海滨荒田图"。江导岷带人不辞辛劳,用一个多月时间,测得吕四沿海"凡滩地方里二百三十二,凡亩十二万三千二百七十九",并绘制成《东海荒地图》。在江导岷等陪同下,张

图 2-7 通海垦牧公司

謇多次到海滨勘测,议订《章程》,集股组建通海垦牧公司。

  1901年下半年,受张謇之托的江导岷,具体筹办通海垦牧公司,在佃农中挑选壮丁,组织操练,一边拓荒,一边护垦。垦牧公司创办之初,自然条件恶劣,"地或并草不生,人亦鸡栖蜷息",生活极其艰苦。"建设工作,运入一物,陆行无路也必自为路;舟行无河也必自为河",在海边茫茫的荒滩上,既无住房,也没有新鲜的蔬菜和饮用的水。只得先修建海神庙,既顺民俗,也可作休息的地方,后又买下海边人家的储物之仓,翻建让民工居住。江导岷克服难以想象的重重困难,天刚亮就穿着草鞋去工地,脸被晒黑了,脚后跟也磨出了老茧,连逢年过节也不休息。

  张謇自任通海垦牧公司"总理",江导岷担任的职务是监督,张謇说:"监管者,下走所托之代表人也。"公司日常经营中事务性工作,由江导岷具体负责。江导岷成为张謇筹建垦牧的最重要助手,在张謇日记中留下很多与江导岷商议公司事项的记录,如"与知源审定第七堤址""与知源论明年垦事"等,知源即江导岷。

  江导岷常年以垦牧公司为家,很少有机会回家探望年迈的寡母。在通海垦牧公司十年创业过程中,他带领职工顽强地与自然灾害做斗争。1905年夏季,一场连续五昼夜的狂风暴雨,把垦牧公司好不容易建成的7条大堤摧毁。"潮

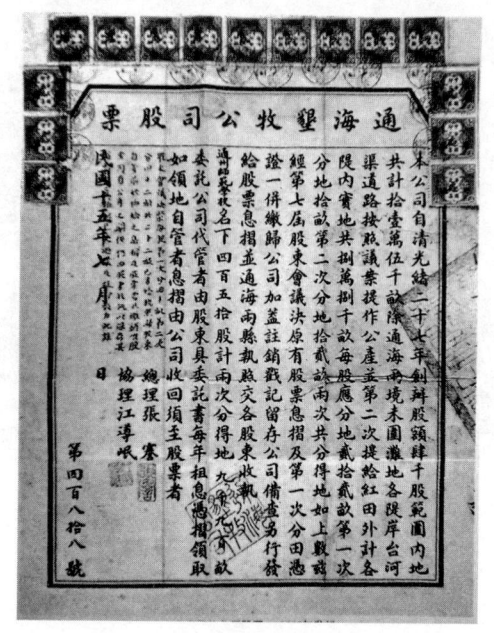

图 2-8 通海垦牧公司股票

乘风势,排空蠹起,跨堤而入",浪涛掀起数丈高,房屋被冲塌,良田被淹没,牲畜被冲走,有多个筑堤民工也不幸遇难,垦牧公司损失惨重,江导岷昼夜守护危堤,出入于狂风暴雨之中,与骇浪惊涛搏斗。经过十年奋斗,垦牧公司初具规模,"道路砥平,沟渠疏通,田畴整治,芦苇丰蔚,木苗发生"。1911 年,垦牧公司开始赢利,年产棉花 3.6 万担。

江导岷在垦区积极推行张謇地方自治理念,建立自治分所,革除佃户陋习,振兴实业,创办中小学教育。江导岷将张謇写给他本人及其同事的数百封手书,汇编刊印为《垦牧手牒》,他在《后记》中深有感慨地说:"昔日广漠之荒滩,今日青葱之沃野,中间迂回挫折,几回困难,皆吾师坚决之苦心淬励,各执事与风潮搏战,乃有区区之田以相畀乎!"从最初主持测量到致力兴垦,从黑发一直干到白首,江导岷在垦牧公司坚守数十年,是一位名副其实的拓荒者。

四、慕名而至的大咖们

严修的"南通四日"

1920年，张謇写信给通海镇守使张仁奎和南通县知事瞿鸿宾，要求来通参观教育、实业的人士，应持"有相当之介函"，否则，谢绝参观。事实上，南通"模范县"声誉日隆，中外来宾络绎不绝，应接不暇，大生纱厂、师范学校、博物苑等机构，类似于今天的"网红打卡地"，吸粉无数。在这些客人中，有和张謇一样对清末民初教育改革和发展做出了杰出贡献的严修。

1915年5月27日，应张謇之邀，严修带着张伯苓等人来南通考察。作为农商总长的张謇，此时正告假在家。在张謇的陪同下，严修用两小时详细参观南通博物苑，他在日记中赞许说："所苑辑古物，至可宝贵，用力之勤，可为叹服。"严修下塌的有斐饭店，一年前由张謇集资建造而成，也是南通最早的新式旅馆，位于市中心，紧邻风景优美的濠河。晚上，东道主张謇和其兄张詧以西餐宴请严修。

5月28日，严修一行考察通州师范学校及附属小学、甲乙两种农业学校、第一养老院、医学专门学校、图书馆。严修在日记中对这些学校的规模、经费等情况做了详细记录。张謇陪同严修参观师范学校，"导观全校讲室、宿舍、饭堂、自习室乃至浴室、厨房、厕所，靡所不到"。严修参观图书馆时，"啬翁候于此馆，又谈约二刻许乃辞出"。严修对张謇创办的这些社会公益机构，大加称赞，"皆啬翁于实业所得利中支付，不仰给于官府，亦不仰于地方。凡南通各项教育、慈善事业皆如此，此其所以不可及也"。

5月29日，严修继续走访省立第七中学、县立女子师范学校、女工传习所、大生纱厂、纺织专门学校、广生油厂、复新机器面粉厂、新育婴堂、第一幼稚园和城内钟楼。严修看得非常仔细，把大生纱厂股本、规模、分红等数据都记了下来，连省立第七中学校长室里"操行当先恶魔战，学术无为古人奴"的楹联，他也抄在笔记本上。

5月30日，严修游览狼山，登上支云塔顶眺望南通城，还参观了翰墨林印书局和筹建中的盲哑学校。晚上，严修一行离开南通，张謇亲自送行。

严修在南通整整四天，深入了解张謇兴办的教育、实业和慈善等地方自治情况，参观的内容囊括了南通社会经济发展的各项成果。严修深为感动，表示要为南通养老院捐款。6月，张謇给严修去信，表示"前辱惠临，诸承教益，下走受赐多矣"，还附上接收捐款的地址。7月初，两人继续有书信往来。张謇告诉严修，其捐款已转养老院，有"收条"寄回，并"登报以扬大惠"。在此前后，严修还向此时担任水利局总裁的张謇，推荐了"萧君"的治水建议。张謇在给严修的复信中，特地把"萧君"建议中他认为值得商榷之处，一一列了出来，有针对性地谈了自己的看法。有意思的是，对于严修的南通之行及其之前两人的交往，严修在日记里做了详细记载，而张謇日记几乎很少提及。不过，严修的南通四日，有机会和张謇近距离地接触交流，也把彼此的情谊推向了高潮。

其实，张謇和严修的交往可以追溯到十多年前。1898年8月29日，张謇在日记中写道："唐侍郎荐经济科。"当时清政府拟开经济特科考试，张謇被礼部侍郎唐景崇作为人才保荐应试，因而在日记中记下此事。"请开经济特科"的奏折，是由严修提出的。1897年9月，时任贵州学政严修向光绪帝上奏，建议改革科举制度，加试经济特科，选拔经济人才。张謇当日的日记虽未提到严修，只记下"经济科"和保荐自己的唐景崇，但以张謇的见识和对时事的洞察，想必这时对严修应有所耳闻，这是张謇日记中最早的与严修有关的内容。

1904年5月，严修由天津乘船赴上海，再由上海转去日本考察。5月27日晚，著名实业家严信厚借座上海聚丰园饭店设宴招待严修一行，邀请张謇、汤寿潜、吴昌硕等作陪，严修因而与此时正为立宪奔走的张謇结识。严修和张謇虽彼此相闻，此前却未曾谋面，两人在餐桌上共叙教育救国之缘。次日，严修乘"永生"轮，对日本进行第二次考察。这年严修45岁、张謇52岁，严修日记对此有记录，这是两人有据可查的最早的直接交往。

第二章·交往世界

1914年6月下旬，刚出国考察回来的严修去北京，几天时间里多次拜见袁世凯。同时，也去看望了时任农商总长的张謇。据严修日记记载，6月30日这天两人"久谈"。严修日记对和张謇的这次交往记录，虽只有寥寥两字，但一个"久"字，可以看出两个人谈得多么的投机。的确，两个人有不少交集，不仅在不少方面见解相近，而且个性和做派也有相似之处。不难想象，彼此有很多可以畅聊的话题。比如，三年前的1911年，张謇、严修曾都出现在袁世凯为总理大臣的内阁阁员名单上，只不过他俩并没有接受和到任。可见，在当时政坛上两人的影响力举足轻重。两人都主张革新封建教育，致力倡导新式教育。1901年张謇在《变法平议》中，提出普兴学校、酌变科举等系统化的教育改革建议。严修自任贵州学政始，提倡中西学并举，奏请清廷改革科举，逐步尝试推动教育近代化。在中国近代教育史上，两人都是主张学习日本先进经验的代表人物。两人见面久谈也就不足为怪了。从1904年5月两人上海初识，到1914年6月北京长谈，张謇和严修彼此了解不断加深，遂为好友。

张謇和严修是清末民初光耀政界和学界的两颗星辰，也是近现代教育谱系中一对璀璨明珠。两人发起成立或参与建立了很多重要的社会团体，如中华职业教育社、讲学社、中华教育改进社、科学社、实际教育调查社等。在这些学术组织中，张謇和严修并非徒挂虚名，而是积极出谋划策、宣传发动和筹资出力，争取社会各方面的力量和资源，从而启迪民智，倡导文明进步新风和良好的科学氛围。

张謇和严修还一起借助自身社会影响力，向社会宣传推介教科书和科学刊物，参与建立高校、图书馆及其公益机构。严修、张謇作为社会名流，积极介入对外反对不平等条约、对内争取国内和平事业，同时，严修还成为张謇争取和求助的对象。针对国内各政治集团之间的相互争斗和军阀混战局面，1918年10月，张謇致电北京政府、广州护法军政府并转严修等人，感叹"同胞相杀，战祸绵延，商业凋零，生灵涂炭……两败而俱伤，而实受其伤者在民，实受其败者在国"，呼吁"惟知和平两字为圣神，亦愿诸公，扫除虚骄一切之门面……庶和平真意,发于双方当事人,胜于无责任之调停,影响迷离,终无结果"。

张謇和严修淡泊名利,一生追求"做事"而非"做官",这从他们同袁世凯交往中就可以看出,两人洁身自好,始终保持人格独立。他们都与袁世凯关系特殊,有着密切往来。1922年,陈赣一在《新语林》中记述道:"客有问于袁项城(袁世凯)曰:'总统辅弼人物谁最信,谁最才?'袁曰:'予最亲信者有九才人、十策士、十五大将'"。在"九才人"中,袁世凯视严修为良才、张謇为槃才。

时人常把严修比作张謇。1921年,严修说很多友人把自己比作南通张季直先生,无奈自己比不上他,并写下赞美张謇的诗歌。

> 我羡南通张啬庵,孔颜乐趣老犹酣。
> 爱兄不愧端明马,教子还同太史谈。
> 一国文明聚江北,半生事业在濠南。
> 无盐不耻来唐突,只恐西施意未甘。

诗中,严修以丑女"无盐"自喻,把"西施"比作张謇。对张謇所具有的"孔颜乐趣",严修尤为欣赏。子曰:"饭疏食,饮水,曲肱而枕之,乐亦在其中矣,"又云:"一箪食,一瓢饮,在陋巷,人不堪其忧,回也不改其乐。""孔颜乐趣"即源于此。严修所说的孔子和颜回所谓的快乐,其实就是乐在其中,严修以此来褒扬张謇。1926年8月,张謇去世。接到讣告后,严修黯然失色,曾经并世而立的"南张北严",如今一柱倾塌,严修悲痛不已,在吊唁的挽联上写道:

> 化始一乡,观政从知王道易;
> 利贻百世,传家尤喜后昆贤。

上联"观政从知王道易",源于孔子"吾观于乡,而知王道之易易也",严修借此称颂张謇的事业始于家乡,从其治理南通政绩可以看出,实行王道是一件多么容易的事情,下联则赞誉张謇的业绩泽被后世,期待张謇精神世代相传、后继有人。

20世纪一二十年代,南通吸引了无数中外宾朋慕名而来。仅以1922年为例,这年6月,为庆贺张謇70虚岁生日,各国驻上海的领事和商会代表齐聚南通。到了8月,中国科学社第七次年会在南通举行,一下子又来了三十多位中外科学家和社会名流,这些人中就包括多次来过南通的梁启超、梅兰芳等人,他们和张謇之间的交往,在中国近代史上留下了一个个佳话。

和徐申如、徐志摩父子的情谊

张謇大生纱厂、垦牧公司的成功创办,不仅引来本地商人加盟,同时也吸附了来自东南乃至全国各地的绅商参与经营,如江西的大盐商周扶九、祖籍安徽的徐国安和徐乃昌等。其中,徐志摩之父徐申如参与通海垦牧公司事务前后有35年之久,算得上是垦牧公司历史上最资深的投资人。以通海垦牧公司为纽带,徐申如及后来的徐志摩、张幼仪,与张謇、张孝若祖孙几代人之间联系不断。

张謇和徐申如的相交,始于1901年5月正式成立的通海垦牧公司。徐申如是何时投资通海垦牧公司的,因公司原始股东名册散佚,无从考证。据1911年公司的第一次正式股东会议记录,徐申如投有30股,张謇为86股。徐申如和张謇的相识,应与实业家和政治活动家汤寿潜有关。据汤寿潜年谱记载,汤寿潜早在1889年就和张謇"始识,并为友",而且从一开始就参与了通海垦牧公司的创办。同时,汤寿潜与徐申如也交往甚密,徐申如参加了汤寿潜发动的抵制英美侵夺苏杭甬铁路修筑权和自办全浙铁路运动,汤寿潜还是徐志摩和张幼仪结婚的证婚人。

作为通海垦牧公司的投资人和股东,徐申如尽心履责。公司股东会议每隔一两年召开一次，1907年到1941年的34年中，在可以查到的18次股东会议记录里，徐申如亲自参会14次。公司三十多年时间还召开了78次董事会，徐申如到会59次。在通海垦牧公司所有股东中，徐申如到会率无疑是最高的。他的敬业精神还体现在，能够根据公司的需要，当好董事、监事乃至监察员、查账员、会议主席等各种角色。

徐申如和张謇之间最早的见诸文字的交往是1907年8月28日，张謇在这天的日记中记下，"樊时勋、周湘舲、蒋孟蘋、张右企、徐申如、张澹如、郑苏堪诸君到"。樊时勋是张謇创办大生纱厂的元老"六董"之一，周湘舲、蒋孟蘋、张右企和徐申如都为浙江籍，郑苏堪即郑孝胥，值得注意的是，这些人都是刚刚成立大半年的预备立宪公会的成员，郑孝胥担任会长，张謇、汤寿潜为副会长，这也就颇能说明他们志趣相投。这是公司开办以来第一次召集股东亲临垦区实地考察，会议的日程安排得满满的。张謇在日记中做了详尽的记载，8月31日，"九时开会，股东到者四十九人，来宾十余人，五时停会"。9月1日，"九时开会，五时闭会"。接下来几天是现场参观，3日，张謇"偕樊、蒋、张、徐、刘、江、陈七君至吕，住盐业公所，已八时矣"，5日"偕至丁荡盐田，午膳后至牧场第一堤、海复镇。至垦牧公司，日已落矣。分赠纪念扇"。徐申如一行参观了吕四、海复等垦区。一直到9月8日，"会事至此而毕"，在这十多天时间里，张謇自始至终陪同徐申如，还赠扇留念。

1911年3月31日，通海垦牧公司第一次正式召开股东大会，此前公司在《申报》《时报》上连登了一个多月广告，详细说明来通的线路等注意事项和会议安排。张謇在会上回顾了公司十年来的创业史，而徐申如善从大处看问题，当讨论到"本公司选举权数办法，是否援照苏路公司抑援照浙路公司。苏路公司每百股得一权，二十五权为止以示限制。浙路每股一权，十股以上两股一权，百股以上三股一权"时，有股东认为，"此地在苏，垦牧是乃啬公创办，苏路亦啬公协理，可援苏路"，徐申如坚持"照浙路公司"，得到了大多数股东的赞同，他们认为这样做更利于保护众多小股东的权益。徐申如积极为公司的发展献言，类似的例子还很多。如在公司后来召开的第三次股东会上，股东刘聚卿认为，"公司地无论已垦未垦一律派分"，经过激烈的争论和投票表决，主张分地的股东占大多数。主持会议的张謇说："适才分田意见共有四种：一主全分；一主分利不分地；一主分已垦而不分未垦；一主先分通境已垦地四万亩。究主何说，请公决。"徐申如发表意见，"鄙意亦主先决每股十亩之说"，与会的46人中有36人起立表示同意，并通过了这个提议。

鲁迅的朋友内山完造称张謇为"南通王"，有意思的是徐申如作为浙江海宁硖石首富，也被胡适叫作"硖石皇帝"。生于1872年的徐申如，比张謇小了将近20岁，他对以科举博取功名没多大兴趣，徐志摩曾说："徐氏固商贾之家，没有读书人"，既是自嘲，亦为实情。徐申如积极效仿张謇，《浙江通志》称他"因兴办实业，蜚声浙江"。徐申如头脑灵活，眼光远大，为人勤恳，交游甚广，参与清末保路运动，在汤寿潜等支持下促成沪杭铁路改道至海宁。他除经营祖传的徐裕丰酱园外，还与人合办裕通钱庄、电灯和电话公司，合资兴建硖石双山丝厂，担任硖石商会总理、会长、主席长达二十多年。在他的苦心经营和带动下，硖石被称为"小上海"，其繁华程度可见一斑，徐申如还被称为"浙江的张謇"。

张謇和徐申如成为生意场上的朋友和合作投资的伙伴。除了通海垦牧公司外，两人都是1915年开办的上海银行的早期股东，张謇投了1500元，徐申如入股2500元。同时，他俩的政治理念也很相近。张謇是晚清时期立宪运动的领袖，1906年12月，江浙闽立宪党人和实业界人士，在上海成立预备立宪公会，推举郑孝胥和张謇、汤寿潜为正副会长，徐申如也积极加入，进行改良主义的政治活动。后来，徐申如还参加了张謇组织的中国国际税法平等会。当时受不平等条约的约束，中国关税不能自主，导致洋货充斥市场，白银外流，财源枯竭，制约了国内工商业的发展，为了争取关税自主权，张謇发起的主张国际税法平等会于1918年2月在沪开会，徐申如等200余人作为代表参加。由此可见，徐申如成为以张謇、汤寿潜、郑孝胥为核心的江浙政学商界名流圈子里的活跃人物。

张謇和徐申如的交往日益密切，除了在通海垦牧公司定期开会碰头外，他们的交往向生活圈延伸。1919年，徐申如母亲何太夫人80寿辰，张謇等发起贺寿诗文征集活动，张謇还带头赠诗祝寿。

徐申如和其兄徐蓉初，将亲朋好友祝贺其母80寿辰所馈赠的礼金，用于创办贫民习艺所，内设棉织、藤竹两科，招收失业贫民80名，专门聘请技师教他们谋生的技能，张謇对此大加赞许。

1926年5月12日，通海垦牧公司召开了第七届股东会，这是徐申如和张謇之间最后一次相见。三个月后，张謇去世，徐申如致电，"啬老作古，悲悼之至，请转达孝若先生，节哀顺变。谨先电唁，容后叩奠"。

张謇去世后，留下的大生等事业落在了其子张孝若的肩上。1928年5月，在通海垦牧公司第八届股东会上，尽管徐申如、张孝若都没能到会，但均被选为九位董事之一。在张謇离世后头几年，张孝若主要精力放在整理张謇资料和为父作传上，大生公司具体事务则交由手下人打理，乃至通海垦牧公司的会议也常常委派他人参加。而徐申如则一如既往地活跃在垦牧公司的舞台上。1929年8月，通海垦牧公司召开第十届股东会，张孝若再次缺席，德高望重的徐申如被公推为临时主席，会上主要商量江导岷主动要求辞职等问题，江导岷作为垦牧公司的实际主持人，为公司倾注了近三十年心血，在徐申如主持下，股东会决议挽留这位有功之臣。

又过了几年，张孝若才具体参与到通海垦牧公司的事务上来。徐申如和张孝若都参加了1932年12月、1934年1月、1934年12月召开的垦牧公司第十四、十五、十六届股东会，张孝若还担任了这几次会议的主席，徐申如如同当年支持张謇一样，全力配合张孝若。1935年10月，张孝若遇刺身亡，其后召开的公司董事会，在徐申如主持下，商量了对张孝若逝世后垦牧公司一些遗留问题的处理对策。在这以后，年迈的徐申如仍坚持参加公司的活动，并以垦牧公司为纽带和平台，和张家第三代、比自己差不多小了50岁的张謇长孙张融武等打交道。直到晚年，年事已高的徐申如才由前儿媳、名义上的"寄女"张幼仪代他参与垦牧公司的事务。

与徐申如相比，徐志摩与张孝若自然有着更多的共同语言。在通海垦牧公司的档案里，1930年成为他们两人的交集年。这一年，徐志摩参加了通海垦牧公司股东会议和三次董事会，其中有两次董事会，张孝若也亲自到会，这几次会议的地点都在上海。此时的徐志摩作为现代诗人蜚声文坛，与张孝若一同跻身成为社会名流。

徐志摩第一次与通海垦牧公司有直接联系是在1915年。这年5月31日，公司召开第三次股东会议，会议记录赫然写有"徐申如并挈其子"，徐志摩成为会议主席张謇及兄张詧等46位股东以外的编外代表，"挈其子"这里的"子"，指的是徐志摩这个徐申如的独子，徐申如有意让年仅18岁的儿子以这样的方式来见世面、开眼界。会议借座南通城内有斐饭店召开，这个地方紧邻张謇居住的濠南别业。

在通海垦牧公司档案中，再一次见到徐志摩的大名，则是在这15年以后了。1930年2月20日，通海垦牧公司第十一届股东会议出席者名单上，徐志摩在列，这次张孝若因故没有到会。此时的徐志摩早在文坛声名鹊起，正忙着在大学教书和文学创作。而张孝若因为时世动荡，"实业、盐垦日处风雨飘摇之中，苦心撑持，朝夕不遑，先业赖以不坠"。可惜的是，在这次会议的记录上，没有看到徐志摩的发言内容。

1930年8月5日、9月12日、12月23日，通海垦牧公司还分别召开了三次董事会，徐志摩依然作为其父徐申如的代表到会。

1931年11月19日，徐志摩因飞机失事而不幸遇难。张孝若曾撰联及文悼念。其后，一连写下几首诗表示哀痛。诗中说："猛虎集成传绝笔，开山顶上作天坟"，指的是1931年8月由新月书店出版的《猛虎集》是徐志摩生前最后一部诗集。"残冬绝塞望辽阳，月黑天低敌正强"，指的是日本蓄意制造了"九一八事变"，并侵占沈阳。面对山河破碎和"肝胆相交"的朋友罹难，张孝若深感悲哀，诗中还提到"伤心更有老诗人"，"老诗人"说的是徐申如。在内忧外患之中，张孝若等人所经营的大生及垦牧事业也如风雨飘摇，但张謇、徐申如等人曾为之付出的努力，则不应该被历史遗忘。

五、结交外国友人

在和张謇来往的友人中,有不少老外,如被称为"资本主义之父"和"企业之父""金融之王"的日本财阀涩泽荣一,他和张謇同为"实业领袖",两人虽从未见面,但为寻求合作却交往不断。又如,与张謇相识四十余年的挚友,被称为"韩国屈原"的金沧江,流亡中国后定居张謇家乡南通二十余年,在张謇影响下,金沧江在民初申请加入中国国籍,自称"中国新民"。再如,张謇创办的中国第一所独立设置的师范学校——通州师范学校里,曾活跃着一批日籍教师。1922年6月张謇70岁生日时,特地赶来了一批西方驻沪领事和商人们。从现存史料来看,与张謇打过交道的外国人超过百人,其中接触较多的有数十人。看来,张謇是一位难得的民间外交活动家。

异国他乡的友情

张謇的老外朋友,大致包括四个方面。

其一,在他几次出国期间所结交。张謇一生有过三次出国经历。前两次是去朝鲜。1882年7月,随庆军入朝平定"壬午兵变",8月中旬回国。次年4月,他再次前往汉城协助料理军务,直到年末回家乡过年,张謇两次到朝鲜的时间加起来虽不足一年,影响却不小,与朝鲜的不少士大夫结下友情。朝鲜的吏部参判金允植,是张謇在朝结识的第一位友人。张謇在乘兵轮赴朝途中,和奉命来华担任领选使的金允植多次叙谈,后者的爱国情怀、政治才干和文化素养,给张謇留下很深的印象,以至40年后,张謇接到金允植去世的消息,写下长诗《朝鲜金居士讣至,年八十七矣,哀而歌之》,动情地回忆起两人昔日交往的点点滴滴。在朝期间,张謇还和兵部判书赵宁夏、宏文馆侍讲鱼一斋等人相识,他们"皆世家之尤者"。其中,张謇和"知外务"的吏部参判金石菱的交往尤为密切,称赞他"多闻识要,赡智用愚",两人时常晤谈甚欢,张謇为金石菱《谭屑》一书作序,离朝前给金石菱的儿子赠诗,追述与其父的友谊，对朝鲜青年一代寄予厚望。

20年后，张謇再度出国。1903年4月到6月，应大阪博览会之邀，张謇到日本考察70多天，"周历东京、西京、青森、札幌诸地"，与竹添进一郎、嘉纳治五郎、西村时彦、内藤虎次郎等人结交。竹添进一郎是汉学家，"能为诗文"，为张謇的旧识。早在20年前，身处朝鲜庆军幕府中的张謇，就与时任朝鲜办理公使的竹添进一郎相识，后者"常置酒，饷客"，其著述与藏书皆以经部为特色，张謇称之为"百家之言，无不穷究"。嘉纳治五郎是竹添进一郎的女婿，为日本教育家和柔道创始人，曾任东京高等师范学校校长，办有以中国留日学生为主要对象的弘文学院。后来，弘文书院还接纳了通师派出的7名公费师范生。张謇和嘉纳交谈的重点是教育，他介绍自己考察的意向，"学校形式不请观大者，请观小者；教科书不请观新者，请观旧者；学风不请询都城者，请询市町村者"，得到了日本友人的帮助。西村时彦是朝日新闻社记者，5年前曾在中国和张謇有过交往。内藤虎次郎是日本著名史学家，对中国史学研究颇深，提出的唐宋变革论被西方学界称为"内藤假说"。张謇在日考察期间和内藤等互动频繁，如张謇"寄影照小像于小山、西村二君"，还在照片背面，亲笔书写有"清国通州张謇50岁小像寄奉内藤湖南先生惠存"。内藤还把他的同乡和田喜八郎推荐给张謇，作为筹办中的通州师范教习人选，张謇坦诚地告诉内藤，通师为私人办学，经费拮据，故支付日本教习的薪酬有限。考察结束前，内藤在大阪与张謇话别，并赠送其《夷匪犯境闻见录》，书的主要内容为第一次鸦片战争期间中国抗击英军的史料。张謇回国后和内藤保持书信往来，1919年内藤介绍好友到中国考察实业，嘱其到南通拜访张謇。

其二，为发展实业和事业而延请。在南通早期现代化的探索中，张謇办实业和教育时，注重"借才异域"，据不完全统计，从欧美、日本等引进的各类专业技术骨干47人。在建设大生纱厂初期，聘用英国工程师汤姆斯和机匠忒纳负责机器设备维护和生产技术指导。为治水和长江保坍，张謇先后招聘荷兰的奈格、贝龙猛、特来克，美国的詹美生、赛伯尔、费礼门，瑞典的施美德、霍南尔等水利工程师。为引进和推广美棉，张謇聘请美国专家卓伯逊进行指导。为筹建南通电厂，解决大生纱厂等企业的动力问题，张謇聘请德国工程师高翕为技术顾问，负责采购海外先进的机器设备。为借鉴日本及西方先进的学校制度、教育理念和方法，张謇在创办通师和东游日本前后，延请一批日本教习。最早来到南通的是木造高俊，1903年3月来通师后负责教授日语，三个月后不幸因精神错乱而自戕。同来的吉泽嘉寿之丞教授算术和理科。吉泽的妻子森田政子在张謇开办的扶海垞家塾担任教习，并被聘为张謇之子张孝若的保姆。1907年2月，夫妇二人才返回日本。西谷虎二1904年1月来到通师，负责日文、教育史、西洋史、世界史、伦理学、英文等课程教学。南通翰墨林印书局出版过西谷所著的《英国史》，直到1914年年底，他才辞职回国，在通师服务11年，是在通师执教时间最长的日本教习。木村忠治郎于1904年8月来到通师，他基本上不会说中文，依靠笔谈交流，主要负责理科，以及讲解单级教授法和五段教授法。木村还在日本教育杂志发表文章，介绍张謇和通师的情况，对张謇的为人和普及教育的成就大加赞赏，并参与南通博物苑的创建和管理。被张謇聘用的日本外教还有宫本、远藤民次郎、照井喜三等人，张謇和其中不少人私交不错，多次在家宴请日本教习，在他们辞职回国时还奉送礼金。

其三，是在他担任公职时所相识。张謇先后担任过江苏谘议局议长、南京临时政府实业总长、北洋政府农商总长等重要职务，与不少国外政商界和民间人士打过交道，这些人中最有代表性的有大赉、裴义理、芮恩施。1912年年初，美国商人罗伯特·大赉在当时中国时局混乱的情形下，设法到南京拜见临时政府实业总长张謇和临时大总统孙中山等人，游说中国政府派员参加1915年在旧金山举办的巴拿马太平洋万国博览会。其实，大赉在此前的1910年8月，就到过南京参加南洋劝业会。当时，作为江苏谘议局议长的张謇曾举行隆重的宴会，招待大赉一行，还去上海参加好友赵凤昌款待大赉的私人宴会，以积极推动"中美国民外交"，并在中美商人合作方面达成一系列协议，张謇称之为"所拟办者为银行、航业二事"。张謇出任北洋政府农商总长后,积极推动赴美博览会参展筹备工作,其目的被张謇称之为"树海外贸易先声,为国内赛会前导。联友邦之情谊,促商业之进行"。

身为美国传教士的裴义理,后来担任金陵大学算学教习。他热心慈善活动,发起成立义农会。为了实施垦荒植树规划,他找到刚刚就任南京临时政府实业部长的张謇,介绍自己"招选贫民,开垦荒地,酌给费用,以工代赈,并教以改良农事与园艺之方法"的设想,张謇认为"很有价值"。后来,裴义理上书民国农商总长张謇,建议定清明节为植树节,还专门拜会张謇。1914年7月张謇日记中记载,"江宁义农会裴义理来"。张謇肯定义农会试办的4000亩林场"造端宏大""成绩优良",批示要求商部和地方上给予经费和人员支持,并颁发《准予拨交紫金山荒地造林批文》,表示"将来造林成材,应半归国有,半归该会,以兴树艺,而宏义举"。1915年3月,张謇亲临南京紫金山,为裴义理主持赈灾植树活动,张謇日记对此亦有记载,"二十九日,至义农会,至将军府,至金陵大学,从美人请也"。"三十日,阳历三月十五日。河海工科学校行开学礼,后复至钟山之阴义农会林场种纪念树三枝,从美人斐义理请也"。张孝若对此也有回忆,其父张謇"到了南京,就到紫金山亲自提倡植林。本来,美人斐义礼(即裴义理)教授(Prof. Bailey)在南京创办义农会,提倡种植农林。当我父亲亲自种树的那天,外人到场的很多。我父因为要引起各省人民的注意,于是举行了一个很隆重的典礼,还演说森林和气候水利种种重要的关系"。

1913年到1919年,芮恩施担任美国驻华公使。1913年11月,在向袁世凯递交国书后的第二天,芮恩施就拜会了张謇,两人逐渐开始交往,次年张謇日记里有这样的记载:"二月二十九日,农事试验场宴美公使,赵小山赠珂罗版画于美使"。张謇侧重向芮恩施介绍中国的水利计划和导淮工程,对中美合办银行也饶有兴趣,经过张謇和芮恩施的共同推动,美国拟对中国导淮提供贷款。芮恩施在自己回忆录中追叙了与张謇交往情况,"我和总长(张謇)经常会商。我们很仔细地讨论了工程合同、借款条件和借款保证金。草拟合同时每个句子都经过推敲,每个字都经过仔细的选择;终于在1914年由张謇以总长名义、我代表美国红十字会共同在合同上签字。"由于第一次世界大战爆发，借款治淮计划最终并没有能实施。1923年1月，芮恩施因急性肺炎病逝于上海。张謇在唁函中说："忆在北京与先生相识，至今已十年"，并称"后先生至上海，亦尝请其莅我南通"，说自己"欲至上海一吊，闻其丧又回美矣"，视芮恩施为"最敬慕之良友"。

其四，来华传教和慕名来访的异国人士。20世纪一二十年代，在张謇主持、引领和推动下，南通逐渐发展成为享誉国内外的"模范城"，国外的商人、学者、记者、外交官、传教士纷至沓来，慕名拜访张謇。1911年3月，著名传教士李提摩太在上海和张謇有过一次交谈，这对张謇全面审视和重新规划南通的地方自治触动和启发极大。南通是基督教在中国沿海发展的重要地区，张謇对基督教采取开放、包容和吸纳的态度，传教士声称张謇"热切欢迎我们在这里从事传教工作，并敦促我们给南通以一切可能的帮助和设备，以提高这里人民的文化和生活水平"。1916年，在美籍医生海格门努力下，因缺少医生而关闭的南通基督医院重新开业，张謇出席开业仪式并致辞。也在这一年，美国基督会传教士高诚身和夫人加勒特来到南通，此后他们在南通居住16年，一直到1932年才退休回到美国。他们与张謇保持密切往来，经常参与张謇组织的活动，向海内外教徒热心宣传和介绍张謇及其取得的成就。如1920年高诚身受张謇邀请，参加了南通学校的毕业典礼集会，并结合自身传教，做了主题为"进步、谦逊以及团结"的发言。来南通参观的外国学者络绎不绝，20世纪20年代前后，英国人菲特金、日本的上冢司、鹤见祐辅、内山等作为旅行者，都到过南通进行参观考察，并和张謇有

图2-9 1920年6月张謇（右一）、张孝若（左二）与杜威（左三）及夫人（左一）在南通的合影

过面对面的接触和交流,在他们的笔下,对南通的快速崛起,及经济发展与教育、慈善、交通等事业的完备,感到钦佩。1920年6月,在中国巡回演讲的杜威应邀来南通讲学,先后参观了南通的公共设施、慈善机构、各类学校和实业工厂,并先后在更俗剧场和唐闸公园做了题为"教育者之责任""社会进化问题""工艺与教育进化之关系"三场演讲。在听取张謇等人的介绍和实地观摩之后,杜威对南通教育倍加赞誉,在其1929年出版的《苏维埃俄国和墨西哥、中国与土耳其之革命世界的印象》一书中,杜威对张謇评价甚高:"此人(指张謇)为了改革而曾从满族王朝内部未能成功地但英雄般地与这一王朝做过斗争。他发现他的计划被束之高阁,他的努力遭层层阻挠之时,他隐退到他的家乡而几乎是孤身徒手地开启了工业化和经济发展的进程。"张謇还经常向来访的老外介绍南通发展情况,以及自己未来的规划设想,发表对国内外的政见。

颇具特色的交往方法

张謇是一位成功的实业家和颇具才干的政治家,饱读诗书,传统文化根底深厚,同时又拥有开放视野和爱国情怀,所有这些独特的个体特质,决定了其对外交往的方式也极具个性。

第一,诗歌唱和,以文结缘。朝鲜、日本等东亚国家与中国文化相近,张謇在和这些国家友人的交往中,常常以诗会友,因诗识人,和一批异国文人结下了深厚的情谊。张謇结识的第一个朝鲜友人是金允植,金允植酷爱诗词,还特地向张謇介绍认识了文学底蕴同样深厚的金沧江。张謇曾回忆此事说:"金参判允植颇称道金沧江之工诗,他日见沧江于参判所,与之谈,委蛇而文,似迂而弥真。"金沧江成为张謇外籍友人中情谊最深且诗歌交流最多者。他们之间往往以诗品而论人品,由品诗而品人。金沧江对朝鲜著名诗人申紫霞推崇备至。后来,金沧江在张謇安排下定居南通二十多年,编辑出版了申紫霞的诗集,张謇应邀在所作的序中称赞"紫霞之诗,诗之美者也"。而张謇和金沧江时常有诗歌酬唱。金沧江赞赏张謇的诗歌，"丽词字字生风霜""读过三日牙犹香"，而张謇在为金沧江的诗文集《韶濩堂集》作序称"沧江能为诗""独抗志于空虚无人之区，穷精而不懈，自非所谓风雨如晦鸡鸣不已者乎！道寄于文词。"

通过以诗言志，张謇与异国的士大夫之间产生思想和情感上的共鸣，互相引为知音。张謇随庆军赴朝后，在忙碌的间歇和朝鲜友人酬唱赠答。金石菱不识金器，睿智的张謇就以"论金不识金黄赤"互相调侃。石菱听后十分开心，因为自己平素不爱金钱，张謇的此联恰好道出了他的志趣。石菱请张謇再对下联，张謇知道石菱对中原文化了解颇深，拟下联为"观乐能知雅颂风"，石菱听后更为高兴，请张謇再拟数对。张謇当即应以"闻乐徐参肉竹丝，品酒能分碧白红"，虽信手拈来，却和石菱善饮的个性颇相切合，因为朝鲜酒以色分等，红上碧中白下。

同样，张謇在日本考察期间，与当地友人诗歌往来频繁。1903年6月，在大阪网岛金波楼，张謇参加日本友人宴饮时赋诗两首。在回顾与老朋友西村友情时，特地为初次见面的内藤虎次郎写下"古义寻侨札，当筵识马枚"的诗句，将内藤比作西汉的大文学家司马相如和枚乘。内藤应和张謇，也即席写下两首诗，"渐觉夜深清叵耐，可将此意托微波"，表达了与张謇相识时喜悦之情。不过富有个性的内藤表示，自己更愿意追随西汉优秀的政论家贾谊、晁错，而耻于做像邹阳、枚乘那样的宾客，"策时追谊错，作赋耻邹枚"。张謇和日韩友人就这样以诗言志，因诗结缘，彼此交流思想，加深了了解。

第二，经贸为媒，书信寓情。作为实业家的张謇，与之交往的外国人中，不少为商人。张謇拥有开放的思想，从自身发展实业的需要出发，把对外经贸、利用外资和外交活动结合在一起，如张謇、张孝若和涩泽荣一、驹井德三之间的交往就是这样。1921年开始，大生企业尤其是盐垦企业因资金短缺而陷入困境，张謇向日本财界领袖涩泽荣一求助。张謇和涩泽虽从未谋面，但神交已久。1914年，涩泽访问中国抵达北京，时为农商总长的张謇正在出差勘测淮河，只得请人代自己宴请涩泽，等到张謇回京时，涩泽因突然患病不得不提前回国，两人错失见面机会。不过，彼此都十分关注对方，如张謇向大总统袁世凯汇报日本大正博览会中国馆情况时，特地提到涩泽"赴会参观"，而涩泽曾在同行面前尊称张謇为"实业界名人"。后来，张謇和涩泽通过书信往来，延续友谊。1923年3月，在给张謇的信中，涩泽说自己对汉学兴趣尤深，爱读《论语》，并把它作为处世信条，信中还感谢张謇请人捎来的有他亲笔题字的老子画幅，表示自己虽已从实业界引退，但仍将致力于加强中日亲善特别是经济合作。

1924年4月，张孝若作为民国政府实业考察专使到访日本。张謇专门致信涩泽，介绍张孝若此行目的，希望能得到涩泽的关照，随信附上精美的南通风景画和张謇的近照。张孝若在日期间，拜会涩泽、驹井等其父的老友，年迈且已很少出席公开活动的涩泽几次出面接待，给予张孝若很高的礼遇。张孝若回国后，张謇又亲笔致信涩泽，感谢对张孝若的盛情款待，告诉他陷入困顿之中的"南通实业，循序改进"。一年多后，张謇辞世，涩泽得知消息后在第一时间发去唁电。此后，涩泽在多个场合谈起对张謇的怀念及他和张謇的友情。

第三，借才引智，优薪重义。张謇通过友人推荐和公开招聘等途径，对外借才引智，遴选实业、教育发展最急需的人才，推动南通现代化转型。通师创办之初，张謇根据学校发展需求选择外籍师资。筹办学校首先需要制定规章，没等正式开校，张謇就邀请木造来通为通师订立制度。新开设的课程缺少理科、外国地理历史和教学法等师资，张謇陆续聘请吉泽、远藤、西谷、木村等。后来通师又增设测绘、农科等专科，急需实用型教师，又聘请宫本和照井。张謇认为，对外聘人才"非优予薪金，不能罗致"，主张"待遇宜厚，情感尤重"。起初，远藤、西谷、木村等月俸分别为100元、80元和120元，后来又加薪，如西谷月薪达到可观的150元，在当时可购4500斤大米，差不多是中国教员的两倍。至于大生纱厂创办初期聘用的国外技术人员的报酬就更高了，英国技师汤姆斯年薪达5292两，是张謇的25倍，洋机匠忒纳年薪1000两，两人的年薪比厂里200名女工年工资总和还多，且往来路费和伙食由大生负担，并在和厂方订立的"合同"中规定，只要机器能正常转动，他们就可数月不到厂，厂方需按月照常支付薪水。在生活上，对这些外聘人才无微不至的关心。张謇特地为这些"洋专家"在大生纱厂建造小洋楼，还从长江客轮上雇来西餐厨师。对初次来通的日本教习张謇都派人接站，张謇曾经在给通师监理江谦的信中提到，"送吉泽先生之车夫既不识路，又不明白，可恨。下次须择妥人，不可认便。吉泽此次大苦"。

第四，开门纳客，精心款待。国外客人往往是从上海沿长江乘船而上，到南通郊外的天生港码头下，有汽车可达城里。经过张謇多年的建设，南通的接待条件在国内尚属上乘，在城内风光绮丽的护城河濠河旁，建有可与上海等大都市相媲美的一流宾馆——南通俱乐部和有斐宾馆，并可提供西餐。在繁华的市中心还有能容纳千人的更俗剧场，可以观看到由本地电影公司拍摄的反映南通风光的短片。更重要的，来访的中外宾客可以亲眼看见南通早期现代化发展的各项成果，形成经典的可供三至五天参观的线路，其中包括唐闸大生纱厂及相关上下游企业、沿海盐垦公司，高等教育、师范教育、普通教育、成人教育和特种教育等各类大中小学校，博物苑、图书馆等文化设施，南通医院、女工传习所、养老院、贫民工场等社会机构，城内五公园、城南滨江五山景区等风光。张謇对这些友人热情接待，既亲自接受国外学者、记者等个体采访，与其就感兴趣的话题进行交流，同时也做好国外友好组织和群体的参观接待。1924年4月，鲁迅的朋友内山完造作为在沪日本基督教青年会成员，率五十余人赴南通观光，内山设宴邀请张謇，据当地《通海新报》报道，"席间，内山君、张啬公等均有演说。张历述南通兴办教育、实业、水利、慈善、交通等自治事业之经过情形，条分缕析，颇为详尽，在座莫不惊叹"。据内山回忆，他们"在南通学院医学部、农学部，师范学校，图书馆，博物馆，还有其他地方都自由地进行了游览，有的人还游了城内文庙一带，甚至还有人参观了倭寇的遗迹，""大生纺织厂、大生油厂等工厂也开放让我们参观了。我还去了张謇先生的寓所，拜访中，我听到了先生就开荒垦殖所作的一席长谈，""在两个小

图 2-10　张謇接待来南通的外国来宾

时的谈话中，至今让我记忆犹新。"通过这次观光，加深了内山对南通的美好印象。

待客有道：广、诚、细、度

张謇严谨务实、灵活细致、交游广泛等为人特点，在民间对外活动中，得到了充分展示。

广，即对外交往的对象广泛。张謇是清末状元，绝非只知死读书的书呆子，他兴趣广泛，视野远大，知识面广，在国内外享有很高的声望，结识的国外朋友涉及各个领域，有罗伯特·大赍、涩泽荣一这样的商业精英，有李提摩太、高诚身夫妇这样的传教士，有奈格·特来克和亨利克·特来克这对水利专家父子，有杜威、吉泽、森田夫妇这样的教育家，有芮恩施、虚而满这样的外交使者，也有内山完造这样对华友好的旅游者，还有鹤见祐辅、西村时彦和先后担任《密勒氏评论报》主编的鲍威尔、裴德生这样的文人。从与张謇交谊的深浅来看，既有像金沧江这样保持数十年友情的老朋友，也有不少匆匆而过的一面之交，个别的如涩泽甚至终生素未谋面，但张謇的学识、为人和业绩都给对方留下深刻印象。

诚，即真诚地对待各国宾客。张謇在平等基础上与他们交往，而没有狭隘的国别歧视。尽管当时张謇在国内外有着举足轻重的社会影响，但他对金沧江这样的流亡者优礼有加。受聘通师的日籍教师木村，尝试改革国文课的教授方法，遭到同行反对，张謇经过调查了解，明确表态支持木村，使木村对张謇充满感激。张謇还注重与外国友人情感交流，年轻的荷兰水利工程师亨利克·特来克，受聘主持长江保坍工程，在通三年，"勤苦耐劳，有西人办事之勇、负责之专，无西人自奉奢逸之习气"，1919年殉职后，张謇呈文请求民国政府对其褒奖，"以旌

图2-11 特来克

其绩"，并"为外国工师能勤于事者劝"，还隆重组织公祭，把他葬于秀丽的南通剑山南麓，其墓今天仍保存完好。张謇盛情邀请特来克的母亲来南通做客，1923年张孝若出访欧美时，张謇托他问候特来克之母和早年供职大生纱厂的汤姆斯、忒纳等人。

　　细，即考虑问题细致周到。在与国外友人交往中，张謇用心细腻，这从他和金沧江的交往中尤为明显。1905年9月，列强正式承认朝鲜由日本单独占领，气愤至极的金沧江辞去官职，携妻女经海上漂泊五个昼夜，由朝鲜来到上海，见到了中断联系20多年的老友张謇。对于金沧江的安排，起初张謇有过"欲使主笔于沪报社"等想法，最终把他安排到南通担任翰墨林印书局编校。之所以这样考虑，是因为张謇充分尊重金沧江以笔墨为武器，研究和传承朝鲜民族文化的志向。印书局的工作环境相对宽松，使之能在谋生的同时，有充裕的时间从事个人研究，且编校工作对精于汉语文字、无法口语交流的金沧江较为适合。金沧江在南通二十多年，张謇在生活中经常嘘寒问暖，使他能安心编辑出版朝鲜优秀历史文化书籍。初春时分刀鱼上市，张謇请金沧江共同品尝；狼山脚下林溪精舍建成，张謇邀金沧江相伴同游；中秋时节，

图2-12 特来克(前排左三)与张謇(前排左四)合影

张謇陪金沧江在濠河上泛舟赏月,心存感激的金沧江,发出"通州从此属吾乡"的由衷感叹。清末民初流亡中国的朝鲜人士和难民不胜其数,但如同金沧江那样得到妥善安排的却屈指可数。

度,即把握好原则和分寸。在原则问题上,张謇绝不含糊。1912年,参与治淮查勘的美国工程师詹美生发表《报告书》,认为"测绘之事告阙成功",张謇特地发表"声明书",指出詹美生报告中的三大错误。后来,美方推荐詹美生担任导淮总工程师或顾问工程师,张謇发现詹美生"沾染我国旧习甚深,且察其性情颇为狡黠,其学术技术,亦非上选,在工程上本不合用",张謇要求美方"以公平之心,友善之谊,使本督办有自由审择之余地",抵制詹美生染指这两项职务。

在处理涉外事务上,张謇能权衡利弊,进退有度。1922年,上海浚浦局技术顾问海德生拟设港口技术委员会,引发社会不满。时任吴淞商埠督办的张謇,一方面了解到海德生"前之浚浦成绩,后之港务计划,煞费苦心,功不可没";另一方面又分析海德生遭反对的原因在于,"忘其为中国服务之身份""致起各方反感"。张謇主张继续聘用海德生,同时也对其提出警告。

对于涉及国家主权的问题,张謇妥善处置。1920年3月,荷兰驻上海总领事虚而满致信南通,通报荷兰两艘巡洋舰途经南通,希望能"在贵地港口

-123-

驻泊一日，以资游览"。张謇在复信中，一方面"谨敬欢迎，藉表地主之微忱，增进两国之友谊"；另一方面，认为其应向民国政府履行"正式通知之手续"，"以视日本'宇治'军舰之擅自闯入我通者""有天渊之别也"。因为此前不久，日本"宇治号"军舰官兵，未经批准闯入南通并擅自登岸，张謇派人前往交涉，并致函日方表示强烈抗议。从中可以看出，在处理敏感的涉外事件中，张謇做到有理有节，应对得体。

第三章·本色生活

张謇身高约一米七，出生地江苏海门属启海地区，当地人身高适中。他所讲的方言为启海沙地话，属吴语方言。自幼在海门常乐长大的张謇，牙牙学语时学的便是启海方言。不过，张謇笔下行文规范，极少口语化的表达。有趣的是，他还是清末『统一国语办法案』的主持制定者。尽管启海人学讲北方话较困难，但在长期的走南闯北过程中，张謇学会并能熟练使用官话。所以，准确地讲，他所说的应是带有启海口音的官话。

一、一生收支知多少

张謇早年家境清贫，刚出道时跟着孙云锦月薪为 10 两文银，当庆军幕宾时俸银涨到每月 20 两，好不容易才把因冒籍被勒索欠下的债还清。但家里时常捉襟见肘，为了给张詧捐纳，张謇借遍朋友。张謇创办大生纱厂时，手头能拿出的资金只有 2000 两白银，其中 700 两还是借来的。而张謇经济状况真正好转，能有实力办教育、慈善和社会事业，是在大生纱厂赢利以后。他的收入来源主要有四部分。

企业收入。张謇在大生纱厂每月工资为 200 元，在通海垦牧公司的工资每月仅 100 元。不过，他在企业收入的大头是分红。1899 年，大生纱厂开车并当年获利，从这年到 1921 年的 23 年间，除 1916 年亏损外，共有 22 年赢利，利润总额达 1200 万两白银左右。1922 年后大生纱厂连续出现亏损。大生纱厂实行"厚利股东""得利全分"，作为创办人、经理和股东的张謇个人得到的余利和分红，总额在百万两白银以上。同时，张謇先后还创办了数十家企业，大生纱厂及其相关企业快速得到发展，一度成为国内最大的企业集团。创办于 1907 年的大生二厂，在 1912 年到 1921 年的十年黄金期，利润总额就达 460 万两白银，通海垦牧公司从 1911 年起开始获利，到 1925 年利润总额达 84 万两白银。张謇从大生二厂、通海垦牧公司等效益较好的企业收获的红利应该不菲。1925 年 7 月，在张謇去世前一年，他曾总结道："二十六年以来，謇之得于实业而用于教育、慈善、地方公益者，凡二百五十七八万，仍负债六十万有余奇，叔兄（张詧）所出亦八九十万。"也就是说，张謇从所办企业中得到的各种收入应在250万元以上，年均收入10万元，这也是他用于办教育、慈善和社会事业的最主要资金来源。

工资收入。张謇在清政府和民国政府中担任过一些重要官职，其中收入最高的是他所担任的两淮盐政总理，张謇任职一年多共得6.6万元，月均5500元。他还担任过临时政府的实业总长、北洋政府农商总长兼全国水利局总裁等，担任实业总长的时间较短，而任农商总长两年多。参照同时期任教育部佥员的鲁迅工资，1913年2月后鲁迅薪俸240银洋，1914年8月增至280银洋，张謇的工资应该不低于这个数字。张謇在一些学校担任校长等职务，并先后在数十个社会团体兼职，这些工作基本是属于奉献性质，不仅没有报酬，不少还需要张謇出钱赞助。

鬻字收入。张謇精于书法，加之状元身份和显赫声望，不少人慕名向其求字。作为名人书法家，张謇一生有许多次鬻字经历。创业之初的1896—1897年，为了筹措旅资，他有过两次卖字经历。有人统计，张謇在《申报》《新闻报》上各刊登过至少12次广告，在南通本地《通海新报》上起码刊登过7次广告，且明码标价，有时会连登广告数月。1906年，张謇以鬻字的方式为育婴堂筹资，当时曾计划每季度以卖足500元为止，一年得2000元，这可够百名儿童一年之用。1916年5月，即将招生开办的盲哑学校，资金尚有很大

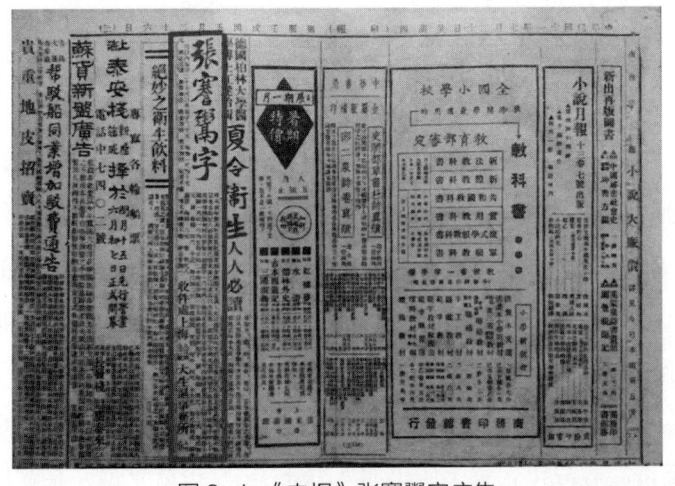

图3-1 《申报》张謇鬻字广告

缺口，张謇通过鬻字得款 5000 余元。1920 年后南通连年灾歉，加上 1922 年起大生企业陷入严重经济危机，为了维系地方慈善事业，张謇不得不通过写字义卖来获得善款。1923 年，张謇鬻字"收入（一）万二三千"，1924 年 9 月，他在日记里写道："鬻字写竟。鬻十五日，得直七千六百元，写六七十日。"

人情收入。身为名流的张謇社会交往广泛，本人和家人生日、过节还有儿子留学、结婚，都会收到不菲的礼金。如张謇 60 岁时，用"生日觞客之资，与朋从酿金所助"，建成南通第一养老院，在亲朋好友的协助下，最终酿金 1.8 万余银元，其中包括张謇的宴客费 3000 元。张謇 70 岁时，为了兑现"十年更建一院之约"，又用所收到的祝寿礼金等建成第三养老院，"共费银二万有奇"。张孝若出国留学所受礼金，张謇全部捐赠给了南通五公园的建设，张孝若婚礼收到的礼金，张謇也全部捐给慈善事业。

张謇说过："一个人的钱，要经我的手拿进来，再用出去，方才算我的钱。不然还是人家的钱，或者是箱柜里边的钱。"他奉行"用钱散财"和"皮骨心血，当为世界牺牲，不能复为子孙牛马"的金钱观。张謇力倡节俭，对家庭支出严格控制。1909 年，得知年度家用需 4500 元时，张謇很不高兴，提出要减少四分之一的开支，"大约每年用度以三千二百元为限"，还要求夫人吴道愔，"加意管理，加意节省，每日菜蔬一腥一素已不为薄""衣服不必多做，裁缝即可省"。1915 年，张孝若新婚后，"家中今年用度之费，过于平常不止一倍"，张謇在给吴夫人的信中要求"以后须加节省"，并强调"新妇在家，汝宜为之表率，俾知处乱世处穷乡居家勤俭之法"。尽管张謇作出种种努力，缩减家庭开支，但因家大业大，开支还是逐年增加。1923 年，张謇写信告诉出差在外的张孝若，各处"家用，现节省以不出万为准，连应酬须万二千"。

关于张謇用于教育、慈善和社会公共事业的投入，他在晚年曾有过多次交代，可能是由于年份、统计范围和计算口径的不同，张謇前后几次得出的投入总数前后稍有出入。1921 年，张謇在《为南通地方自治二十五年报告会呈政府文》称，慈善公益诸事"综计积年经费所耗达百数十万，皆以謇兄弟实业所入济之"。这里"百数十万"只是一个约数。

1923年，张謇在《大生纱厂股东会建议书》中总结说："今结至本月计二十余年，除謇自用于地方，及他处教育慈善公益可记者，一百五十余万外，合叔兄所用已二百余万；謇单独负债，又八九十余万元"，他补充道："须知二十余年自己所得之公费红奖，大都用于教育慈善公益，有表可按，未以累股东，而慷他人之慨也。"他在向大生纱厂股东会请求企业代付南通地方教育慈善公益常年经费时，透露了他致力慈善公益事业二十余年来所捐赠的善款明细。南通地方教育事业有农科大学、医学专门学校、女子师范学校、图书馆、蚕桑讲习所五项，每年经费58440元；慈善事业有医院、残废院、栖流所三项，每年22560元；公益事业有气象台、博物苑两项，每年4080元，总计85080元。1923年以前，这些费用都是张謇以大生纱厂所得报酬及其欠债，与其兄张詧共同承担。直到1922年，农、医、女三校核减至每月5600元，由大生系统的三个厂每月分担5000元，余下600元仍由张謇认捐。而气象台、博物苑、图书馆、蚕桑讲习所，每月经费700余元，亦仍归他承担，设法加以解决。张謇和张詧的资产加上负债，"用于地方，及他处教育慈善公益可记者"，合计高达290万元。

1925年，张謇在《太虚以佛法批评社会主义录答问》中再次梳理了他用于教育、慈善、地方公益款项的数额，"二十六年以来，謇之得于实业而用于教育、慈善、地方公益者，凡二百五十七八万，仍负债六十万有奇，叔兄（张詧）所出亦八九十万，不与焉"。张謇个人的付出加负债达320万元，与张詧合计起来至少有400万元之巨。

当然，张謇的个人财富不仅仅投向南通一地。如张謇用担任盐政总理所得"六万六千元"酬金，开办了东台、仪征的贫民工场。张謇还为推动国内其他地区教育科学事业的发展慷慨解囊。1922年9月，他向中国科学社生物研究所捐赠1万元。1923年10月，张謇认捐5000元，转让位于吴淞的中国公学所属地块，作为上海国立自治学院筹建院舍之用。当国内其他地方遭遇人祸天灾时，张謇也给予捐赠。如1924年9月江浙战争爆发，苏南上万难民涌入南通，张謇为此带头捐赠2000元。

二、别有风味的小小饭局

食色性也。从人的一些司空见惯的行为中，最能看出内在和本质的东西。有关宴客、招饮、用餐等记载，在张謇日记中随处可见。另外，在他的诗歌中，也有不少相关描述。张謇所参加的饭局主题五花八门，包括庆贺、送别、接风、生日、消寒等，连季节性的开始收购棉花也请客，因而留有"花庄开秤，宴客"诸如此类的日记。参加饭局的对象社会各个阶层皆有，如高官、学者、外宾、生意伙伴、各路朋友、庶民百姓，等等。饭局的类别，大致分为公务接待、商场应酬、私人活动。饭局中，既有张謇作为主家宴请别人的，也有接受别人宴请的，当然少数也有"忝居末座"作陪的。小小饭局，成为观照张謇精神世界乃至他所处的那个时代风云的有趣窗口。

"厂约"与"客约"

张謇一生节俭，反对奢靡，倡导俭以立身、俭以育人、俭以济困。在他创立的通州师范学校开学典礼上，张謇就"与诸生约，自今年始，每饭率以二簋，一腥一蔬，簋则重之。下走在校与诸生共之，监理、监学诸君与诸生共之，附学十岁之儿子与诸生共之"。他身体力行"一腥一蔬"，并要学校老师和自己独子张孝若也要如此。

作为清末民初著名的实业家、政治家和教育家，张謇经常与政学商等各界打交道，因而应酬难免。即便在迎来送往的各类饭局中，他也能恪守为人处世之道。据其门下宋希尚等人回忆，"平日每饭一荤一素一汤，无特殊客人不加菜，衣服必破损而后易。途见一钉一板必弯腰捡起。张謇待人亦诚挚热情，约会宴客必定准时。客来立见，从无令人久候之恶习。态度温和平易，使人如坐春风"。有学者搜集张謇生前食谱，整理出"状元菜谱"，也只是红烧芋艿、热炒田螺、蚌肉青菜、笋尖炖蛋之类"家常菜"而已。

张謇律己甚严，其待客之道，体现在他平日制定的各项制度和规则中。

如张謇创办大生纱厂时，曾亲自执笔撰写《厂约》，"客至，五簋八碟四小碗一点，不得逾此"。据民国时期作家"侧帽生"在《中央时事周报》上所述，张謇任北洋政府农工商总长时，请宴约晤甚繁，所以不胜其扰，他不愿把时间和精力消耗在无谓的应酬上，故拟订《客约》广而告之，说自己"以衰老之躯，宝贵之时间，供宾客往来雅宴清谈之酬酢，势实不给"，同时约法三章，对"饮食之会，敬谢不赴。并祈恕不设酬"等。值得注意的是，张謇的《客约》并没有收录在《张謇全集》中，成为佚文。

张謇曾说："用钱须视该用或为大众用者，虽千万不足惜，自用者，消耗者虽一文钱也须考虑，也须节省。"每逢生日，张謇为避开亲朋好友为其贺寿，要么往京沪等地"出差"，要么借故回海门常乐乡下。1920年11月，其兄张詧70岁寿辰，张謇设千龄宴庆贺，参加者众多，且都是社会各界长者，午餐为面，晚宴上仅有"六素二腥"，张謇在当天的日记上记下："六十以上至八九十者，约者一百八十余人，实至及自来者百六十人。午于千龄观面，晚于千龄宴，宴六素二腥，不特杀也。"

西餐文化

张謇很早就接触并接受西方饮食文化，尤为难得的是，他还注意挖掘西餐背后的社会文化意蕴。1903年，张謇去日本考察，在大阪拜访故友西村。西村是朝日新闻社记者，多年前在中国时曾借住于张謇任山长的南京文正书院，两人"艰难五年别""握手重言笑"，张謇在日记中写道："西村约至其家午饭，饭仿西制，颇有理会。其夫人所自治也。日人延客以妇女治馔为敬，盖犹有华风。"张謇由此而发感想，日本"自维新变法三十余年，教育、实业、政治、法律、军政，一意规仿欧美。朝野上下，孜孜矻矻，心摹力追"。张謇从西村夫人下厨看出日人"犹有华风"，又由午餐"仿西制"感悟颇深，以小见大，探寻日本崛起背后的奥秘，在于朝野上下同心，学习借鉴欧美，从而走上强国之路。

1909年8月，美商大赉等人组团访华。张謇为推动"国民外交"，促进中美经济合作，在江苏谘议局举行隆重的欢迎宴会，作为议长的他热情主持。大赉在日记中对宴会留下深刻印象，"所有的东西都来自相距二百英里的上海，如鲜花、食品、仆人、乐队，总之包括每一件东西。"接下来，张謇参加了密友赵凤昌在上海自己住宅"惜阴堂"招待大赉的晚宴，他在日记中作了详细记录，参加宴请的"凡十四人。欧美风俗，凡宴客以十三人为忌，盖耶稣门徒十三人中有一人卖师者，故耶稣遇难。至今奉教人忌之，妇女尤甚。竹君于接待外宾事，自室中陈设及饮馔言语之节，无不审慎，可谓能用心者矣"。竹君为赵凤昌的字，张謇不厌其烦地记下西方以十三人为忌的来历，并对赵凤昌为宴请在环境布置、交流等环节细心考虑，很是欣赏，也从一个侧面说明，张謇对西方历史文化所持开放的心态。

张謇对包括西方文化在内的异域文明的包容，还体现在对外国客人饮食及生活习惯等方面的尊重上。在张謇创建的大生纱厂，聘有英国技师和专家，张謇特地为他们建造小洋楼，按英国的习惯供应伙食，延请西餐厨师，专门供应西餐和洋酒。当时，西餐常被张謇用来接待客人。严修应张謇之约到南通考察，张謇请他在有斐饭店品尝西餐。他还在自家濠南别业，以西餐宴请来南通参观的熊希龄。

饭桌上的智慧

张謇凡事都极为上心，在饭桌上也不例外。对于好友，他也会精心准备富有地方特色的美味佳肴。1910年春，张謇兄弟用刀鱼、银鱼和蚌肉等江鲜河鲜，招待避居南通的朝鲜友人金沧江，席间还留下了《与金沧江同在退翁榭食鱼七绝三首》，"昨日刀鱼入市鲜"，饭桌上既有与鲥鱼、河豚并称"长江三鲜"的刀鱼，也有"霜头雪尾"的银鱼，还能品尝到"蚌味清腴晚更饶"，一勺加姜如乳汁，并可消除"胃寒"，这让频频得到张謇帮助的金沧江再次有宾至如归的感觉。

饭局中的张謇，同样睿智过人。在南通俱乐部宾馆，公宴自任五省联军总司令的孙传芳时，张謇别出心裁，所上第一道菜为"华盛顿汤"。何谓"华盛顿汤"，虽菜名起得蹊跷，具体做法不可考，但应该不是什么名贵的菜，因为张謇邀请孙传芳在自己五山景区的别墅东奥山庄做客时，也仅是"为备蔬餐"。他以"华盛顿汤"为菜名，也是煞费苦心，用意良深，期待"孙联帅"等军阀如美国开国功勋华盛顿那样，为了推动国家统一强盛做出贡献。与场面上热情洋溢的气氛完全不同的是，此时张謇的内心非常悲凉。他对民国初年的政治深为失望，转而推行地方自治和"村落主义"，这就需要在各派势力中纵横捭阖、夹缝求生。

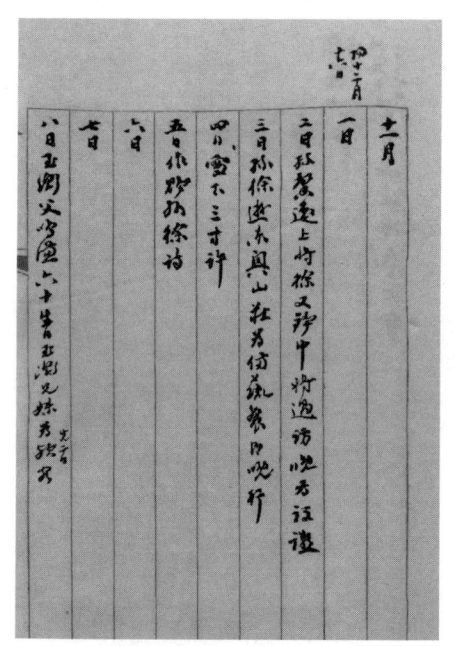

图 3-2 张謇日记中宴请孙传芳"为备蔬餐"的记录

对政治人物来说，饭局的功能远远超过了其生理感观价值，张謇与挚友之间交往不少是以饭局为媒介，纵论天下国是。1898 年，再次入京的张謇恰遇戊戌变法到了关键时点，他与亦师亦友的翁同龢无所不谈，往来更为密切，并提出一系列经济、教育等方面务实的变革主张。据张謇日记，阴历四月"二十日，虞山师招谈"，张謇笔下的虞山师，即翁同龢。而翁同龢在日记中记载得更为详细，"晚约张季直小饮，直谈至暮，毕竟奇才"。因涉及戊戌变法时期一些敏感话题，翁同龢和张謇之间应该是单独交谈，至少是一个很小范围内的饭局。官场上不拘形式的"小饮"，也就是那种场面简单而随意的饮酒，只能发生在彼此信任的挚交之间，由此不难看出翁、张关系密切。饮只是形式，而谈才是关键，两人交流顺畅，故不知不觉一直聊到傍晚，翁同龢对于张謇务实而过人的见识，很是赏识，赞叹为"奇才"。

酒与诗书

张謇不仅不好酒，也没酒量。但这并不影响张謇对酒的兴趣。在饭局中，张謇享受朋友之乐、诗书之乐和生活之乐。他在老家海门常乐办有"颐生酿造公司"，张孝若说其父在"酒厂内有存了二十年的酒。每逢到佳节看花泛湖，他专门看人吃酒，一杯一杯地量好，叫大家比量，他只在旁监督劝进，谈笑取乐。"

文人的饭局总是与吟诗和挥毫分不开的，从这个意义上也可以说，诗书画与酒同源。张謇虽"余事作诗词"，却算得上是一位高产诗人，一生留下了1400余题诗作，晚年的张謇更是沉湎其中。1923年冬，他发起九九消寒会，约了诗友，轮流宴客，留下了"温酒消寒小火炉，相将曹叟醉歌呼"的诗句。对于消寒会，张孝若在为其父所作的传记中说："每回换一主人，换一幽静的地方，大家每一九一集，必作一诗，兴致很高。"大家还玩起填诗的游戏，"有时在宴会以后也阙诗牌，每人分了十几张，也有几十张，他先说明阙诗牌的方法，然后动手，要做得快"。晚年的张謇，不时邀好友公园赏菊，聚众小饮，并赋诗记述："花分秋色千家买，亭为诗人一醉忙。"他还偕金沧江等友人，乘着其购自苏州的游船"苏来舫"泛舟濠河，饮酒作诗，"酒畔不须惊世事，沧江东去汉西流"。

张謇的饭局，时常笼罩于艺术氛围之中，宾主大发观赏和交流书法的雅兴。据芮恩施《一个美国外交官使华记》回忆，作为农商总长的张謇宴请美国公使芮恩施，张謇把午宴的地点放在农商部下属的农事试验场，也是慈禧太后过去散心玩乐的一个花园里。餐厅墙壁上挂着慈禧"手绘的画"，客人中间有博古家，大家谈论的话题是有关中国的艺术，张謇给芮恩施印象最深的是，他是"中国最有名的书法家之一"。芮恩施说："有许多人在学他的字，北方有一位出身行伍的都督每天总要花许多工夫，辛苦地把他临摹的几个字写上巨幅卷轴，以此来博取朋友们的欢心。"自然，这是芮恩施从初次见面的饭局上得到的收获，以此为开端，两人结为好友。的确，张謇在书法上颇有造诣，被称之为同光两朝书法第一人。到张謇晚年，他所经营的大生实业风雨飘摇，为摆脱危机，张謇拟借日资，日人驹井德三为此来华考察，受到张謇优渥的接待，不仅有宴请"小饮"，还连续两天为驹井"作书"。有意思的是，张謇日记中竟有"以连日作书之苦,宴客水榭自遣"的记录。张謇十分喜爱书法，直至去世前几日还在临帖，一生中多次鬻字筹款，接连几天的挥毫让他倍觉疲惫，便以宴请客人来解乏和犒劳自己，看来这在张謇眼里是饭局的另一大功用。

三、追求俭朴的生活习惯

张謇平素多穿中式传统服装，如民国元年即1912年元旦，张謇在日记中有这样的记载，"晨起谒庙。礼服未定制度，便服而已"。他在一些正式场合也穿西服或礼服，如有一张张謇佩戴五枚嘉禾等勋章的照片，广为人知，他穿的就是礼服。正如啬公之名一样，张謇对自己极为吝啬，日常生活极其俭朴。张孝若这样回忆他的父亲："他穿的衣衫，有几件差不多穿了三四十年之久，平常穿的大概都有十年八年。如果袜子袄子破了，总是加补丁，要补到不可再补，方才换一件新的。"事实也的确如此，1913年10月，作为农商总长的张謇给吴夫人写信，"新棉裤颇合身，惟收口腰身略紧。旧裤寄回，须拆开洗过重修，交叉处勿多去，铺棉絮仍可穿"。在他创办的师范学校，为了"以敦朴救浮侈之习"，他与王国维、王康寿等老师商议，并自己带头，要求教员"概著布衣"，以养成忠实不欺、艰苦自立的校风。1926年，张謇去世，按照其生

第三章·本色生活

前意愿，他入殓时穿的衣服，是拿大生纱厂所织的南通大布（即土布）做的。

张謇一生中有多处住所，最主要的有三处：海门常乐镇故里老宅、南通市区濠南别业和濠阳小筑。此外，他在通州西亭镇还有祖宅，晚年在市内五山景区建有林溪精舍、东奥山庄和西山村庐等。

图 3-3　张謇的濠南别业

张謇诞生于海门常乐镇，在那里度过了童年和少年时光。张謇《年谱》开篇说自己"生于海门常乐镇今敦裕堂前进之西室"。张謇出生时"先君始所居瓦屋五间、草屋三间耳"。张謇所住的西厢屋三间系茅屋陋室，在他随孙云锦去江宁做幕僚前，曾用四天时间修葺草屋。通州西亭祖宅，是张謇父亲张彭年1870年贷款从周姓人家赎回的。张謇14岁至18岁时，在此跟从宋紫卿读书。张謇几个兄弟分家后，由张謇同父异母的老大张誉、老五张警分得此处居住。

1892年，张謇在故里常乐镇老宅原址翻建新屋，查张謇日记，有"十一月八日，西厢开工""光绪十九年正月初六日，柳西草堂动工"字句。这里之所以称为柳西草堂，是因草堂前栽有不少柳树。柳西草堂落成后，其住房条件有所改观。1902年年底，张謇在故里常乐镇老宅西侧，动工建新宅，工程

－137－

图纸由张謇确定，由妻子徐端"任督察之役"，开工不久，张謇便去日本考察，东渡回来后，新宅几近完工，"自叠山石"成为新宅的画龙点睛之笔。1903年10月，张謇"移居西宅"，东宅归张詧。张謇新宅也被通俗地称为"状元府"，房屋周边三面有小河围护，环以沟渠，四周遍植竹木果园。院子前后两个部分，前宅用于接待宾客和节庆活动，后宅为生活区域。门前高悬翁同龢所题的"扶海垞"匾，宅内最重要的建筑是正厅尊素堂，素是质朴、本色的意思，张謇用"尊素"二字告诫自己和后人要尊奉生活的本色。

张謇以南通为基地创办实业和教育后，有相当一段时间居无定所，只能借宿大生纱厂、博物苑、师范学校、"江西会馆"，或者住在张詧于1902年盖的城南别业。1914年张謇在南通博物苑西北建造濠南别业，次年6月落成，这是张謇在南通城内修建的第一所住宅。别业坐落于濠河南岸，为英式造型，红色基调，楼底半层为储藏室，使两层走廊凸显，显示非同一般的气势。此宅由张謇的学生、建筑师孙支厦设计建造，参照张謇在北洋政府担任农商总长时十分熟悉的北京农事试验场的畅观楼，并模仿英国帕拉第奥式府邸的样式。

濠南别业除用于居住外，还兼有办公、会客、议事和宴会等综合功能。濠南别业东首是砖木结构的二层楼"花竹平安馆"，张謇在该馆接待过著名京剧艺术大师梅兰芳，主楼之西还有一座增建于1922年的附楼，称"西楼"。张謇儿子结婚后，家中人多事杂，张謇需要一个安静的起居办公场所，于是在离濠南别业不远处的濠河北岸，1917年又建造了濠阳小筑，这是一座前厅后堂的传统特色住宅，后院中有一座砖木结构的二层小楼曼寿堂。濠阳小筑是张謇晚年居住时间最久的寓所。不过，一些要事商议和重要接待仍放在濠南别业进行。

从1916年到1921年，张謇在五山景区先后建有：狼山北麓的林溪精舍、军山脚下的东奥山庄、马鞍山北麓的西山村庐和黄泥山西北的梅垞。他时常在这里接待宾客，有时还在此避暑。

张謇早年办厂和盐垦时，往来督导巡视，不是步行即乘羊角小车。羊角小车是农村古老的代步工具，只有一个轮子，前头尖，后头两个推把像羊角，行驶时叽咯叽咯响个不停。江海大地水网纵横，田间道路高低不平，张謇常常是顶风寒、冒酷暑,坐着独轮小车颠簸而行。张謇对独轮车有着特殊的感情,其父张彭年年迈时也常坐独轮车,遇桥即下,过桥后总要再走上几十步才坐上车,他父亲说:"坐车的人要体谅推车的。"张謇觉得,自己每坐一次独轮车,就是在把父亲的话温习一遍。

在北京担任农商总长时,别的官员出行乘小汽车,唯独张謇还是坐的旧式马车。后来,巡视河工时,他完全可以坐轿子,但他却时常步行或乘牛车,张孝若说他父亲"平时二三十里路以内,看工程到各处,都是步行的时候多",甚至一天步行一百多里。如1921年,日记记载他去工地视察,"往来工次皆乘牛车",在开垦海滩巡视各工段时,往来均乘牛车,牛车是运盐载薪的交通工具,桑(槐)木制造,以牛牵引,土路坎坷,张謇以七旬高龄犹能耐此颠簸,在同龄人中是少见的,张孝若说其父"到晚年巡视河工,海滩上只有笨重土制的牛车,还是敞篷,坐上去十分不舒服,我父处之泰然,每天走百十里路"。

当然,毕竟汽车便捷,张謇并不排斥汽车这一现代交通工具,而是根据路况及出行距离,来选择代步工具。1922年,他在日记中写道:"汽车至金沙,易小车至十总",金沙和十总都是南通乡镇的地名。有公路通达金沙,所以乘汽车方便,而到十总只有乡间小道,所以换乘人力小车,像这种汽车与人力小车交替使用的出行方式,在日记中还有多处记载,反映了张謇对于出行的务实态度。1923年,张謇曾作诗歌《汽车陷》,风趣地描写汽车陷入烂泥地的场景,极富生活情趣与哲理,"君不见汽车陷时小车笑,赤脚盘盘出濡淖,鲲鹏蜩鸠勿相傲"。

四、鲜为人知的情感世界

"桐花女史"

张謇个人的情感生活,可以追溯到他青少年读书时期。年轻时的张謇在蹉跎考场之余,曾和几位女士萍水相逢,甚至与其中的"桐花女史"互生情愫,有过一段浪漫之恋。"女史"这个词古亦有之，传到日本后现在还在用，意思为知识女性。

早年张謇在家乡南通和南京等地拜师求学期间，结识了不少学友。同学间偶尔会组织文酒会，邀请一些略通文墨的知识女性陪伴助兴，张謇也会随大溜参加聚会。1875年，为了给恩师赵菊泉祝寿，已随孙云锦赴江宁的张謇特地赶回海门，赵菊泉请张謇等学生饮酒小聚。据张謇日记记载，有学生"醺醺然入醉乡矣。席散，同人访吴门女史汪宝卿、毗陵女史如意，姿色皆自郐以下，略无足观。逐队寻花，不过逢场作戏耳"。20岁出头的张謇，正处春心萌动的年纪，对异性的容貌还挺看重，认为这些"女史"姿色不值一提，这些年少轻狂的同学只是寻花问柳，逢场作戏罢了。不难看出，年轻的张謇还是一个"颜值控"。接连几天，张謇与几个同学沉迷于酒食之中，并在日记中留下这样的记载，"少田置酒招饮于金坛蕊珠女史处，女史年已花信，色仅中人，而倚门卖笑，尚如逐水杨花，无所归宿，可慨也已！更有所谓藕香女史者，则不堪寓目矣。四更返"。少田应是张謇的同学和朋友，作陪的"蕊珠女史"姿色平平，年纪也不小，另一个"藕香女史"更是"不堪寓目"，在心高气傲的张謇眼里，她们只是"倚门卖笑"的"逐水杨花"，同学在一起喝酒玩乐到后半夜才归。赵菊泉得悉后，语重心长地提醒张謇勿蹈名士旧习。

千年秦淮河畔，文人墨客与歌伎才女之间，曾演绎出一个个动人美丽的情爱故事。张謇在南京游幕和读书时，正值情窦初开的年纪，邂逅了陪酒女子"桐花女史"。翻开张謇日记，从中不难看出他们之间交往的零碎痕迹。1875年仲夏，张謇在日记中写道："刘筱泉招饮。一船横荡，角巾如云，见河东先生所赏之桐华女史，虽非西方之人，然视行辈已无其匹矣。"秦淮河上画舫穿梭，佳丽如云。张謇与一群同学朋友饮酒时，在一艘游船上与一个容貌出众、让他动心的"桐花女史"不期而遇。后来，两人有了进一步的交往。在张謇日记中，留下了他"写赠桐花联""同往桐花深处"等记录。又有一次，"桐花来，由窗外过，小驻莲跋，秋波环转。文园客方落寞无聊，不知其来之翩翩早也，故彼虽有洛神之流睇，我仍若夏统之心肠"。"桐花女史"让张謇深深着迷，几度交往下来，两人情感逐渐升温。这位长着"洛神之流睇"般眼睛的痴情姑娘，竟追随张謇来到他所读书的书院。后来，"桐花女史"慢慢淡出张謇的生活，也从他的日记中渐渐消失，他在日记中自责"累日鹿鹿，荒嬉已甚，岂忘三年折磨乎"。也许是想到为求取科举功名曾遭遇的"冒籍"风波，想到老师和友人"出门以不失本色为戒"的告诫，想到家中父亲"大人向六十、鬓发玄且苍"，想到自己"读书不盈尺，何以贡玉堂"，张謇终于痛下决心，斩断情丝，告别灯红酒绿，从此"琴心虽迫，泥絮不飞"。

红颜知己

张謇晚年和沈寿的交往，常为后人所谈及。出生于"苏绣之乡"江苏吴县的沈寿，自创"仿真绣"，被誉为"针神"。1914年，张謇在南通创办女工传习所，40岁的沈寿应聘担任所长兼教习。沈寿去世后，沈寿丈夫余觉撰写并四处散发《余觉沈寿夫妇痛史》，指责张謇"纠缠"其妻，还曾把"佛云不可说不可说，子曰如之何如之何"的对联贴于门上，这场笔墨官司一直打到张謇身后。在2008年北京一场拍卖会上，《余觉沈寿夫妇痛史》原稿以75000元成交。

图3-4　沈寿（一）　　　图3-5　沈寿（二）

1916年11月13日，张謇日记中第一次出现沈寿，"为沈雪君书联'绣段报之青玉案，明珠系在红罗襦'"，张謇所写的这副对联上、下两句，分别出自东汉张衡《四愁诗》、唐代张籍的《节妇吟》。"绣段报之青玉案"翻译成大白话就是：我所思念的美人送给我锦绣段，我以青玉制就的几案作为报答。"明珠系在红罗襦"意思是说，感激你的情意缠绵，把明珠系在我的红罗短衫上。显然，这两句都隐含着男女之情。此后，沈寿不时出现在张謇的日记里，且频度越来越高，沈寿体弱多病，张謇在日记中留下"复病""复不适""又病""渐愈""忽晕厥，甚重"等诸如此类几十处记录。特别是在沈寿去世前后的五个月内，张謇日记中与沈寿有关的内容，占到三分之一篇幅，涉及她的病情、去世和善后等，流露出深深的不舍与思念之情。张謇日记中最后一次出现沈寿，则已是她殁后的第四年，即1925年3月1日"至雪君墓"。一年后，张謇去世。此外，两人书信往来频繁。如1918年3月24日至30日的一周内，张謇给沈寿写了5封信，从饮食、休息到请医看病服药，给予她无微不至的关心。

张謇亲自教沈寿学诗，挑选了一些古诗编成《学诗读本》，开篇是一首情意绵绵的《越谣歌》："君乘车，我戴笠，他日相逢下车揖。君担簦，我跨马，他日相逢为君下。"在两人诗词往来中，张謇笔下常会出现"比翼鸟""比目鱼"和"鸳鸯"等一些极富情感意蕴的词，如他的《谦亭杨柳》写道："记取谦亭摄影时，柳枝宛转绾杨枝；因风送入帘波影，为鹣为鲽那得知。杨枝丝短柳丝长，旋合旋开亦可伤，要合一池烟水气，长长短短护鸳鸯。"而沈寿则是含蓄的，一方面，她借自己所写的诗《垂柳》，表达出"本心自有主，不随风东西"的态度；另一方面，她内心对张謇充满感激之情，在《奉和啬师谦亭摄影》诗中，她写道："谁知六尺帘波影，留得谦亭万古心"，还以自己的青丝作线，抱病精心绣制了张謇的手迹"谦亭"。

沈寿患病后，张謇为她寻医问药，延请名医，确定医方，"亲伺汤药"。在病榻旁，沈寿口述张謇记录，将沈寿的刺绣艺术经验记录整理为《绣谱》，"无一字不自謇出，实无一语不自寿出也"。1921年6月，沈寿在南通病逝，时年47岁。张謇"抚尸尚温，怆痛不可言"，把她安葬在和她家乡隔江相望的马鞍山南麓，墓门石额上张謇亲笔楷书：世界美术家吴县沈女士之墓阙。张謇主持了沈寿去世后大殓、过七、百日、生忌、公祭等各个环节的活动，每逢七期，张謇必诵佛号3240声。他还一气呵成写下48首怀念沈寿的《忆惜诗》，常常独自坐在沈寿墓前，直至夕阳西下。

五年后的1926年夏，张謇去世，葬于他生前选定的啬园，这里距沈寿墓不过两三公里，两者朝夕相望。面对世人男女大防的目光，张謇似乎有意要以这样的方式来回应。

图3-6　张謇题名雪宦绣谱

五、中医不仅仅是一种爱好

张謇爱好广泛，他的一生与祖国医学有着不解之缘，结交不少中医界的朋友，积极扶持中医药事业的发展，创办医学校和医院，并提出了许多很有见地的观点，为弘扬祖国传统医学做出了重要贡献。

魔针传奇

《魔针》是四十多年前我国拍摄的第一部反映针灸神妙医术的传奇故事片，曾经轰动一时。民国初年，袁世凯"头风"发作，德国医学博士罗慈等洋医生对此束手无策。影片主人公黄石屏经张謇引荐，为袁世凯治病，只见他取出金针，凝神运气，手到病除。袁拿出4万银元作为酬谢，黄石屏将此钱送给张謇来办实业，影片由此展开了紧张曲折、起伏跌宕的故事情节。

电影情节为了引人入胜，自然会进行艺术的加工和处理，但这部影片所涉及的一些重要历史人物事件，则都有史实作为依据。黄石屏（1850—1917）确有其人，他精通少林拳术和内外气功，擅长用针灸治疗内外科疑难病症，把针灸与武术气功结合运用，所用金针软细而长，将全身精、气、神运于指上，施于患处，针效奇神，从而名扬四海，成为一代中医针灸大师。武术大师霍元甲患病，黄石屏以金针为其治病。他先后在上海、扬州、南通一带挂牌行医。关于黄石屏与张謇的交往，在黄石屏的弟子方慎庵所著《金针秘传》中有过详细记载。方慎庵曾于黄石屏门下学习金针术，出师后悬壶上海，著有《金针秘传》一书，据说此书"于1937年出版后，轰动遐迩，邮购者远及欧洲、东南亚及日本诸国"。书后附有《针验摘录》24则，提纲挈领地记述了他跟师学习及临证的心得体悟，其中前两则是黄石屏为袁世凯和张謇的针刺记录。

黄石屏"曾常驻于通"，得到张謇款待。方慎庵的《金针秘传》"针验摘录"还记载说，有次方慎庵"随师往"，亲眼看到他为张謇针灸，"见其仅针关元一穴。因询一针足乎？师曰：此补精而活其气，不宜太过，过之则兴奋，过甚反于年老阳强阴弱之体不宜。"张謇为此写下"能以金针引疴起，曾从黄石受书来"的条幅相赠，并巧妙地以黄石公授予张良兵书这个典故，来赞誉黄石屏金针之神奇，黄一直将它珍藏。据方慎庵说，张謇之所以能够中年得子，也得益于黄石屏，以针灸治好其"由于幼年用脑过度"而留下的隐疾。

而在张謇的日记中，也可寻觅他到与黄石屏来往的有关记录，如"1914年12月21日，江西黄石屏来，以针灸治肺虚病。次日，石屏复针"。不过，这次针灸主要是为了治疗张謇的"肺虚"，前后用了两天时间。

鼓励黄石屏写作《针灸铨述》

长期以来中医被视为我国的"国宝"。鸦片战争后随着西学东渐，引发有关中西医的论争，一部分人认为中医已落后于时代，如与张謇交往甚密的俞樾就因曾写下《废医论》，而被称为反对中医第一人。1912年，北洋政府以中西医"致难兼采"为由，在新颁布的学制及各类学校条例中，把中医排斥在医学教育系统之外，这就是所谓教育系统"漏列"中医事件。张謇虽然没有直接参与到这场中医废立的争论之中，但他一贯主张要把中西医相结合，对中医秉持客观和辩证的态度。

针灸是祖国医学宝库中的一朵奇葩，张謇对针灸等传统医学手段十分看重。在为黄石屏1916年著的《针灸铨述》撰写的前言中，张謇概述了在祖国的医学史上，医书多以经命名及出现的医家七经，并引用班固的话，说明医经的功用，在于探求人体血脉、经络、骨髓、阴阳、表里等生理特征，阐明各种疾病的根源，区分死生的界限，从而选用针刺、砭石、汤药、艾灸等治疗方法。张謇扼要回顾了针灸的发展史，经过十一家经方的考证梳理，后人根据药物寒温来辨析，并为五脏六腑所能适用，使身体恢复正常。张仲景之后名医辈出，发明了许多新的药剂，独针灸之术衰落，其影响和作用若隐若现，虽然也有不少专著问世，但真正能做到发微探幽、造福世人的却很少。

张謇对黄石屏十分赏识，在其所写前言中介绍道："黄子石屏，嵯官也，向以随宦山东，得异人授，擅针灸之技。初不自名，朋好有觊而求者，无不应手奏效。""嵯官"是指黄石屏在淮阳富安任盐务官十年，张謇特意提到，"尝为余愈痹湿，今其技益神"，黄曾为自己治好肢节疼痛和风湿。张謇鼓励黄石屏写作《针灸铨述》，对黄石屏"绝技"赞不绝口，强调"视东西医为相形之绌，是亦医学界之大憾"，这实际上是对当时"扬西抑中"的医学观念的否定。

张謇认为中西医两者各有所长，应各取其所长。1914年，张謇为南通医学专门学校慨然写下"祈通中西，以宏慈善"的校训，并说："今日言医者，顽固自大者无论，其有少知识者，又多轩西而轻中。"张謇再次对否定中医的"轩西而轻中"看法进行了批评。

笃信中医

张謇一生好学不倦，饱览群书，这其中包括阅读了大量的中医书籍。从张謇日记中可以看到，他年轻时，读过《神农本草经读》；中年时，为给父亲治病，他曾查阅《医宗金鉴》；当年其子张孝若出生时，他任职江宁文正书院院长，从南京购得张曜孙的《产孕集》寄回家中；晚年则抽暇仔细读完《性命圭旨》。他不仅看重中医，而且自身对中医知识的掌握也达到相当程度。张孝若在青岛德华大学读书时，时常生病，他去信说："顷与汝权询儿体气，据云并非先天不足，乃北方地气高亢，或坐久肺气不舒所致。不可服柔润滋腻之品，如生地、麦冬之类。平时可服杏仁露、枇杷露（用枇杷叶所蒸化者）、冬瓜糖之类。冰其淋、汽水、荷兰水妨胃，不可服，兼防腹痛。如燥热，可服柠檬汁水。"汝权，即俞汝权，是当时南通有名的中医，张謇经常找他看病。他把张孝若的病因、所应注意事项及医治需用的药草，在信中交代得一清二楚。这样内容的信还有不少，又如"儿之目眚亦只是热盛所致，可常服青蒿露，露可托纱厂药房制（金银花露、枇杷露亦可，枇杷露尤无弊）"。张孝若的眼睛长白翳，张謇要他服用青蒿露，并对青蒿露、金银花露、枇杷露的药效做了比较，说明张謇对一些中药的性能谙熟。在写给张孝若的另一封信中，张謇说："汝母喉病，仍时发时愈。父五六日后即归，拟自治之。"张孝若的母亲吴道愔患有喉疾，张謇打算自己为她医治，可见张謇对中医知识的掌握已达到一个很高的水平。

张謇时常与中医打交道，留下不少轶事趣闻。如1894年，张謇高中状元还乡途中，忽得心痛之疾，特意找到兴化名医赵海仙之处。赵问诊良久，作忧戚状，"阁下此疾，无药可治，速回，早作料理"。张謇惊惧万分，赵又作密函交付张謇的随从，嘱到家后方可阅。张謇一路上万念俱灰，舟至南通忽觉心痛不已，再至濠河顿觉神清气爽。于是，讥笑赵海仙徒有虚名。回到家后，随从拿出信函，上书"阁下高中魁首，心花怒放，因至心痛，此所谓喜伤心也。余以危言耸听，使阁下平添愁惧，胜药百倍"。张謇茅塞顿开，击节高赞："真名医也！"这些传说难免有后人添油加醋的成分，但张謇笃信中医确是有据可查的。

张謇与名医俞汝权、沙元炳交往甚密。沈寿身体孱弱，来南通后经常生病，张謇多次请俞汝权、沙元炳为她诊治。沙元炳还追随张謇兴办实业，在南通大生纱厂、上海长江大达轮船公司和沿海各垦牧公司等都有投资，张謇临终时，沙元炳竭尽全力来挽救这位终生知己。当年，张謇在上海《申报》、南通《通海新报》上，为包少年、马伯闲、俞汝权等中医写文章做宣传。他在1913年4月13日《申报》上，撰文《介绍儒医陈道菴》，"蓉江陈道菴先生精于医理，学贯古今，往年居浙，治愈危症，不可胜计。杭州倪子维之少君，患臌经年，病将不起，延先生救治两旬即瘳。民妇王氏患肝气痛，旬日不食，先生一药而愈。此不过略述其一二耳。至于喉科、时症尤能手到病除。去岁悬壶未久，因事返里，兹幸重来沪滨，曷胜欣幸，特附数言，俾求医者知所向焉"。以张謇名人之笔，通过"民妇王氏"等两个医案，登报对陈道菴的主治特长和高明医术广而告之，不难想象这样可以带来很好的名人广告效应。

推广中医

张謇尝试把医学与实业有机融合，发展中医药产业，兴办医学校和医疗机构。张謇从事关民族强盛的高度，来看待祖国医学事业的发展，这是极其难能可贵的。他说："医学之发达与否有关民族之强弱，故人生所需，不可无医"，从中也可以看到张謇视野之高远。

张謇将中医中药之精髓融于酒中。1894年，他在家乡海门常乐镇创办了"颐生酿造公司"，"颐生"取意"颐养生年"，这与张謇因"天地之大德曰生"，而将其创办的纱厂取名为大生纱厂，有异曲同工之妙。张謇还自撰自书酒厂的厂联，"有秫足供彭泽酿，如荼能表洞庭春"。他派员前往山西、山东等地的酒厂取经，聘请山西籍瞿、张二位师傅作曲、吊酒、拼酒，并传艺和把关。颐生茵陈大曲酒，以粘籽红高粱酿造的大曲酒为酒基，加入茵陈、佛手、红花、陈皮等十多种药草汁液而成，其色青黄透明，其味醇和爽净，清香绵柔，具有健脾胃、治风痰、舒筋骨、活血液的功效。1904年，张謇带上颐生茵陈酒，参加在日本大阪举行的世界博览会，酒醇味美的颐生茵陈酒荣获博览会奖状。

1906年，世界博览会在意大利米兰举行，颐生茵陈酒再次获得金质奖章，这是当时中国获得的唯一一个世界博览会金奖。

张謇还办起中药店铺。1916年7月，张謇和张詧等人集资15000银元，在南通市区长桥的濠河边开设了中药零售商店"遂生堂"，并设想要与著名的杭州胡庆余堂、上海蔡同德相媲美。店里员工由张謇先生亲聘，门口悬挂的青龙招牌、店堂正中的"遂生堂"每个二尺见方的大字及店内四扇八面联牌，都为张謇亲笔所写。"遂生堂"曾在南通名声大噪，尤其是在南通的黄泥山专门建有鹿苑，因而药店用的鹿茸、鹿角不必向外采购，并按明代名医张景岳传世的名方来炮制"全鹿丸"。

张謇创办了我国最早的私立高等医学院校之一的南通医学专门学校。1912年3月，学校正式招生授课。张謇兄弟亲任校长。学校的开办费用主要由张謇兄弟私费支出，仅1912年至1917年，每年就捐助1.7万多银元。张謇为了学生实习的需要，对1911年开办的南通医院进行扩建，并亲自题写了医院院名。1917年，张謇在南通医学专门学校增设中医科，学制四年，并聘请了俞汝权等一批有名望的中医师。中医本科设有医学源流论、内经、难经、金匮要略、伤寒论、温病论、杂症论、外科正宗、伤骨科、国文、医德等课程。张謇还在学校附近办了中医院，提供给中医科学生临床实习之用，由中医科教师担任医师，带教学生。张謇将中西医名流集中于一校，并采取了一系列促进中西医结合的措施。张謇提出，"拟于中医科加生理、化学两科，西医科加本草药物科，令学生自加融洽，希冀沟通"。在中医科增设了生理、生化、生理解剖学等课程，在西医科增设了本草植物学。他还主张先学中医，再学西医，并制定了中医科学生毕业后，再学西医可免交学费的鼓励办法。1922年，北洋政府奉行独尊西医的政策，南通医学专门学校被迫停办中医科。

张謇能够客观地看待西医和中医。张謇认为，"中西医各有立脚的长处，要彼此贯通，互助改进，才有道理"。他不仅不排斥西医，相反，还以积极的心态和开放的视野，学习吸收西方医学成果。1915年4月30日，在张謇的支持下，南通医学专门学校做了南通历史上的第一例人体解剖，被《通海新报》

称为"为吾通破天荒之第一声"。1920年,张謇聘请德国籍的医学博士夏德门担任南通医院总医长和医校教员。张謇指出,西医将医学与药学分成两门学科,"故辨性较精,而施效易见",西药"药取其精,服量少而饮不苦",这是西医和西药的优势。他提出可以尝试中药西制,"泰西某药,犹之吾国某药,以其法制吾国某药,犹之泰西某药,约举之可十数不尽详也"。同时,他认为中医也有其长。许多人以为中医是无医唯药,其实并不如此,所谓医,"原人血脉经络骨髓阴阳表里,以起百病之本",所谓药,"本草石之寒温,量疾病之深浅,假药味之滋,因气感之宜,辨五苦六辛,致水火之齐,以通闭解结,反之于平"。张謇认为应从药入手来推动中西医结合。"先通药学,药通然后可以求医之通。医犹汽车、电车,药犹轨与道也"。

张謇计划对《本草纲目》等药典所载近2000味中药材,运用科学方法测定成分,确定药物疗效,在此基础上再编撰《中药经》。他在《拟集资订中药经征求同意书》提出具体实施方案,"访知柏林大学药物院教授托姆司、化学工程师密勒二君,皆邃精药物,与商此事,许赞其成……聘吾国老于药业,明知药学者之数人……先延德密勒君来华,就南通农科大学化验室,为化学分析之试验,得其定性定量,然后以所得之药、所验之表,寄往大学托姆司君,征验所得定性定量之异同,然后要求东西各国之药物学大家复验之,必举世大同,而后定一物之真用,而后辨吾古说药性与气味之确否,而后著录成经"。受当时历史条件所限,张謇编撰《中药经》的宏伟设想,虽未能如愿以偿,但他对中医发展的规划,对后人不失有启发意义。

六、道不尽的镶山情怀

张謇的家乡南通,军、剑、狼、黄泥、马鞍五座山拱城而立,与奔流不息的长江为伴。明朝海门县令严尔珪在《五山拱北题铭》云:登五岳而小天下、登五山而小崇川。古人眼里,五山俨然是崇川福地的"五岳",是江海大地上一道最靓丽的风景线。对五山地区的规划建设，张謇倾注了大量心血，辟"林溪"、广植树、筑路桥，在江边保圩护堤，还依山临水营建不少楼台亭阁。

发现镶山

五山最西头江边，曾经还有一座镶山。历史上，它是与五山并存的南通的第六座山。今天即使是附近喝着江水长大的年轻人，也未必听说过镶山这个名字。好在百年前的《南通县舆图》，赫然标注有镶山的具体方位。镶山得名，一说取之镶于地表之义，又有人说，是指它嵌在五山的最西边缘。1908年到1910年，屡开风气之先的张謇，组织通州师范学校40多名土木工科毕业生，以五千分之一比例测绘制作出《南通县舆图》，为我们留下了珍贵的包括镶山在内的第一手资料。镶山与其说是山，还不如说是小丘更为确切。山体最高处不过20米，且南北窄，东西略长，约有30多米。尽管作为南通地标的五山并不含镶山，但在张謇看来，说到五山自然绕不开镶山，"五山自西南来，朕兆镶山，至马鞍一岭始颖然出地，东而黄泥又起三岭，又东而狼而剑而军"。张謇把镶山视为五山肇始。旧时堪舆家说五山有奔龙过峡之势，这倒也形象生动，从五山在江边的摆布来看，居龙首位置的应是镶山。

镶山，又称相山，1919年张謇在《相山记》中对它做了一番考证。他引用《说文解字》《易经》和地志等，从字的型、意、声等方面，饶有兴趣地对"镶"和"相"溯源，还进一步阐述，"山伏地绝江隆起，始简毕大汔军止，本末了然。吾闻江海汇诸滥觞，瓜匏系之柔蔓矣，孰得而大小之，而重轻之？乌乎，此吾相之说也"。张謇认为，五山山体由江出水，伏地崛起，始于镶山的简约，逐渐高大起来，一直逶迤到军山，山势脉络一目了然。他的结论是，江海的源头甚小，维系瓜匏的藤蔓也很纤弱，我们不能因为镶山小而轻视它。看来，张謇对镶山是做过认真研究的。

张謇以他特有的眼光，发现了镶山。如果把踞C位、恭列八小佛山之首、香火缭绕的狼山，比作是五山长子的话，那么，矮小不起眼的镶山，则是五山的小弟弟。从陆地眺望五山，仿佛偌大的雕琢精美的旱石盆景，假如有机会乘船从江上欣赏濒江而立的黄、马两山，又若别具韵味的水石盆景。而镶山，东边与黄泥山西麓相距不足百米，其余三面环水，因而兼具旱石盆景和水石盆景之精妙。或许正是这个缘故，张謇对镶山情有独钟。

吟咏镶山

张謇把人的一生，分为读书、做事和再读书三个时期。垂暮之年的张謇，悠游于家乡的山水，渴望找到能读书吟诗的清静之地。此时，怀揣建设"新世界雏形"之梦想的张謇，正身处内忧外患之中。"一战"结束后，帝国主义卷土重来，国内军阀混战，时局动荡，他所经营的大生企业及地方事业如风雨飘摇。也许只有寄情山水之中，张謇的心灵才能得到些许慰藉。作为诗人的张謇，五山中的每一座山，都化为他笔下诗歌的题目。而吟咏最多的，却是镶山。

张謇行走于镶山曲折的山道上，流连忘返，山里山外融为一体，四周水流舒缓，林木茂密，怪石嶙峋，风光怡人，他只嫌这儿地方还不大，打算要好好筹建"梅垞"颐养天年，做一个潇洒的老翁。他留下了这样的诗句，"行山回曲处，山外似山中。川势纤徐合，林荫窈窕通。迎人惊石好，刷地爱僧穷。尚拟营梅垞，逍遥养浪翁"。据张謇年谱记载，1919年6月，他开始"营镶山梅垞"，在这里造别墅、筑亭榭、栽梅树、办鹿囿，构建了一个诗意盎然的桃园仙境。"垞负相山阳，仰视众岭台"。梅垞是张謇建在镶山南边的一座江南风格的庭院，拥有大小院子、天井、花圃和假山。张孝若对其父的良苦用心印象深刻，"在梅垞里边，我父自出心裁，拿没有用的大大小小树根和长长短短的石片，用水泥铅丝连起来，外面涂了柏油，种了草皮，叠成一片很别致有趣味的屏风，高高低低，有深有浅，有洞有门，有峰有峦，看上去地方虽不大，而极有曲折丘壑的情趣"。他还清晰记得，"梅垞里边有一个亭子，有一块匾，题作'织云槛'"。

图 3-7 梅垞

梅垞成为张謇休憩养生的好去处,有其诗为证:"书罢还寻梅垞宿,千株隔水新条绿。溪鸟飞来呼且鸣,殷勤相慰忘幽独。"张謇写作和忙碌完了,寻思着到梅垞小住,只见对岸的枝条嫩绿,河边的野鸟叽叽喳喳、飞来飞去,让他忘却了山中的孤独和幽静。在诗歌《移住梅垞》中,张謇勾勒出傍晚时分梅垞的景象,"车迟穿树暗,衣薄逼江寒。野净天疑展,垣明月受阑"。江畔寒气袭人,车子穿过森森树林,放眼四野,空旷静谧,只有梅垞的院墙,映照在月光之下。直至1926年夏张謇去世前,还在梅垞避暑,"临怀素,读《左传》"。

澳亭,是张謇建在镶山脚下临江边的草亭。1921年4月,他在"梅垞叠石"的同时,"规筑澳亭"。张謇在日记中写道:"镶山、马鞍山之间旧名老虎口,于口之西筑一草亭,名之曰澳,水涯也。"镶山东向江中突出的部分,似虎口龇咧,因而得名老虎口。张謇沉吟道:"何曾虞虎口,梅畔一亭幽。溪渌若可饮,花晨时此游。飞藤交断峡,蹲石俨崇丘。即视尽为悦,几人同叟留。"意思说,毋庸担心"老虎口"的江水凶险,不远处梅林旁的澳亭,却反而显得分外幽静,清晨山间花香鸟语,脚下溪水清澈可饮,藤蔓交织挂在悬崖峭壁上,满眼望去赏心悦目。在另一首《澳亭》诗中,张謇抒发了"看花听竹心无声,问舍求田忘日高"的心境。

张謇时常在梅垞会客。有戴着耳饰、画着青眉的女学生来梅垞参观，触景生情，吟歌赋诗。张謇写下《清明梅垞诸女弟子来游，罗范二生有诗因示》，"清明连上巳，梅垞即兰亭。浣浣花间水，徐徐竹外軿。尚之充耳素，展以扫眉青。因事能为咏，传诗在郑庭。"清明连着三月三上巳节，梅垞好似当年的兰亭，宾朋不断，林溪之水从梅树丛中淌过，车子慢慢行驶在竹林外。从张謇的这些诗歌中，不难窥探到当年镶山的景色和梅垞的人气。

镶山之梅

张謇酷爱梅花，这体现在他的日常生活中。对于张謇是如何在梅垞突出梅花主题的，虽已无法还原当年别墅内的布局和摆设，但可以想象他一定是用足心思了的。前几年，从梅垞流落到民间的梅花床现身南通。在这张血榉木材质的大开门床上，镂雕着梅花，且朵朵不同。

张謇似乎注定此生与梅有缘。他在镶山栽下千株梅花。镶山之梅深深烙刻在张謇后辈们的脑海里。张謇之孙张绪武记忆犹新，"在小山突洼处设置了千株梅树挺立的梅垞，晚冬初春，满岭梅花盛开，轻雾里一片花海"。这里的"小山"显然是指镶山。张孝若在考察欧美途中写下了"亦忆南山千树梅，不须朔雪一帆催"的诗句。张謇把原先长着野树杂草的镶山，装扮得煞是好看。梅花盛开时节，满山是花的海洋，姹紫嫣红，争奇斗艳。1919年7月，他写下了《题镶山千五百本梅垞》。"一花一如来，化菩提身，无虑万五千佛，三月三上巳，嗣兰亭会，不须四十二人"。张謇以花喻佛，通过梅花来体悟佛性，同时又借王羲之等42人兰亭修禊的典故，抒发自己超越世俗、崇尚美好的情怀。当地百姓之所以把镶山叫作香山，我猜测，无外乎香与镶发音相近，同时，恐怕也与镶山上有千株梅花吐香，不无关系。赏梅吟诗，成为张謇重要的一项日常活动。在张謇晚年的日记中，经常有"约客梅垞看梅""视梅垞梅花、有诗"之类的记载。

与梅垞和梅花机缘巧合的，还有另一个人。张謇建梅垞的一个重要缘由，是把它作为梅兰芳来通接待之处。1920年年初，梅兰芳应张謇之邀，第一次出现在南通更俗剧场的舞台上，连演十多天，场场爆满。其实，此前五年，两人就相识，书信往来和诗词唱和不断。张謇以宏大的视野来看待戏剧，并立志以此"改良社会"。他在给梅兰芳的信中说："世界文明相见之幕方开，不自度量，欲广我国于世界，而以一县为之嚆矢。至改良社会，文字不及戏剧之捷，提倡美术、工业不及戏剧之便"。梅兰芳三次来通演出，张謇每场必看。梅兰芳每唱一出，张謇就赋诗一首，前者的表演和后者的诗文珠联璧合。张謇对梅兰芳极为赏识，"老夫青眼横天壤，可忆佳人只姓梅"，而梅兰芳感喟道："人生难得自知己，烂贱黄金何足奇。毕竟南通不虚到，归装满压斋公诗"，两人频频交换改良社会和改造戏剧的看法，志趣越发相投。梅兰芳前几次来南通，下榻于濠河畔的张謇别墅花竹平安馆。梅垞落成后，梅兰芳再也未曾有机会去南通。梅垞尽管没有等来这位风华正茂的青年才俊，却深深留下了梅兰芳的影子，见证了张謇与比他小四十岁的梅兰芳的忘年情谊。当年，梅兰芳应张謇所约，欣然写下了"千五百本梅花馆"匾额。张謇将他和梅兰芳的合影，悬挂于梅垞，并称赞梅兰芳"骨清而意翛远，有似于梅，宜伍梅"。他还在照片上题诗，"问谁与梅称，替梅郎有影。冬春雪月天，共享山溪冷"。张謇以圣洁的梅花来称誉梅兰芳，以梅喻人，睹物思人。

梅兰芳不曾亲眼看到镶山上那千株梅花。不过，梅花却成为两人日常书信交往的重要话题。张謇鼓励梅兰芳画梅，在1916年12月张謇写给梅兰芳的信中说："众人极赞浣华之时，即老夫极惜浣华之时。意欲浣华自今即每日学画梅花……三五年后，盼浣华专事于此"，浣华即张謇给梅兰芳取的字。梅兰芳之子梅葆玖回忆张謇和其父交往时，"捡出自己珍藏的刘墉书联和汤乐民画梅寄赠，并在这些书画上题诗，以梅兰为喻，勉励我父亲高标绝俗"。与梅兰芳相识的十多年里，张謇寄赠了大量的以梅花为题材的书画、刺绣作品，其中有他想方设法购置的中国第一部专门描绘梅花种种情态的木刻画谱《梅花喜神谱》，有描摹扬州八怪之一金农梅花的刺绣作品，还有张謇题诗的绣有四株梅花的台幔等。

图3-8 张謇（左四）和梅兰芳（左六）在南通

消失不见的镶山

有人想当然地认为，镶山是因为江水长年累月的冲刷，才逐渐坍入江中的。其实不然，1958年，100余名民工被组织到镶山和黄泥山炸山取石，经过大半年的开采，将镶山夷为平地，黄泥山西端的高峰也被削去。这不禁让人想起抱有"吾自爱吾山，先吾生而来"理念的张謇。张謇创造了数十个"全国第一"，"清末状元"和"爱国实业家"是罩在他身上最耀眼的两个光环。但骨子里，他首先是一个眼光远大、富有情怀的人。直到张謇去世前几个月，还心心念念挂记着五山景区的保护，在当地《通海日报》上刊登《禁止地方采用五山石启事》，多管齐下地治理开山卖石的行为。

一是晓之以理，"县南五山，见《名山记》，可为地方名迹之证。前三四十年，见山石题字者犹多，愈近愈少，则各处建筑采买，石户石匠渔利，私卖乱挖之所致也"。

二是导之以行，疏堵结合，在"迭请县署警厅严禁，不啻三令五申"的同时，设立大山公司代售来源合规的石材,以供各方需要。他自己在海门常乐老家和市区文峰塔院砌岸时,带头购置大山公司的石材。

三是明之以法,他"呈县出示,并严属警区","再有运出山石"者,"立即拘究采匠,揭布用户姓名法办"。

镶山毁于"大跃进"年代,令人扼腕叹息。后人也许只能通过张謇笔下的诗文,想象着镶山连同梅垞、澳亭曾经的风采。

有人纳闷,南通历史上曾是六山并存,为何自古以来仅有五山之说呢?这是因为,镶山山体太小,且一直被看作是与黄泥山连成一片的。值得一提的是,明清以后,南通黄泥山被称为马鞍山,而马鞍山反过来被叫作黄泥山,因而张謇笔下,黄、马两山的名字被颠了个儿,直至20世纪八九十年代,两山才规范为现名。马、黄两山都有黄泥分布,且都有几分鞍形。今天的黄泥山之所以历史上长期被称作马鞍山,是把它与西边的镶山连成一体看,整个山形,比今天的马鞍山更加神似"马",据说马的头、肩、臀等部位依稀可辨。当然,镶山和黄泥山的西峰被毁后,"马"的形象也就不复存在了。这样看来,现在把黄、马两山的名字又换回来,倒也名实相符。

昔日的镶山脚下,今天被辟为龙爪园。这里江面开阔,风光旖旎,徜徉于此,听潮起潮落,观日出日没,看楫来楫往,让人心旷神怡。只可惜,再也找不到当年梅垞和梅林半点踪影。龙爪园内,只剩下犬牙交错的镶山山根残骸,如剑刃般插入江中,扼风劈浪,激起一阵阵涛声,像是在诉说着百年来这里发生过的一切。

第四章·乱世情缘

张謇生逢乱世,常年在外奔波,与家人聚少离多,因而留下『人尽悲欢谁不管』的感叹。他尤其注重亲情,给妻儿及家人写下很多表达思念的书信和诗章。张謇对父母十分孝顺,兄弟中和张詧的关系最为密切。与两任妻子徐端、吴道愔的感情也很好,对独子张孝若更是倾心培养,充满浓浓爱意。后来,和陈勍吾结为亲家后,对其也十分敬重。

第四章·乱世情缘

一、甘当配角的三兄

张謇的父亲张彭年先娶兴化葛氏，又娶东台金氏。老大张誉及老五张警为葛氏夫人所生，老二张䴤、老三张詧、老四张謇为金氏夫人所生。

张詧为张謇三兄，字叔俨，晚年号退庵，1851年出生，比张謇大两岁。张家曾几度衰兴，少年时张謇家道中落，张詧为了资助其弟读书，自"废举业"，主动协父操持家业；他还时常鼓励蹉跎考场、屡试不第的张謇，在张謇1894年恩科会试时，更是亲自陪考，关键时刻给对科举已不抱希望、甚至扔掉考试用具的弟弟，以莫大的安慰。

张詧办事干练，在江西为官十年，政声颇佳，后来回到老家南通，甘当配角，成为张謇推行地方自治的"内当家"。在人生道路上，兄弟俩相互扶持，来南通曾近距离接触过他们的日本友人内山完造，这样动情地描述，"年逾古稀的张謇对其兄极为尊敬和照顾，每次都亲自搀扶他上下黄包车"。

张謇50多岁时说过，"退庵无弟，则创之势薄；啬庵无兄，则助之力单"，晚年更是感慨道："謇无詧无以致其深，詧无謇无以致其大。"兄弟俩都希望能成就一番事业。没有张詧，张謇的事业难以做深，而没有张謇，张詧的事业无法做大。可见，两人既是

图4-1 张詧

-159-

患难与共的手足同胞,更是创业干事中互为支撑的绝配组合。

"刲臂和药"与"遂废举业"

张詧是一个大孝子,据张謇年谱记载,1876 年 6 月,"母病疡剧,叔兄刲臂和药进而愈"。张詧曾经割下臂肉,放在中药里煎煮,以医治母亲的病。这在现在人看来是荒诞不稽的,在当时却是偏方,而且歪打正着竟然把其母的病治好了。

弟兄几个当中,张詧和张謇关系最为亲近,共同生活的时间也最长。两人一起读私塾、做作业、下农田,张詧疼爱弟弟,常常是自己多承担重活。两个人的母亲金氏教他们识字,每晚必命他们诵说白天所授的内容,在母亲的叮嘱和教诲下,张詧、张謇兄弟对于学业不敢有丝毫荒怠。张謇的恩师、著名学者张裕钊在为其母金氏所作的墓志铭中写道:"母夜篝灯,教识字,益拥絮手,衣履针作,且作且覆问謇等。深宵寒风凛冽,室中萧然,顾视謇兄弟,辄泪下",真实描写出兄弟两人儿时艰难的读书生活。张詧"通文墨,下笔千言,写一手好字"。不过,张謇似乎要比哥哥更为聪明。当年,老师在出"人骑白马门前过"的对子时,张詧给出的下联是,"儿牵青牛堤上行",相比之下,张謇"我踏金鳌海上来"的应答,显然更胜一筹。

张謇因"冒籍"案而被人敲诈,家中背负了千余两银子的巨额债务。老大要求均分家产,长子、五子分得西亭祖产,三子、四子分得常乐家产。张詧慨然提出,误籍所负外债皆由他和张謇共同承担。但即便变卖家产,犹有不足,家里债台高筑,父亲又劳碌多病,生母金氏病重之际说:"人子当先知服劳,汝父辛苦甚,无有替者。汝兄弟可一人读书,一人治生产"。张詧"遂废举业,佐父治理生计",主动提出将读书机会让给弟弟张謇,自己协助父亲种田和做些贩卖瓷件小生意,到镇上布行负责记账。张詧热心地方公益事业,海门遭受风灾,他"质衣助赈"。为了养家糊口,经过社会底层长期的摸爬滚打,张詧锻炼得精明能干。

第四章·乱世情缘

早年，由于家境窘迫、个人前途未卜，再加上张詧为支持自己读书而放弃学业，使得张謇对三哥心存感激的同时，也时常心怀感伤和愧疚之意。张詧成为张謇情感的依靠和倾诉对象，年纪相近的兄弟俩感情越发深厚。游幕在外的张謇，每次辞别家乡，张詧都要相送很远，"弟兄相送远于野，行行且止心房皇"，闯荡在外的张謇常会"嗟哉有兄只身翔，游子行矣思故乡"，深深感叹"忧患古来重骨肉，季汝甘苦将谁商"。从张謇留下的这些诗词中，不难看出，张詧成为年轻的游子张謇的精神支柱。

"我思我兄"

张謇用多年在外游幕的收入，慢慢还清了家中债务，他的事业及张家境遇也逐步有所好转。1879 年，张彭年通过纳资赈山西、河南荒灾，为张詧报捐县丞。晚清时代，除了可以通过科举应试走仕途外，也可以捐银得官，或因军功而保荐做官。为让张詧有机会多见世面和发挥才干，在外闯荡多年并在清末政坛上开始崭露头角的张謇，竭尽全力为其兄铺路。

1883 年，张謇作为军幕随吴长庆赴朝鲜平乱，推荐张詧一同前往，担任军营帮办。尽管不如张謇那样锋芒毕露，但张詧积极肯干，向吴长庆提出"固藩三策"，还以公正立场来化解吴长庆卒后幕中的索资纠纷。当看到同僚袁世凯改换门庭，投靠李鸿章，使得吴长庆难堪，张詧和张謇等人联名给袁世凯写了一封数千字的长信，斥责他攀附权贵，忘恩负义，骄横跋扈，规劝其脚踏实地、痛改前非，并与之绝交。张詧因"壬午事变"在后方筹办转运有功，被保举知县。

张謇在一心走科举正途的同时，对为成全自己而做出牺牲的哥哥张詧，也十分关心。张謇自身不愿走科举以外的捷径，并多次放弃"赀官"和"保举"机会，或许他考虑到张詧已废举业的实际情况，为了支持三哥获取功名，他不惜余力，甚至为此改变了自己一向所坚持的正统名节观。1885 年，张謇顺天乡试前后，张詧也准备参加江南乡试，无奈缺少打点的资金，只得作罢。张謇为此事焦虑不已。1886年7月，他写信告诉友人说："家三兄事，则所需千五百金，茫无畔岸，顾非此则生计大不堪想。奈何，奈何！"他"拟七八月一往江宁，商之桐城先生也"，准备和恩师孙云锦（桐城指孙云锦，因孙是桐城人）商量此事。

为了能帮上张詧，张謇甚至动用了与翁同龢的这层关系。据翁同龢1886年9月30日的日记，"张詧叔俨来见。江西知县，欲捐到省而无资，走京师乞书与马粮道求买米差使。此君季直之兄也，气宇迥不如乃弟"。初次见面，尽管阅人无数的翁同龢对张詧的印象要远逊于其弟，不过，还是很给张謇面子的。仅过了一天，翁同龢就"写江安道马植轩恩培函，荐张詧购江北漕米。信内但云因张季直而得其为人"。翁同龢挑明，对张詧"得其为人"是因为张謇的原因。与此同时，张謇费尽周折，三百两、五百金的借遍朋友，再加上自己在太仓、赣榆等地修志和担任书院山长的薪酬，才凑足捐纳。1888年，张詧到京城把钱捐给吏部，被授予候补知县衔。当张謇了解到张詧为解京饷，正在江西赶往京师的途中，他在日记中叹道："风雪长途，五十余日方自此始，我思我兄，心滋戚已。"张謇在此前后还写了约20封信，向为此出力的京师诸师友致谢。1889年，张詧候补期满，参加甄别考试，考题内容与江西水利有关。张詧此前认真看过《江西通志》等书，因而对全省的水利情况有所了解，答卷见解独到，内容具体翔实，因而考了第一名。张詧获得了南昌县帮审即帮同审讯案件等差，后来还先后出任贵溪、宜春、东乡知县。

张詧没有让其弟张謇失望，在江西处理了不少棘手难题。1897年，张詧前往吉安府属莲花厅查勘水灾；1898年，密访广丰县教案；1899年，乔扮行商密查吉赣一带厘局积弊。在短则半月、长则两月的各项调查之中，他细心体察民情，详细搜集信息，同情百姓民众疾苦，颇有清官风范。张詧数度出任贵溪知县。1899年9月，他复任贵溪知县时，正值当地"民教争哄构乱"。张詧在给张謇的信中详细介绍了事情来龙去脉，自1895年张詧调离贵溪后，"贵溪教堂，全境荡尽。六年之内，历任偏向教民，积怨至深所致，竖旗大书官逼民三字。（民众）着戎衣，衣志'大清国光绪义民'字，不抢、不烧、不扰居民铺户，专毁教房，勒令教民反教"。当绅民听说张詧再任贵溪时，"欢欣鼓舞"，张詧反而"闻而大惧，当此极盛虚名，何以为继。且事关重大，外侮日逼，自权日削，即使暂时安辑，将来善后了结无期"，张詧拿定主意，"惟有定心忍性，处大事如无事，不敢稍涉孟浪"。他抱着"事惟持正，要撤便撤，必不作摇摆尾乞怜态持禄保位"的想法，最终妥善处置了此事。1900年，张詧离开贵溪后，"贵溪民教哄争又起，势汹汹连五六州县。省城上下震悚，又调张詧再往署"，张詧又一次领命，并于次年平定"贵溪教案"。为处理当地乡民和传教士的冲突，张詧"劳苦十八月，还代民赔教士六千金"，受到清廷"上谕传旨嘉奖"。张詧经过多年的官场历练，形成了务实、干练、细致的办事作风。

"蛩蟨相依，非他人可比"

张謇自喻和张詧的关系，"蛩蟨相依，非他人兄弟可比"，蛩擅长觅食，蟨能够奔跑，传说中蛩负责采集鲜美果实，与蟨共享，而遇到危险时，蟨则背负蛩逃跑。张詧在江西有过十多年的为官生涯，张謇倾其所能，给予张詧帮助。

一是关心张詧仕途。张謇利用自己的资源和关系，竭力为张詧的仕途顺畅铺平道路。比如，1892年4月下旬，张謇为谋张詧补缺之事，向吏部官员叶玉书求援，拜托翁同龢和沈曾植等多人议商。7月底，张詧终于获得署江西贵溪县知县。

二是时常勉励张詧。张詧任职贵溪时，张謇以方苞的"守官之大戒，其一义利也"相赠，写下"苦心耐烦辱，以赴绳墨求"诗句共勉。借翁同龢之口，称赞张詧治事能力高于自己，"常熟昔谓君，理干过于季"，曾在日记中谓张詧"气宇迥不如乃弟"的翁同龢，显然不太会做出这样的评价，从中也能看出张謇的一番苦心。

三是为张詧出谋划策。对碰到的一些具体问题，进行商讨。如张謇从刘坤一的来电中得知，因"东乡刁民抗粮，调张令署理整顿"，准备调张詧任东乡知县，以对付抗粮"刁民"。张謇写信提醒张詧，"民之刁不刁，视乎粮之抗不抗，若东乡向不完粮，谓之刁民可也；若自有不能完粮之故，官曰刁民抗粮，民不曰灾区求缓乎？当考真情节，求公是非"。希望张詧能够深入了解并掌握实情，公正处理。

四是数次到江西探望张詧。 1891年，他代张詧为良口江神祠、良口义学分别撰写了"神物有灵，愿荐芳菲侑清酌；官橐何补，但余惶恐对前滩""要从子弟还醇俗，重为江山出异才"等楹联，倡导以敬畏之心来对待尘世，鼓励地方官员和义学师生。1893年正月，张謇去贵溪主持童生试阅卷、定课额，从家乡到江西来回用了近两个月时间。1897年10月，张謇自江西抵江宁看望张詧，"深夜同寝而谈，兄弟十余年无此叙矣"。

五是代张詧主持家务。 张詧长期在千里之外的江西任职，因公务繁忙和路途遥远，家里的婚丧大事都由张謇代为主持。1892年10月，张謇代兄嫁女完婚；1897年正月，张詧之子亮祖娶亲，6月病卒，两事皆由张謇操办。1900年4月，张謇又为张詧儿子仁祖在沪操办婚事。

同样，张詧也一如既往地关心张謇的科举之路，时常给蹉跎考场、倍受打击的张謇以信心。1894年恩科开考在即，张謇准备"举业四十为断"，见此情形，张詧不仅自己力劝"不再取试官辱"的张謇，而且还通过父亲张彭年做张謇的工作。张謇日记记载："叔兄来讯，劝应会试，藉聚于京。"张謇于同年3月启程赴京师应试，一个月后作为江西巡抚赴京庆典随员的张詧，自江西抵京相会，"述忆慈亲，相向流泪"。张詧以出差为名，在北京为张謇陪考，以手足之情给极度沮丧和高度压力下的张謇莫大的慰藉。

这年10月，父亲张彭年病故，张謇、张詧回家奔丧。张之洞委派张謇总办通海团练，总理通海商务。张詧协助缺乏资金的张謇以质押告贷办团练，兄弟二人还兑现父亲遗言，举债办家庙、义庄、社仓等公益。1896年正月，张詧赴任宜川盐加厘局坐办，仍不忘对张謇创办纱厂给予支持，派其幕僚宗渭川投身大生基建。

第四章 · 乱世情缘

"张三衙门"

1900年正月，张謇决定蓄须，作为开启人生新征程的标志。他兴致很高地作诗《蓄须》，详细说出自己蓄须的考虑。与"脱众试羁""翰林要美好""前年已生儿"等诸多原因相比，张謇把"阿兄三十八、作令便有髭"排在首位，可见张詧对他的影响之大。诗的最后，张謇以童真般的俏皮说："须成当画像，寄与芗溪涯"，芗溪是贵溪旧名，他准备把须成后的画像，寄给在贵溪当县令的三兄。此时，张謇在南通的事业全面起步，大生纱厂开始赢利，通海垦牧公司刚刚创办，通州师范学校也在筹办之中，随着各项事业的拓展，张謇急需兄弟张詧回到身边助一臂之力，"力劝兄引退，归助经营纱厂"。

已在江西为官十多年的张詧，回家之路却费了一番周折。彼时，张詧在官场上游刃有余，成绩不俗，妥善地处理了当地教民案件，所到之处政声不错，仕途行情看涨。张謇请求两江总督刘坤一以"洋务要差"之名，协调江西让张詧"回籍，助营纱厂"。江西巡抚李勉林因张詧能干，不允所请。1901年8月张之洞以张詧在宜昌办赈有功，向朝廷保荐张詧"补缺后以直隶州用"，1902年2月，经江西巡抚李勉林"特别保送吏部引见"，张詧由直隶知州衔转升道台衔。后来李勉林调广东升任粤督，张謇乘机为张詧"再辞得请"，张詧获允辞去省学堂正监督而回通。

张孝若说："这二三十年间，我父创办实业、教育、地方自治，都是伯父赞助一切，大概我父对外，伯父对内，我父亲规划一件事的大纲，他就去执行；或者我父主持大计，他去料理小节。所以我父三十年的声名、事业的成就，伯父很有赞襄的功劳。"张謇手头事情多头绪杂，在1915年辞去北洋政府总长之前，常年在外奔波，如1910年张謇全年在家里只有42天。而南通实业及各项事业摊子很大，须臾离不开人打理。张詧回到南通后，即担任大生纱厂协理，掌管银钱账房等重大事务。由此，形成张謇主外、张詧主内"兄弟出处相依，自为知己"的格局。如张謇任第一家通海垦牧公司经理，张詧相继任第二家大有晋垦牧公司、第三家大豫垦牧公司经理；张謇创办学校，张

图4-2 张謇（前排左一）、张詧（前排右一）和张孝若（戴眼镜者）在淮海实业银行前合影

詧也跟随四弟兴办多所学校。张謇主导地方建设事务，张詧全身心投入其中，他是张謇的得力助手，是大生资本集团的主要骨干，是当时南通一系列事业的重要参与者。

1903年8月，张謇从日本考察回来，听了张詧对木造高俊事件处置情况的介绍，称赞其兄处理善后"极缜密有条理"，木造高俊是张謇为通师聘任的日籍教师，因精神失常而自戕身亡；听了张詧对大生纱厂事"容人易，调人难，受言易，择言难"的看法，张謇颇有同感，甚感欣慰，"幸三兄归，能耐心处之"，认为张詧才干"得力于吏治之历练"。

张詧协助张謇举办一系列实业、教育和社会事业。在工业方面，张詧一手筹办大生三厂，担任复兴面粉公司、大生织物公司、大达公电机碾米公司、通明电气公司等企业总理，另外创办了南通交易所，建造崇海旅馆。在盐垦方面，张詧是通海垦牧公司大股东之一，后来新设的盐垦公司大多以其名义开办,创办了大有晋、大赉、大豫、大丰、通济等盐垦公司。张詧和张謇创立一系列学校、慈善机构。如张詧担任南通河工学校、南通纺织专门学校、甲种商业学校、通州劝学所校长或总董等职。又如,1920年张詧用自己70寿辰亲友馈赠所得,在常乐镇创办了养老院,该院常年费用7000余元,由他私人承担。值得一提的是,1921年春,由张詧资助曾在南通女子师范学校任国文教员的黄绍兰,重建了上海博文女校,参加中共一大的大部分与会代表,当年就借住于该校。张詧还为兴办地方事业捐出巨资,约占兄弟俩捐资总额的三分之一。

1914年,张謇、张詧在其家乡海门常乐镇购地600余亩,创办大生三厂,所订购的英国纱机受第一次世界大战影响不能如期交货,大生三厂的建设因此延期至1919年动工兴建,1921年投产后,生产出的星牌机纱在上海市场一度十分抢手。张詧还领导建设了长逾3公里的大生三厂铁路,并引进英国产小火车头,成为当时苏北首条铁路。大生三厂12名股东联名提出,"本厂由1914年创办以迄今日,历经八载。退公(张詧)及公事同人异常辛苦,而未受分文之益",提议奖励张詧20000两白银。在再三推辞不下的情况下,张詧将其中15000两拨给其所创办的第二养老院,其余5000两分配给同人,而自己分文未取。1922年,张詧用其在大生二厂红利创办了大生医院。

在推行地方自治的过程中,张詧担任一系列社会职务。1904年通崇海商会成立,张詧任商会总理。1909年夏,张詧被任命为江苏农工商局总办。1910年,通州、崇明、海门、泰县、泰兴五县商业团体联合会组成通崇海泰总商会,张詧出任会长。辛亥革命后南通和平光复,张詧出任军政分府总司令。和其弟张謇一样,张詧做了不少本应由政府承担的事情,因而被百姓称为"张三衙门"。

张詧70岁生日时,张謇写下贺诗,"生自田家共苦辛,百年兄弟老逾亲""投老方知四海空,天教兄弟着南通"。1926年8月张謇去世,张詧在《哭弟文》中说:"昔贤有怀,世世兄弟。愿吾两人,再来可冀。"意思说,先贤有一种情怀，愿彼此世世代代做好兄弟。我希望我们两人，下一辈子还是好兄弟，这真是泣血之言。

二、烙上时代印记的婚姻

1875年1月，张謇与家乡海门常乐镇邻村比他小三岁的徐端完婚。四五年前，两人订婚的时候，张謇母亲金氏就让媒人周婶详细去打听未来儿媳的情况。徐端尽管和大多数同时代女子一样没上过学，却能干而稳重。周婶去徐端家提亲时，正是棉花收获的季节，只见徐端拿着秤和账册，忙着向佃户收租，周婶与徐母谈话，徐端也不插嘴，是一个非常淑贤的姑娘。徐家本来家境还算殷实，后因徐端两个兄弟做生意亏了本，只得变卖家中田产。徐端请求家里把原来许给她的百余亩陪嫁田也卖掉偿债，还表示要放弃衣物、首饰等嫁妆。其时，张謇因"冒籍"风波赔了不少钱，债台高筑，家境困窘。张謇和徐端的婚礼，也是张謇向亲友借钱操办的。

张孝若说："我先母徐太夫人是十八岁于归我父的，祖母听说她在母家勤俭能干，所以要她做媳妇，等到回来做新娘子穿了布裙，祖父母更欢喜，到了我家以后，志趣很和我父相同，对于翁姑奉侍，异常孝顺。我父终年在外居幕奔走，每年年底才回来一月半月，有时竟不回来，家事都是她一手料理，使我父专心在外，没有内顾之忧。"和徐端结婚30多年，张謇绝大部分时间是在外忙碌，前期是为了生计和仕途奔波，后来是为了创办实业等政学商一系列事情而奔走，因而和妻子及家人团聚的时间很少。张謇把父母起居、邻里往来等家中诸事，都交给妻子。过门第三天，徐端黎明即起，穿上粗布衣服，问候公婆，把家务操持得井井有条。有次，为了调解邻居家的矛盾，徐端把自己的衣物典成银子，慷慨相助。婆婆金氏连连夸奖她是"贤妻"，张謇给她取字"倩宜"，意即秀外慧中，行事得体。

徐端持家有方，和张謇还有共同的语言，不仅为张謇解决了后顾之忧，而且她的体贴、分担和鼓励，常常给身心疲惫的张謇很大的安慰。张謇说："夫

第四章·乱世情缘

人虽未尝学文，而勤勉慷爽，出于天赋，方敝人之舍仕宦而求实业也，家事一委之夫人。遇极艰苦时，退而至家，夫人必有以慰其劳苦而勖其坚忍。"她十分支持丈夫的事业，并积极参与其中。1905年，张謇创办张氏私立初等小学，徐端任校长；在海门常乐镇重建颐生酒厂时，她出任厂长；张謇修造宅邸，她代丈夫督办工程；她还动员妇女名流为通州女子师范学校募捐，自己带头倡捐建筑费500元、常年基本金1000元。

后来的张徐女校、南通育婴堂、幼稚园都是根据徐端的遗愿创办的。张謇对她始终抱有敬意。在她过世后的1910年，南通女子师范学校市河岸新校开学，张謇莅临致辞时多次提到亡妻，说夫人当年"志愿甚雄"，日谋夜思，筹措经费，"欲女子师范养成，而各处女子小学次第而立"，乃"夫人之志，敝人义何容辞"。张孝若眼里的"徐太夫人"和其父张謇夫唱妇随，"看见我父办学校，她也要提倡女学，就办了女师范，还在母家近边，办了一个小学校"。"富于创造的观念，譬如在光绪末年她就发明女子着长袍，她先穿着，叫家人也照样做，不到一年，亲戚中的妇女都改穿长袍了"，并说："等到逝世以后，我父好像失掉一只膀子。"

对于徐端患病，张謇牵挂心头，四处为她请医看病。生离死别前的那一幕，更是感人至深。1908年4月25日晚，徐端病危，张謇急匆匆赶来与之诀别。徐端已坐不起来了，只能示意让张謇抱她，还拉住丈夫的手，声音虽微弱却很是动情地说："你待我不错，我也待你不错……"张謇俯身问她，有什么需

图4-3 张謇创办的幼稚园的孩童游戏场景

要交代的？徐氏声音细若游丝地说："叫我如何说，我现在已说不来！"的确，一生恩爱即将就此诀别，千言万语又从何说起，她两眼深情地望着张謇，神色凄惨，欲哭无泪，最后带着无限的眷恋惨叫，"我要去了！"如此几番挣扎，最后撒手死于张謇的怀里。

在给徐端的挽联上，张謇痛彻心扉地写下："呜呼痛哉！三十五年贫贱夫妻，常将辛苦分磨蝎；几千百变忧危身世，甚矣摧伤况老鳏。"在其《墓表》中，张謇称赞徐端"应事赡决、勇过丈夫"，详细追述其从邻家救火到为长乐社仓仗义解围、从经商赚钱到捐资兴学等义举。在墓门上，张謇题联"二人同心利断金，百岁之后归其室"，表达了生前同心、死后同穴的生死恋情。徐氏死后，张謇每年都祭祀，写下许多诗文倾诉对妻子的深深怀念。在自己的住所花竹平安馆内专门辟有"倩影室"，而"倩宜"为张謇给徐端取的字，室内挂有徐端生前照片，他常常独坐静对，以寄托无限哀思。

张謇一生娶过一妻四妾。张謇母亲金氏，为张謇选择了贤惠能干的妻子徐端。徐端又一手张罗，前后为张謇选定了四妾。徐端曾为张謇生过一个女儿张淑，刚在"襁褓之中，渐解嬉笑"，却因惊风不足百天就夭折了。后来，他们抱养了三哥张詧的女儿，"弱而慧"的娴儿4岁那年，不幸患病而卒。为能延续张家香火，深受"无后为大"观念影响的徐端，先后纳进陈、管二妾，对此张謇似乎不太情愿甚至反对，徐端便搬出公公张彭年来做张謇的工作。不过，陈、管两妾仍未能生育，而从唐闸育婴堂领养的佑祖、襄祖体质羸弱，且资质平平，难成大器。佑祖稍大后竟染上不良恶习，20多岁就死于肺病，襄祖患有骨癌，19岁即逝，这是后话。徐端为了能让张謇纳妾生子，她到处拜神问卜，时常冒着风雪早出晚归，访遍良家，着实下了功夫，后来索性一下子为张謇纳进吴、梁两位农家女为妾。

陈氏是张謇娶进门的第一个妾。在徐端的安排下，随庆军出兵朝鲜回来不久的张謇，在1884年春节迎娶21岁的陈氏为妾。陈氏身世坎坷，祖籍浙江鄞县，被常州陈姓人家抱养，后来陈家迁至海门务农。陈妾是张謇妻妾中命运最悲惨的一个，死后连个名字也没有留下。在陈妾来归之初，张家陷入了又一轮困苦贫穷之中。张謇的日记多处留下"家中支绌""家中乃奇窘"之类的记载。陈氏病逝于张謇考取状元、走向科举巅峰的前一年。她在张家九年而没有生育，也许自觉脸上无光，再加上后来张謇又纳了管妾，内心更加郁闷，不足30岁就离开了人世。

陈氏之死，说来颇为蹊跷。1893年5月初，去江西贵溪看望在当地担任县令的哥哥张詧后，张謇回到海门常乐老家，当时夫人徐端、弟弟张警夫妇和侄子张亮祖皆病。后来，其他几个人渐渐康复，唯有陈氏的病久治未愈，并日呈凶险之状，几个月后便撒手人寰。据张謇日记记载，1893年"七月三日，陈妾病大渐。四日，移陈妾于西厢之正寝。五日，陈妾以未刻殂逝。六日，殓陈妾"。从日记中不难看出，对陈妾的收殓颇为简单。张謇在日记中评价道，陈氏到张家九年，最终也未能生下一男半女。但她为人谨小慎微，终日忙碌于全家洗碗抹锅，颇得徐夫人信任，在一家老小里人缘不错。

张謇为陈氏撰写的墓志，200多字里只有三分之一内容介绍陈妾生平，大部分则是强调依据礼教，"无子之妾"是被排除于传统丧制之外的，因而他说："礼，嫡子于父无子之妾无服；兄弟之子即不得为伯叔无子之妾行服。我其敢违礼乎哉！"1896年，即陈氏死后第三年，张謇在祭拜外曾祖和二哥之墓的同时，"附奠陈妾"，在其晚年整理的年谱中注明，"十一年乙酉（1885）……二月，娶妾常州陈氏"，这多少也反映了张謇对未能享受过张家荣华的牺牲者之怜惜吧！

张謇纳娶的第二个妾是管氏。徐端见陈妾多年未有生育，1892年又为张謇纳19岁的管氏为妾。对于管氏，张謇的着墨更少。1915年7月，张謇在"因感先室徐（端）夫人"而赋诗时注明，"管姬得心疾后忽自投大悲庵祝发，许之。旋又请归，义所不可"。多年后张謇在信中告诉友人，管氏"渐习奢好，与无知妇女往还，染嗜鸦片，诫之不悛。辄以己意出家，去而后白。恶甚而去之，求还不许"。管氏进门后也没有生育，徐端夫人甚是着急，便继续张罗着替夫纳妾，也许是管氏感到内心孤独空虚，"与无知妇女"交往，染上毒瘾，难以戒除，后来遁入空门，吃斋念佛。

吴道愔是张孝若的生母。张孝若说:"我父到了将近四十岁还没儿子,她(徐端)很为着急。'无后'是中国家族制度最看重的一件事,也是妇人分内应该担心的一件事,于是为我父纳我母。"1894年3月,也就是在考中状元的前几月,张謇亲往南通乡下石港与好友商议纳妾之事,娶如皋吴道愔、梁曼容两女为妾,并行聘礼。

图4-4 张謇(中)、吴道愔(右四)和张孝若(左五)、陈开成(左三)合影

张謇在考中状元后不久,因父辞世守孝三年,于1897年才将吴、梁二妾迎娶回家。次年正月,吴道愔生下张孝若。母以子为贵,她在张家的地位随之而上升。1908年徐端病故,吴道愔被立为正室夫人,掌管家务。对于吴道愔,张謇留下的叙述并不多。反而是张孝若对自己生母的描述极为详细,说她"助徐太夫人管理家事,很得器重。生我以后,抚育我受尽劳苦,自处谦谨,极有分寸"。"从小禀性温和,很知礼节,尤富于美术技能,凡家庭粗细工作无一不能"。"自从徐太夫人去世以后,家事我母一人担承,异常烦苦"。"我母生平很周济了许多贫苦的人,世俗妇女的习惯,她丝毫没有,虽然信佛诵经,也和祖母一样的不佞"。"她培养花卉,也很有经验心得,家事之余,就以此为消遣"。张謇的孙子、张孝若的儿子张绪武也印象深刻地说:"我亲生祖母吴氏端重庄严、美丽富态。她经常穿着自己设计的长长的连衣裙,穿着小脚皮鞋。

夏天拿把蒲扇,真是仪态万千。"

梁曼容是与吴道愔一起被张謇纳为妾的。进门之初,她也颇为张謇看重,张謇为她写下"曼容亦有言,天解从人愿"的诗句。在张家十多年,梁曼容没有生育,她和吴道愔分工明确,吴氏主要负责抚育亲子张孝若,梁氏负责抚养螟蛉子佑祖、襄祖。关于梁曼容的最终归宿,张謇在给友人的信中做过交代:"内子卒,一妾稍肆,好詈仆妪,不白主人,辄予人物,训之不悛,恶其专愎而大归之。"这里张謇说的"一妾",指的就是梁曼容,所谓"大归",是指妇人被夫家遗弃,永归母家。梁曼容和张家矛盾激化,应是1908年徐端去世后,也许是对于一同进门的吴氏被扶正,梁氏心有不甘,在家里弄出是非口舌来,对张謇的批评和劝导不以为意,还以退为进地向张謇提出要回娘家奉养老母。1909年4月,张謇同意梁氏的要求,并给她写了两封信,一封强调妇道家规,另一封则强调做人要以慈悲为怀。不过,梁曼容回娘家后,仍然喋喋不休地讲别人坏话,因"恶其诬也",张謇又去信教训她,口气明显比上次重多了,"皆法家言也"。两人关系进一步恶化,梁曼容再也没有回头。从此,张家再也没有了梁氏的身影,张謇笔下很少再提及此人。

在张謇的婚姻家庭观中,对名分也看得很重。徐端是明媒正娶的妻子,张謇对她始终尊重,治丧时为她披麻戴孝,并留下很多赞美她的文字,每逢其生日,张謇都要纪念。如1915年"为徐夫人六十冥寿之辰,于文峰塔院礼忏施食为夫人荐福,悲哽者再三"。1917年"入先像室见徐夫人像,触牛女事而感伤,夜不成寐,二时安寝"。1925年"先室徐夫人生年七十,循俗于西寺修斋行冥寿之荐"。而张謇的其他几个妾,则没有享受过这个待遇,除了在陈氏死后三年,张謇"附奠陈妾"外,管氏和梁氏则不知所终。

作为一位生活于社会巨大转型时期的历史人物,张謇身上同样无可避免地烙下那个时代的印记,这在张謇婚姻观上尤为明显,充满着新与旧、落后与进步、传统与现代的矛盾。

三、为父之道

1898年，46岁的张謇生下张孝若。老来得子的张謇，欣喜中夹杂着几许遗憾，"昏娶以来二十五年，先府君、恭人望孙至切，迟之又久，今乃得之，而我父母不及见矣"。张謇忙着家祭告慰祖先，编撰族谱，还挥笔写下这样的诗句："亦求有福堪经乱，不定能奇望作公。及汝成丁我周甲，摩挲双鬓照青铜"，从中不难看出他对儿子的厚望。他想到等儿子长大成年，自己已是两鬓斑白的花甲之岁了，能陪伴儿子人生旅途的时日，不会像别的父亲那么多。因此，张謇在儿子身上所投入的精力，是一般父亲难以企及的。

系统化家庭教育理念

张謇在对儿子的培养上投入了大量精力，在家庭教育的原则、内涵等要义方面，提出了一系列很有见地的主张。

第一，"体德智"为本。对于德智体全面发展教育理念，人们耳熟能详。不过，很少有人知道，张謇是近代中国最早提出德智体并重的教育家。1904年，他在老家海门常乐镇开设扶海垞家塾，教其儿子及邻童10人。张謇亲自拟定章程，明确办家塾的宗旨、目标、课程、规章等事项，强调要依据儿童身心特点进行启蒙教育，促使体德智发展，"体育德育智育之本，基于蒙养"。在此前两年的1902年，在通州师范学校章程中，张謇就阐述了类似的办学原则，"国家思想、实业知识、武备精神三者，为教育之大纲"。

关于德育，即如何教给儿子为人之道，张謇尤为重视。张謇制定了十一条塾规，强化行为规范养成，要求守时好学、尊师爱友、讲究礼貌、爱护财物、注重卫生。特别需要指出的是，家国情怀成为张謇给年幼张孝若灌输的核心内容。张謇聘有专门教师"授孔孟之大义、诗书之大凡、春秋之大事，俾知世自有所以为世,国自有之所以为国,而人自所以为人"。在列强环伺的时局下，他时常向张孝若灌输这样的思想，"儿须知无子弟不可为家，无人才不可为国。

努力学问、厚养志气，以待为国雪耻"。

对于智育，张謇有着自己独特的思考。蒙养阶段学习内容有算术、音乐、图画、修身、国文、体操、游戏等。他强调要兼顾功课与游戏，每天上午11点之后、下午4点之后，是游戏的时间。张謇在反思科举制的基础上，提出文质兼备主张，"科举弊于文胜，救文莫如质，则嬗之以科学。此非独势所趋，亦道所必然也"，"夫治道不外文质"，还对"文""质"进一步阐释，"文则重国学而植文法之基；质则重理算而植理医农工商之基"。他注重循序渐进，在张孝若不同的年龄段，对其体德智的具体要求各有侧重，孩提年代注重儿子身体的成长，少年时期强调气质的熏陶，到了青年阶段，则有意识加强精神的磨砺。

关于体育，张謇认为，身体是精神的依托，雪洗"东亚病夫"耻辱，首先离不开健康体魄和"武备精神"。在张謇教子观念中，"体"内涵极为丰富，统称之为"体气"，其"体"指的是身体状况，"气"指的是精神状态。他把精神状态和身体健康相提并论，要求儿子不仅要有强健的体魄，还要有良好的精神状态，"父望儿学术进，亦望儿气体健"，"气体"与"学术"并重。扶海垞家塾设有体育、游戏等课程。张孝若稍大入通师附小读小学，张謇鼓励他习拳散步，"休息时可习已学之拳，既有益卫生，又不废学也"，"课暇可与同学散步苑内，体操以暇，自习作运动最好"。张謇经常和张孝若谈及"气"，如"气亦渐加静"，"儿在外第一要爱惜精神，精神者人之根本也"，引导儿子"养成一种高尚静远沉毅之风，不至堕入浮嚣浅薄诞妄之路"。

第二，中西兼顾。曾在科举之路上蹉跎半生的张謇，希望儿子不要重蹈覆辙，走自己的老路，而是能够接受新式教育。1903年，张謇东渡日本考察时，发现日本幼儿教育值得借鉴，就登报向日本招聘幼儿教师。次年，日籍女教师森田政子应聘到扶海垞家塾，为张孝若及邻居家7岁到11岁不等的一群孩童，开设体操、算术、音乐、图画和游戏课，延请本国教师教授修身、国文科目。张謇家塾开设的课程，不仅仅局限于传统的"蒙以养正"内容，而是吸收日本及欧美现代教育的做法，将体育、德育、智育纳入其中，兼顾传统与现代，融合东西方文化。

张孝若在家塾能学到新式学堂所开的课程，与传统的私塾相比，学科的知识面更为宽泛。此后，张謇还为张孝若聘请英国人雅大摩司担任英文家教，希望儿子将来能掌握三四国外文，张謇曾打算"请一外国先生、一中国先生，在（南通）北五山太阳殿专事课儿，另一二同学为游学欧、美之预备。此二年中专讲中国有用之经书及英文算术之功课"。1909年溥仪登基，张謇甚至呈请管学大臣，建议为小皇帝的保姆侍女们"延外洋女师"，以"受文明之教育"。

在借鉴日本等西方教育理念的同时，张謇对传统文化扬长避短，尤其重视培养儿子国学根底，"一国必有国学，必有国文。无国学之害，儿今知之。无国文之弊，儿前已知之矣。此二事非十五六七岁学之，不能终身受用"。他为张孝若制订学业规划，先打好国学基础，再侧重英语、数学等学业，然后赴美留学，这符合认知规律。张孝若稍大时，张謇延请学识渊博的沈友卿教其国文。在张謇精心呵护下，张孝若国学大有长进，文笔更加敏捷充盈，气质更为澹静沉稳，更重要的是，对世事、国是和修身的认识进一步加深。

第三，知行并进。知行并进、学以致用，是张謇一贯的思想，他在这方面的论述很多。如"学必期用，用要适于地""专门教育，以实践为主要"，又如，"良知之学，重在知行并进。居今之世，舍知行并进，尚安有所谓学务哉？"还有"学问兼理论与阅历乃成，一面研究，一面践履，正求学问补不足之法"。

张謇为张孝若设计的未来之路是"致力于农"。这其中也倾注了张謇的情感，"此是吾家世业，世界高格，不愿儿堕仕路之恶鬼趣也"，张謇表示，"父顷在垦牧，觉得可爱之地、可为之地，中国无过于此者"。他要张孝若"注意农业"，并和儿子交心。张謇说古论今，由正及反，娓娓道来，一是先贤由农业而知农学明农政，成就圣业。二是以农为本、人人有业，可使人知自重、让士有操守。三是当今社会的学生，为了高薪争相做官却无真才实学，一方面他们不能为社会所接纳，另一方面社会又何以得治？尽管张孝若后来并没有走上农政之路，但张謇创造条件让他广泛接触世界，阅读社会这部大书。

第四，言传身教。张謇教育儿子不是坐而论道，而是以身作则，言传身教。张謇带头过节俭的生活，每日菜蔬一荤一素，也要求儿子及家人，"刻意节俭，为自立之图，非常之备"。张謇在自己创办的通州师范，与学生一起用餐，要求在通师附小上学的张孝若，也与学生吃同样的饭菜。

张謇自订年谱，目的是"记一生之忧患示训子孙"。他每天坚持用小楷写日记，从20岁起一直写到临终前。张謇读书之勤，在日记中随处可见，如20岁时，连续四天的日记如下，"十三日，入冬以来，是日为最寒，读《三国志》，写字"；"十四日，雪霁，更寒，读《三国志·魏志》终，写字"；"十五日，寒如故，砚池水点滴皆冻，写不能终，一字笔即僵"；"十六日，仍严寒。读《三国志》。不能作书"。张孝若步入少年，张謇"觉得儿所处境，磨炼之资料太少"，时常拿自己的经历启发儿子，"十六岁以前，受乡里小儿之轻。十八岁后，受通、如伧父之辱"，"作客于外十余年，身世崎岖，名场蹭蹬"。他这样做的目的是要"儿心喻此理，时时体察国势之未安，父境之艰巨，及儿将来负荷之重大，亦得一半理想忧患之资料"。

被张謇送往外地上学的张孝若，常常会想念家乡，思恋亲人。张謇耐心解释，"当今正值乱世，若无学识，何以自立？而近处又没有合适的学校，才让儿子孤身在外，为你也是不得已而为之"。还以自己为例，鼓励儿子意志须坚强，"父亲十四岁时，和你三伯父寄学于离家很远的地方。第二年你伯父就回家了，父从此常年孤身一人在外作客，至今四十多年了"。告诫张孝若要理解父亲的一片苦心，"这样做是要让你历经辛苦，养成高尚的人格，以便将来从事实业和教育，继承父志，这是父亲的一片苦心啊！"

集成式家庭教育方法

读书、写作、通信和家训等，都是古人用来教育子女的重要手段。张謇综合借鉴运用这些行之有效的家庭教育方法，同时，有针对性地赋予新的时代内涵，尊重受教育者的个性化特点。

把家诫作为教育标尺。张謇曾多次作训和诫之类的文章。其中最有名的，是他精心挑选刘向、诸葛亮、颜之推、胡安国、朱熹等7位古贤的诫子名言集成的《家诫》。内容包含谨言慎行、俭朴耐苦，宁静淡泊、勤勉学问，明辨是非、恭敬处事，忠信笃实、谦逊内敛，亲近益友、远离损友，涉及修身、治学、做事、为人、交友等方面的人生智慧。《家诫》在福与祸之间的关系上，强调用敬畏之心处世，提防骄奢之心；在学、才、志之间的关系上，强调以静修身，力戒轻浮，一言一行都要慎重周密思考，读书能改变人的命运，门第高的人更要心存戒惧；强调交游要有选择，应时时勤谨。《家诫》开篇，张謇说："若先世言行之足资师法者，自有《述训》在。"《述训》是张謇27岁时奉父命所写，记述了张家优良的家风。《家诫》的主旨，张孝若提炼为"安贫乐道、独立自重"八个字，他在为父亲所作的传记中写道：曾祖耐得穷苦，有骨气，教导祖父极为严正不苟；而祖父居心仁慈，克己勤苦，不脱乡农本色；良好的家风由曾祖传给祖父，祖父再传给父亲。张謇亲笔书写《家诫》，请人刻于石质屏风上，起初立在东奥山庄的庭院内，后移至濠南别业的厅堂里。东奥山庄和濠南别业是张謇的两处住所，他在东奥山庄厅堂内，正面悬挂恩师翁同龢画像，两侧挂有16幅先贤画像，这些人中包括李白、颜真卿、王安石、文天祥、范仲淹、包拯、史可法、徐达、黄宗羲、顾炎武、王夫之等。濠南别业里还有张謇的题联："将为名乎，将为宾乎，自有实在；瞻望父兮，瞻望母兮，如闻戒词。"意思是说，为图虚名而不如自己活得实实在在；思念父母先人之时，不如多看《家诫》。张謇用《家诫》、贤哲画像和警言、楹联来鞭策后人。

把书信作为教育手段。张謇常年忙于政学商界各类事情，而张孝若很长一段时间在外求学，父子聚少离多，唯有通过书信来交流。张孝若回忆说："我有好几回离开我父，出外游学游历有事，少则三二月，多则一两年，我父总有家信给我，问我求学、身体情形，告诉我国事家事怎样，教我要注重农事，戒我勿热衷好名。"南通图书馆保留着1909年至1916年张謇写给张孝若的

125封信。"父在外终日不闲,一到晚间无客不办事时,便念我儿",张孝若始终是张謇的牵挂,"年老远客,于骨肉之人记念尤切也"。张謇这些信中,有对儿子的关心勉励和为人处世的教诲,还有他自身对时局的观察、对人世的体悟和对社会的思考。张謇对儿子有一条不成文的规矩,无论何时何地,总要张孝若经常给自己写信,汇报学习生活情况。1909年,在家休息的张謇,写信给10多岁的张孝若,"前后所改各信,须各收好,时时看看"。而张孝若的信给只身在外的张謇带来莫大的慰藉,让他仿佛置身于亲人之中,又似乎是走在家乡通海地区的乡间小道上。

把诗歌作为教育载体。张孝若六七岁时,张謇挑选了一些浅近易懂的古乐府和唐诗,试着让儿子去读。张謇还自己动手,编写儿歌。

金鱼歌
风吹池面开,一群金鱼排。
小鱼摆摆尾,大鱼喁喁腮。
白鱼白玉琢,红鱼红锦裁。
我投好食不须猜,和和睦睦来来来。

风车歌
风车兮风车,圆转兮不差。
风之巫巫兮,车之捷捷兮。
人心不息兮,风之不息兮。

在张謇的笔下,金鱼和风车栩栩如生,朗朗上口,通俗易懂,煞为有趣。他让人把这些儿歌谱成曲,教儿子唱,在孩子们幼小的心灵里灌输积极向上的思想,从嬉戏的"一群金鱼"中体会"和睦",从"风之巫巫""车之捷捷"中感受"人心不息"和"风之不息"。

张謇专门为儿子写诗,《张謇全集》载录有30首。等到张孝若稍大一点,张謇还教他写诗。有一年春节团聚,张謇让儿子尝试作诗,以活跃气氛。没想到,儿子张口说出"北风吹白云"就卡壳了,丝毫没有当年张謇吟诵"我踏金鳌海上来"的那份灵气。张謇非但没有生气,反而耐心给儿子讲解做属对、缀连句子等作诗方法。张孝若渐渐地也迷上了写诗。张謇鼓励张孝若说:"诗尚不恶,但组合处未能细入",并进一步传授技巧,古人写诗以经纬宫商为要,所谓经纬,指诗的框架结构;而宫商指诗的音律,同一个字,有时用阳平,有时用阴平;同一个意思,有时用这个字,有时用那个字,需细细体会。在张謇指导下,张孝若诗艺有了很大提高。

张謇还撰写对联勉励儿子。他为张孝若的书房题词:"白饭道德,黄金时间。"意思是说道德犹如白饭,人活着一天都不可缺少,时间好比黄金,必须倍加珍惜。后来,又在儿子办公室写下"无偏无党无作好,友直友谅友多闻"的对子。上句强调为人处世要公正,不能出偏差,也不要卖弄。下句源自《论语》"益者三友",强调要多交正直的朋友、诚实的朋友和见识广博的朋友。

把读书作为教育途径。 对张孝若读什么书、怎么读书,张謇过问得很细,如同教师布置学生作业一般。张謇对曾国藩十分推崇,要求儿子,"曾氏《家书》有大字小字两本可看。大字者其中颇有益于看书、作文、写字、论事、做人之道。看到会意处须圈出。不明了处须点出","看曾氏《家书》,并可温《论》《孟》。晚饭后早睡(九时后十时前,不可过,年轻须睡足八时,方有精神)。《论》《孟》日温十叶,《家书》看三五首(中篇大者一二,小者六七)"。深受儒家思想熏陶的张謇,要张孝若熟读《论语》《孟子》等典籍,还对看书进度提出具体要求,并解释这样做的益处,"儿处人须时时记定'泛爱众而亲仁'一语。尤须记'谨而信'一语。所谓《论语》《孟子》,信得一二语,便终身受用不尽也"。

张謇培养儿子的广泛阅读兴趣。要求儿子在上课和修身之余,看一些有用的小说和故事,或者练拳习武活动身体。他告诫儿子说:"《三字经》言:勤有功,戏无益。如今须在戏上求有益,儿其志之。"他另辟蹊径,在"无益"的"戏上求有益",张孝若9岁时,张謇给他买了《徐霞客游记》来看,张謇认为"此书记所游，颇奇突，亦中国探险家也。无事时可看一小段","胜似说无益话"。此外，张謇还要求儿子，"每日止须用心读古人文一首，三五遍即有益"。

全过程教育

张謇把对儿子的教育寓于日常和经常，全过程地贯穿于其成长的每一个环节，尤其是注重把孩子成长过程中的关键节点，作为有效实施家庭教育的重要契机。

一是寓家庭教育于起名取字。为儿子取名，在常人眼里是再正常不过的事。对张謇来说，这却是教育儿子的契机。1914年1月，16岁的儿子即将出门求学，张謇写下600字的《儿子怡祖字说》，从儿子的名和字说起，以唠家常的方式，对儿子苦口婆心地一番教育。张謇说的情真意切，让人动容。40多年后的1956年，周恩来总理对张謇之侄张敬礼说："我青年时代在南开中学读书时，就拜读过令叔大作，记得是为怡祖命名的，文章写得情文并茂"，指的就是《儿子怡祖字说》。怡祖，是张孝若的名。

1885年参加顺天乡试时，张謇还未有子，但卷子上需填三代名字，早前张謇父亲张彭年曾给未来的孙子起名"怡祖"，喻含着希望和祝福之意。十年后，张謇高中状元不久，张彭年却去世了。又过了4年，怡祖才出生，张彭年没有见过他起名的孙子。儿子离开襁褓之后，张謇就常以父亲张彭年的言行节操教育他，以求对得起"怡祖"之名。

古人出生取名，成人取字。张謇告诉儿子"名"的来历后，重点是通过取"字"、释"字"，谆谆教诲儿子。儿子"将往学于青岛。人事之交际将始，循今之宜，不可以无字，乃字之曰'孝若'"，儿子外出求学，这意味着社会交往的开始，不能没有自己的"字"，所以张謇给他取字"孝若"，他耐心给儿子解释说："'孝者蓄也。顺于道不逆于伦，是之为蓄'。若之义训顺。顺必有序，顺于学之序则学进，顺于事之序则事治，顺于人之序则人治，顺于礼之序则身安。"从孝敬父母做起，这是最基本的道德素养，凡事要顺乎伦理并循序渐进，这是立身处世的基本要求。"孝若"两字之中，饱含着一个家族两代人的深情期待。

二是寓家庭教育于特殊时点。爱但不溺爱，这是张謇为父之道的特点。每逢过节、儿子生日这些特殊时点，成为张謇教子的重要时机。张謇在家庭教育中，还尝试进行父子角色的互换和"体验式"教育方法。张謇担任北洋政府农工商总长时，春节客居北京，他就让老家10多岁的儿子在这个重要节日里，尝试主理"家事"。祭祀祖先是春节的传统仪式，他要求年幼的张孝若仿父来主持，还在信中关切地询问，"儿在家于除夕岁朝时——照父行之否？此儿第一次学家之始也"。张孝若原先拟写了"龙变是气""云鹤摩天"等内容的门联，张謇觉得，"儿拟之联'龙变是气'不切亦不工，'云鹤摩天'云云，可改'墟蛙知海大、云鹄唳天高'"，还和儿子商量，春联"如已贴者，最好再照父句写以盖之"。张謇以这样的方式锻炼儿子，对其进行养成教育。

儿子15岁生日时正在外地求学，张謇写下诗句，"听过江潮又海潮，记儿生日是明朝。老夫对烛频看镜，白发因儿又几条"，细腻生动地表达一个慈父对远方游子的思念之情。张孝若20岁生日和赴美国留学前夕，张謇赋诗两首，"道不在言语，知鲜行尤艰。履之必有始，岂不在忧患"，并以自己与儿子对比，"昔父年二十，正殷忧患时。汝今当诞日，娶早已生儿"，"父年二十时，低首被俗窘，儿今众抬举"，告诫儿子"男子重自立，父母会有尽""励志宜防俗，诚身在不欺"。

三是寓家庭教育于日常点滴。张謇对儿子的人格教育，寓于平常，体现于细节。他把自己的人生经验传授给儿子，"当悟人生信用，作事作人一而二二而一，若人格无亏，则事即艰厄，不至失败，即失败而非堕落，反是则事败而人随之矣，儿须时时加检"。

他教给儿子如何为人。张孝若说："我父只生我一子，自然爱护异常，何况四十多岁方才生我，所以望我成立做人，比什么也殷切，导我以正，无微不至。"张謇教育儿子一丝不苟，连张孝若把"汗出如浆"的"浆"误作"酱"这样的细节也不放过。张孝若外出上学时没有向父亲道别，张謇引用《礼记》

'出必告，返必面'之为孝"来批评儿子。张孝若15岁时，认为自己长大了，在信封落款上以字署名，张謇严肃地指出，"古之人冠而字，以其有成人之礼，而尊其名也。今儿裁十五，父虽曾为之字，而未以命之也。对他人尚不可遽称字，况于寄父之函而可题封以字乎？此事关乎礼教，不可不知"。还有一次，张謇发现儿子让人代笔写信，他见微知著地点出问题所在，"儿能做者，须自己做，切勿习懒。记得儿五六岁，吃饭拿凳，皆要自己做，别人做辄哭，可见儿本性是勤。现在寄父之讯，尚托人写，是渐渐向懒，此大病也。儿须痛改！"

他教给儿子办事方法。"儿于世事，可先于一事自作一计画之观念，再以后来之事实证验所计划之当否，此亦自练知识之道"。告诉儿子凡事要有谋划，先有计划，再用事实和结果去验证。他还要儿子养成沉毅之风，"大凡为学须临事，临事须耐得烦琐委曲。儿可从解绳悟起"，"须耐心向学，不必忧寂寞"。

他给儿子学业上以指导。张謇反对好高骛远，把家庭生活中的一些琐事，如建造别业包括日常种花栽草等，也不厌其烦地讲给儿子听，让他从小就接地气。对于儿子的进步，张謇不吝表扬和鼓励，"今见吾儿作，欢喜腾篇章"，"世乱要材用，材必栋与梁"。

四是寓家庭教育于重要关口。张孝若一生中最崇拜自己的父亲，称父子俩是"友谊上的了解，意趣间的和谐"。每当儿子遇到需要做出选择的关口，诸如择师、择校、择友、择业时，张謇义不容辞地为他把关导向。

张謇对老师的要求极高。一位黄姓的先生虽是从美国留学回来的"海归"，但张謇认为他"读中国书太少，亦不尽能讲解"，准备把他替换下来。张謇不赞成儿子对黄老师的溢美之词，"儿誉黄之言，父尚未见其事实也"，并借用孔子所说的"吾之于人也，谁毁谁誉？如有所誉者，其有所试矣"，语重心长地告诫儿子，"誉人亦不可过，此关自己审判力及语言程度"。张謇还让朋友赵凤昌、刘厚生等人，为儿子物色外籍家教和英文等科目教师，为留学做准备。

张謇十分关注儿子交友情况，时常提醒其"损友不可久近"。张謇和好友赵凤昌都是中年得子，且两个孩子同年出生。听说赵凤昌之子聪颖过人，学业用功，诗词也写得好，为使"儿子得一胜己之友"，张謇主动带着12岁的张孝若去上海拜访。还代张孝若索求赵凤昌之子佳作,"儿子来讯,请索世兄近作文字一二首,请令寄通州师范张怡祖。此事颇有趣,儿辈订交之始,勿扫其兴,望先生许之"。他创造条件让两家孩子经常往来,张孝若去沪医牙和途经上海都住在赵凤昌家里,以便两个孩子切磋学问,取长补短。

作为教育家的张謇,对其子的培养有着许多独到之处,他创新性地把现代教育理念融于传统"父道"之中。

四、亲家也很了不起

陈劭吾为清末民初名宦,中晚年后主要精力转向教育、慈善等事业和实业。他比张謇小3岁,在后者去世前一年离世。1915年,张謇和陈劭吾正式结为儿女亲家,两人密切交往近十年时间。

选亲

1913年5月至8月,张謇接连写了8封信,分别给赵凤昌、徐乃昌、单治堂等人,和好友们商量儿媳人选。独子张孝若天资聪明,好学上进,加上张謇的苦心栽培,前景为世人所看好。此时的张孝若,已出落成翩翩少年,其婚姻大事引发不少人关注,尽管年纪尚小,但为其做媒的不少。从这个时期张謇与友人往来信函看,各方面替其子介绍的对象众多,能进入张謇视野门当户对的人家,至少有四五位,有在此前后任两淮盐运使、四川提学使、安徽矿务总理方履中的女儿,有中国银行筹办处总办、后来担任段祺瑞内阁农商总长金邦平的女儿,有清朝遗老、张謇之友郑孝胥的女儿等。

张謇对未来亲家,提出"三必"的标准,即"必礼法旧家;必仕而不贪劣,商农而不伧偻者;必女曾治旧学,有新知识者"。张謇不仅看重女方家庭素质,且对儿媳的具体条件,也早有考虑,"欲合旧道德、新知识于家政,但能文艺,非我所须,更无论怪诞之学说矣"。他写信请徐乃昌等人,了解各方推荐的几

第四章 · 乱世情缘

个人选"年龄性行公能",还对女方年纪、外貌等自然条件提出要求,"儿子今年才十六,若妇长二三岁者(四岁至多)犹宜,过长则不适于旧俗""须求八字,近例多求相片,皆须互换"。经过慎重筛选,方履中"为人不甚平实,虑其家政亦非旧法,故稍踟蹰",而金邦平"之女廿一,稍大"。张謇挑选亲家,拿他自己的话说是"审之又审",经过"迟迟数年"寻找,最终看中了陈劭吾的二女儿陈开成。而牵线者,是既与张謇交谊深厚,又是陈劭吾连襟和同乡的徐乃昌。

张謇之所以挑中陈劭吾做亲家:

一来,陈家是官宦世家,名声颇佳。张謇说:"陈,旧家也,其祖父仕而有正直声。"陈开成的祖父陈黉举,安徽石埭人,长期担任李鸿章幕僚并深受赏识,主理粮饷后勤,官至直隶知州。1918 年,张謇用寸楷抄写了陈黉举的墓碑,对其很是推崇。陈开成的父亲陈劭吾,曾为贵州开州知州,时任北洋政府财政部盐务顾问、中国银行监理官,他为政廉明、为人刚直,据《清史稿》记载,"巡抚疏为良吏第一"。

二来,张謇和陈劭吾相识已久,对他很有好感。谨慎正直、讲究礼义的陈劭吾不仅受到同乡好评,也给多年前在南京见过一面的张謇留下深刻印象。1917 年,张謇在《书陈君宦游偶记》中回忆道:"往尝闻皖人官苏者言陈君之质直,一晤于江宁,固斤斤然有礼义人也,又十余年而有婚姻之好,益得闻君当官之治行",并称之为"千百人中不易求得一二也"。1905 年 3 月,陈劭吾出任金陵厘捐总局总办。张謇日记中有"诣厘捐总局陈少甫,说通州县庄布认捐"。"少甫"与"劭吾"音近,应该指的就是陈劭吾,张謇曾为办理庄布认捐而拜会陈劭吾。

三来,张謇和陈劭吾理念契合,彼此志趣相投。和张謇一样,陈劭吾同样主张实业救国和教育救国,在津、沪、苏、皖等地,投资水泥、棉纺等实业,建有茶庄、钱庄。1906 年,陈劭吾创办了安徽第一女校——安徽省公立女学堂。他早在贵州为官时,就和贵州学政严修,奏开经济特科,开戊戌变法之先河,并编写《幼学分年课程》,还担任芜湖皖江中学堂(芜湖一中的前身)的校长,"提倡科学、自由与民主",皖江中学成为当时芜湖地区革命的中心。

图 4-5　陈劭吾（中坐者）和家人

四来，陈劭吾的女儿陈开成为人贤淑，符合张謇心理预期。陈开成既出身传统世家，又受过良好的新式教育，会弹钢琴，能讲流利的英语，介绍人称之为"贤而才"。张謇说陈开成"曾读经书，曾卒业徐家汇教会女学，试屡前列"，后来张謇又请人推合，陈开成与儿子"八字"相配且"甚吉"。唯一留下些许遗憾的，张謇当时对陈开成幼年丧母这件事并不知情，"既聘而知之"，看来张謇对儿媳的原生家庭还是很看重的。

婚礼

1915年11月，也就是张陈两家订亲的第三年，18岁的张孝若和21岁的陈开成正式举办婚礼。张謇向亲朋好友广为送发《为儿子举行冠婚礼请观礼启》，在沪通一些报刊上登载和婚礼有关的启事。张謇精心策划和操办了儿子的婚礼。事前，他引经据典，洋洋洒洒地写下了5000多字的"冠昏礼程式"，极为详细地起草儿子成年礼和婚礼"脚本"，内容包括程序、礼仪、出典等。在婚礼前一天，还安排进行预演。张謇不厌其烦地吩咐好友，"儿子婚事重劳诸友好烦费，颇不安……通尚有事不能即东遍宴诸友，即请弟代做主人设席会饮"。张謇这样做的目的当然不是为了炫耀，而是有着深远的考虑。

第四章·乱世情缘

张謇此时心情极佳,挥笔写下了"气象万千,大观备矣;良辰美景,赏心乐事"诗句。他在日记里,详尽地记录下婚礼全程。11月13日,在落成不久的英式建筑南通濠南别业,张謇为张孝若上午举办成年礼,下午迎娶新娘。"六时半起,陈设冠礼席位。九时半为怡儿行冠礼,十一时半毕。午后三时半行怡儿亲迎礼,五时半新妇至,礼成过六时矣。"怡儿是张孝若的乳名。张謇邀请王康寿担任冠礼大宾,主持婚礼,沈寿作为婚礼傧相负责礼仪,王康寿为张謇恩师王汝骐之子,长期跟随张謇办教育。豪门婚礼,万众瞩目,据本地《新报》报道,"阖城士绅及机关人员……前往恭贺矣"。两天后,新婚夫妇回老家海门常乐,"行庙见礼",祭告祖先,拜见东西宅尊长。婚礼是传统的,但其中也不乏现代色彩,比如,张謇特意让人从上海买来德国"曼德林"钢琴,赠送给新人。这架名牌钢琴柚木制作,两侧附有铜烛台,极为精致,这也是南通地区最早的钢琴。

张謇对亲家十分尊重。早在1913年订婚时,张謇就采用了"皖俗",他给徐乃昌等人去信说:"陈宅姻事拟阳历八月一日(即阴历七月二日)行纳采礼,应用礼式用皖俗"。他注意和陈家沟通,反复交代媒人要尊重儿媳老家"皖籍婚俗。"婚礼之前,张謇还把好友南通城内的"城西别业",暂借给陈开成居住,当成娘家。婚礼中,张謇吩咐张孝若要去专门拜谒岳父,提醒他会亲、回门的时间。

婚礼是中国传统文化的重要组成部分。张謇在本地《通海新报》和当时上海滩影响较大的《申报》《东方杂志》上,把儿子婚礼的时间程序、"敬谢贲临"启事和贺礼去向即用来捐赠慈善事业等内容广而告之。在西风东渐、传统礼俗受西方文明碰撞的大背景下,他在告启中特意强调,为儿子"举婚,欲少年知我中国之自有礼,礼之自有精意也"。从张謇重视婚礼仪式感的背后,凸显他对蕴含其中教育意义的重视。他对儿媳的素质及其教育相当看重,比如,他"闻新妇(指陈开成)上岸时服饰质素,甚喜",婚礼后不久,便"告新妇以先代历史德行大观"。婚礼上共收到礼金1619元,张謇把它全部捐出,用于慈善和赈灾。作为社会公众人物,张謇以其特有的影响力,借此来弘扬传统文化精粹,倡导形成良好的社会风尚。

走亲

1913年8月，张孝若和陈开成订婚后，张謇和陈劭吾两亲家走动频繁，交往轨迹遍及北京、上海、南通和如皋。1913年10月25日，时任北洋政府农商总长兼水利总长的张謇，在北京置酒招待亲家，陈劭吾这时担任财政部盐务顾问、中国银行监理官，张謇日记里有"午刻为陈劭吾置酒"的记录。一周后，张謇又记下，"劭吾送席，即约同西园晚膳"。过了不到一个月，即同年12月7日，张謇日记里留下"劭吾来"的字样。

图4-6 陈开成

陈劭吾辞官后寓居上海，而上海也是支撑张謇各项事业的重要基地，大生集团的"神经中枢"大生沪事务所就设在上海，张謇经常来上海，两人时常碰面。至于南通，陈劭吾经常过来看望女儿，同时参与张謇的实业。比如，1916年7月6日，张謇日记里记下陈劭吾来访，那次陈劭吾和张謇等一起，在张謇濠南别业旁的有斐宾馆参加大有晋盐垦公司股东会议，讨论分田办法、筹调用款、改选董事等事项。陈劭吾晚年在距通城不远的如皋购置房产。那时他得了中风，"厌海上尘嚣"，因如皋"地僻俗敦，便于安养"，于是在此定居。1921年春节后不久，路过如皋的张謇主动去看望亲家，在张謇日记里有"登岸视劭吾"的记载。

张謇和陈劭吾交往的内容，十分丰富。

一是交流参观。和亲家相似，陈劭吾同样热心社会公益事业，早年在贵州，后来又在芜湖及老家石埭等地，开办义庄、育婴堂、体仁堂和学堂，他曾专门去参观过张謇创办的南通残废院等，两人见面后时常交流这方面的话题。

图 4-7 张謇创办的育婴堂

二是诗文唱和。 1917 年，张謇写下读书札记《书陈君宦游偶记》。读了陈劭吾的《宦游偶记》后，他感慨道："是记岂惟君宦时之事迹，亦有清颠覆之鉴，而来世得失之林矣。"1923 年冬，陈劭吾来通参加大赉盐垦公司董事会，张謇写下《调陈翁》。亲家因体弱很少出门，张謇在诗中既有调侃，更为鼓励，"翁寒畏喘如蛰虫，昨日坏户今启户。朝路无风晚晴暖，赚翁放胆不车步"。陈劭吾敲门进来，惊讶地看到故交都在，大家在欢声笑语中推杯换盏，"款门惊讶客俱来，入座谈笑能衔杯"，张謇形象地描绘了亲家与诸友的亲密无间。次日，张謇意犹未尽地又赋诗："谓翁为蛰翁忽来，小饮不是消寒杯。今雨旧雨相欢陪，诗来幸霁语如雪。"见到久病后相缝的陈劭吾，张謇喜悦之情溢于言表。

三是生日庆贺。 陈劭吾 60 寿辰，张謇送去寿匾。张謇 70 大寿时，陈劭吾亲自携礼庆贺，并作 500 余字的长诗，回顾和赞颂张謇做出的主要业绩，同时喜述两人结为儿女亲家，"君有儿向学，我女喜相偶。载瞻盛德门，觥觥君已叟。由此益亲爱，茑萝附松枝"。张謇之兄张詧 70 寿庆时，在张謇亲自拟写的宴客名单上，陈劭吾赫然在列。

四是日常帮忙。 陈汝闳是陈劭吾六子，曾和周恩来在天津南开学校和日本东亚预备学校两度同窗。后来，陈汝闳就读于上海工业专门学校（即上海交通大学前身）铁路经济科。在他毕业前夕，张謇专门写信给时任交通部总长叶恭绰，推荐陈汝闳，后来陈汝闳如愿出任江海关（即上海海关）监督署咨议。而陈劭吾的五子陈汝炘，则在张謇创办的淮海实业银行工作。

携手同行

陈劭吾积极参与张謇创办的实业。1916年，张謇和张詧在东台创办了大赉盐垦公司，在制定并发布的公司章程中，强调要"合资本家之财力，谋穷苦人之生计"，陈劭吾作为公司21位发起人之一，出席大赉公司董事会议，参与公司的投资和管理。因大生企业出现严重亏损，不久大赉公司分田。张謇将开垦的部分土地出卖，以换取现金救急。陈劭吾为替张謇纾困，也积极参与购田自营，委托堂弟陈鼎成一家代为管理。陈劭吾所办的陈裕记（陈家仓）尽管土质较差，但佃户负担相对于其他地方的农民要轻，也算为当地百姓办了一件好事。

大有晋盐垦公司成立于1913年春，由当时忙于政务的张謇委托张詧等人创办。1916年7月陈劭吾参加了在南通城内有斐宾馆召开的大有晋股东会议，并被选为五位董事之一。次年5月，张謇还代表因忙于筹办芜湖纱厂而无法到会的陈劭吾，参加了大有晋董事会，可见两亲家的关系非同寻常。陈劭吾去世后，其子陈正有、陈汝闳还继续参加大有晋股东会议。陈劭吾参与的张謇创办的另一个实业是南通淮海银行。该银行1920年前后成立，张謇被推选为会长，张孝若担任总经理，而陈劭吾则是大股东。

同样，张謇对亲家陈劭吾也是鼎力相助，可谓有求必应。1918年，陈劭吾在家乡安徽石埭创办新式学堂，请张謇题写校名和校训。张謇取雍正皇帝御赐钟山书院"敦崇实学"中的"崇实"两字，把学校命名为"崇实学校"，并题写"敦品励学"校训。陈劭吾将张謇所书校训，请人刻在木质匾额上，悬挂于教学楼的门楼上。1921年，陈劭吾发起并采用募捐的办法，在老家建造永济桥，这是当时我国较早、规模较大、设计先进的混凝土结构大桥，张謇和张孝若、陈开成等为建造大桥踊跃捐款。通过张謇的关系，选定南通的建筑公司作为大桥的承包方，并由上海一家建筑公司具体建造。因山区缺少技工，张謇还派出数百名南通工人去支援大桥施工，1925年永济桥完工通车。

陈劭吾晚年热心开办实业和社会事业，这无疑与张謇的影响和支持是分不开的。1917年秋，他在芜湖集资筹办裕中纱厂，还在当地投资开设了广裕茶庄和萃裕茶庄，主营茶叶，兼营烟和洋货等。同时，陈劭吾常年捐助芜湖育婴堂、清江苦儿院经费。晚年，他在如皋开办宏裕、东宏裕、宏搭栈茶庄，并投资公裕钱庄。

生活风波

家家都有一本难念的经。作为名人的张謇亦不例外，只是由于当事人和知情者讳莫如深，当年外界对张謇家庭生活内幕知之甚少。20世纪60年代，直到张謇日记公开出版发行，一些鲜为人知的张謇家庭生活风波才逐渐为人所知。

张謇对儿媳期待甚高，他曾亲笔写下"五有"，以此作为人妇标准，即"起居有节""功课有恒""出入有经""言动有礼"和"用度有准"。婚后不久，张謇给陈开成推荐《梁鸿传》，并说："若梁孟志行卓越，可谓协趣者矣"，用举案齐眉等历史典故作为勉励。张孝若结婚一年后，即赴美国留学。归来后，协助父亲从事实业和社会事务，他顶着众多头衔，平日工作繁杂，长年东奔西跑。张孝若、陈开成夫妇聚少离多，两人的婚姻也出现了七年之痒，风波随之骤起。

从张謇这段时期的日记里，不难了解到这个大家族矛盾的起因。1924年6月27日，张謇"微闻（陈）开成故态复作"。7月2日，"始知开成仍与怡儿缠闹之状"。陈开成与张家矛盾一度激化，张孝若的母亲吴道愔50岁生日那天，张謇"是夕，闻开成又发兽性"，以至于张謇约江干卿等商量"开成大归事"。江干卿是张謇和陈劢吾两人共同的朋友,曾受聘于张謇,又是陈劢吾任董事长的芜湖裕中纺织公司总经理,张謇甚至动过要把陈开成送回母家的念头。

据张绪武、张柔武等回忆,其母陈开成秉性耿直,对于大家庭诸多的礼教,并不适应,加之经常患病,因而在精神上很少有轻松愉快之时。1923年8月20日,张謇在日记中写道:陈开成"大违礼状"。那"大违礼状"具体是指什么呢?张謇接下来写道:"其兄急招其妹来助,求不出",陈开成之兄叫来妹妹帮忙,请求不要把陈开成逐出张家。次日,张謇在日记中又写道:"子妇(指陈开成)与妹复来求,长跪,夜仍至,具服罪戒烟愿书。"看来,事态严重,联系日记的上下文,"大违礼状"应该是指陈开成吸食鸦片被张謇发现。

那么,张謇又是如何处理与儿媳的矛盾的呢?第一,他多方了解和及时掌握情况。如1924年7月1日,张謇"欲往濠南询开成状,不果"。1923年8月2日,其找机会与陈劢吾、陈开成父女晤谈。第二,他与亲家、好友保持密切沟通,双方长辈一起做当事人工作,尤其是张謇经常与陈劢吾谈心,如1923年8月25日,张謇致函陈劢吾、江干卿,"说(陈)开成事"。10月4—6日,和张詧连日"与劢吾说(陈)开成事",1924年7月4日,又致函陈劢吾,邀他来通面商。7月6日,又让手下人去如皋,请陈劢吾来通商量。第三,张謇没有姑息迁就,而是想方设法解决问题。如让陈开成写下戒烟保证书,让妻子吴道愔"为(陈)开成劈枪鷩灯",砸毁她吸烟用的灯枪。

陈劢吾早在贵州开州为政时,就说当地种植鸦片"积习已久,骤难禁革",可见他对毒品深恶痛绝。因而他能深明大义,对女儿始终不护短,张謇这段时间日记里有"劢吾极口道歉"和陈劢吾"复信到,以病谢,听处治"等记载。陈劢吾"索陈开成烟具备毁",张謇"即以训条凭劢翁予之"。

由于两个亲家相互配合、处置得当,这场家庭风波并没有伤害到两家人的感情。这个时期陈劢吾到南通,张謇照样置酒招待亲家。1924年4月,陈劢吾过生日,张謇还特地嘱咐长孙女张非武去如皋,"代其母"为其祝寿。在双方亲朋好友的努力下,陈开成与张家的矛盾逐渐缓和,1924年7月,江干卿等来劝张謇,"说(张謇的)训条(指前面所议的陈开成大归之事)缓行二月,比法律犹豫期"。后来,张孝若和陈开成带着子女们,一度离开管束严格、规矩甚多的濠南别业,住进南通城内另一住所启秀别业,过上小家庭生活。1928年3月,张孝若、陈开成最小的儿子张绪武出生,给张家平添了几多欢乐。陈开成在抗日战争和解放战争中,不顾个人安危,掩护中共地下组织在隐秘战线开展斗争。人们在她的墓表上称赞她"热爱祖国,同情革命"。

陈劭吾和张謇两位亲家,至死都保持着友好关系。1925年9月,陈劭吾在如皋去世,张謇吊唁道:"论行在儒法之间,宦退买田,寓舍犹依胡侍讲;申好继交亲而后,女归示范,遗编重续吕新吾。"对陈劭吾的为人充分肯定,对两人的亲家关系饱含深情。仅仅过了一年,即次年8月张謇病逝,陈汝熙等陈劭吾的几个儿子送挽联致哀,高度赞誉张謇的一生,"功业与文章彪炳,大名垂宇宙,虽死之日,犹生之年。"

第五章·名门骄子

中年得子的张謇舐犊情深，望子成龙的心情尤为迫切，『我即一子，一坏即无后望，我老矣，不得不为久计也』，因而不遗余力地培养儿子。作为名门之后的张孝若，对父亲极为敬重，一生都以其父作为榜样，甚至到了言必称父亲的地步。从父子关系的角度来看，张孝若的人生，大致经历了三个阶段，即少年时代在张謇教育呵护下求学成长，青年时代跟随父亲经营实业、事业和在政坛历练，1926年张謇去世后，他子承父业独撑危局。

一、1913年：青岛德华大学就读

在经过家塾和通师附小的学习后，1913年张謇安排张孝若去青岛德华大学就读。德华大学即德华特别高等专门学堂，1909年开办，是第一所设在中国并得到清政府承认的德国大学，前后仅存在了五年。这是张孝若第一次离开家人外出求学，也是人生的一个新起点。

张謇此时正走向事业巅峰，在政学商界的影响如日中天，可用的资源很多，他对张孝若的培养极为用心，为何偏偏看中了德华大学？张孝若在德华大学仅上了半年，究竟是什么原因让他很快离开了青岛？

图5-1 青少年时期的张孝若

16年后，张孝若在为其父作的传记中，回忆这件往事时，以"我在青岛上学，过生日，我父亲作诗寄给我"一笔带过。不过，他将父亲这个时期写的30封家书，以"父训卷二，时旅青岛大学"为名，作了分类整理，与其他近百封家书一起修裱成册，用樟木板作为封底和封面，加以保护。这样，我们得以从这些保存下来的史料中，探寻张謇、张孝若这对父子和德华大学之间一些鲜为人知的秘密。

为何选择德华大学

张孝若为何去德华大学，当时社会上传闻不少。张謇曾给儿子去信说："有人言，张某儿子嫖赌不得了，故令去青岛。"在张孝若到校后，还有人谣传张謇"因去年实业大失败，故逃去青岛"。熟悉张謇的人对他的这个选择，难免会心存疑虑，因而流言四起。

图 5-2　德华大学

按理说，可以让张孝若就读的学校很多。在当时政坛上，张謇声名显赫，在张孝若去青岛前一年，他被孙中山任命为实业总长兼两淮盐政总理。长期以来，张謇活动的重心主要在家乡南通及上海、南京、北京等地。由此可见，以他办教育的眼光、丰厚的资源和众多的人脉关系，可供选择的名校不在少数，而为何对德华大学情有独钟呢？

一方面，这固然与当时德国在世界上的综合实力、青岛这座城市的特殊性乃至德华大学的影响力有关。"一战"前，德国国力雄厚，工业发展超过英国，仅次于美国，是西方屈指可数的强国。1897年，青岛被德国侵占，经过十多年的殖民统治，发生了巨大变化，成为北方第一大港、国内重要的工业和金融中心。孙中山在1912年参观青岛时，对其城市建设和德国的教育事业很是赞赏，称青岛为"未来中国城市楷模"，还说："从我在世界上所见所闻来看，德国几乎在每一个方面都是我们现成的老师……德国使一切都纳入科学体系中去。这恰恰就是我们同一切传统决裂所需要的东西。"而诞生于清末民初的德华大学，则是中国历史上第一所由中外政府合办的具有现代规模和学制的综合大学，从这个意义上说，它开创了现代高等教育之先。从1909年开始，学校便被清朝学部确定为官方开设的24家高等学堂之一。到1913年，求学者来自全国15个省及海外，学子们视上德华大学如到德国留学。途经青岛赴东京参加明治天皇葬礼的德国皇太子亨利亲王，及到齐鲁大地视察的孙中山，在1912年9月先后参观学校，成为轰动一时的新闻，可见学校名声之大。

另一方面，这种选择也是张謇所秉持的教育理念的体现。张謇认为"今日我国处列强竞争之时代，无论何种政策，皆须有观察世界之眼光，旗鼓相当之手段，然后得与于竞争之会，而教育尤为各种政策之根本"，主张要培养年轻一代具有观察世界之眼光，尽早接触西方文化。"祈通中西"是张謇给南通医科专门学校题写的训词。他也带头身体力行。德华学校特殊的背景，显然成为张謇眼中培育张孝若"祈通中西"的理想平台。再加上当时与张謇交往甚密的张之洞、韩国钧、郑孝胥、许鼎霖等政商要人，纷纷把公子送到德华大学，这自然不会不对张謇产生影响。张謇在其儿子去德华大学读书前说过，"青岛之学，德意志所设东方之大学校也。闻其校正肃"。其实，为人精明的张謇对身边熟悉的学校不是没有做过比选。他从好友赵凤昌儿子赵尊岳就学之事上有感而发："震旦干涉主义之校也，南洋公学则放任主义之校也。震旦且如此，他校可知。"似乎对自己熟悉的这些学校都不太满意。在这种情况下，他选择德华大学也就不足为怪了。

每周不止一封信

张孝若在青岛的半年时间里，张謇前后写了30多封信，平均下来每周不止一封。张謇对张孝若牵肠挂肚，倾注了大量的心血。作为父亲，他严慈兼具。同时，虽远在千里之外，却承担着张孝若经师和人师的角色。

一是对张孝若学习抓得很紧。他以先贤箴言来勉励张孝若，常在信上引用《论语》的"日知其所亡，月无忘其所能"，老子的"善人者，不善人之师；

图5-3 张謇给儿子张孝若的信

不善人者,善人之资",《诗经》的"他山之石,可以攻玉"等名言,还向张孝若推荐《易经》等名篇。对张孝若的来信,他细心圈改,如"讯中字句有须修改者:第一行'特别快车'四字可不注,因系父自送登车也。第六行'皆不连起'句,'起'字当改'属'字",等等,通过字斟句酌的评点,帮助张孝若提高文字水平。他给张孝若量身定制"作业",布置命题作文,要求儿子以"孟子言必称尧舜论"等为题,撰文寄给自己批改,还把自己的诗作寄给儿子,让儿子细细体会,并试着作诗。同时,传授写作技巧,"凡作诗文,总须避去凡语。避凡语之法,在意不落套,而能转折也"。

二是引导张孝若关心时事。张謇语重心长地开导儿子:"不能知一国之大势者,不能处一乡。"他常把家乡建设的进展及时写信告知儿子,如"博物苑、图书馆、农校、医院及纺织校、马路各工,时须理料指示。不理料则钱费,不指示则工误",信中谈论更多的则是国事,从黄花岗起义、江苏省议会选举、宋教仁被刺一直说到北洋政府委任自己督办导淮。他与儿子平等交流,从不居高临下。"世道日趋于乱,人心亦趋于恶,君子处之,唯有中正澹退"。张謇认为自己现在所从事的实业和教育是为了救国,也是在做为儿子打基础的工作,"父十余年前谓中国恐须死后复活,未必能死中求活;求活之法,惟有实业、教育……父今日之为,皆儿之基业也"。

三是向张孝若讲解为人之道。张謇注重言传身教，大概有人散布对张謇不利的话，张孝若听到后报告父亲，张謇淡然回复，"初六日讯云云，父心知之。父生平待人坦怀相与，不事机诈。人之以机诈待父者，往往自败。然父仍含容之"，并吩咐，"儿既有所闻，亦止可存于心，不必见于词色"。张謇常用"泛爱众而亲仁""谨而信"等古训教导儿子，并以慎言为美德，"少年人能讷，定为第一美德"。他还分享自己的处世哲学，如"与人坦怀而处，审己而行，无所用防，无所不防"。他强调学问和人格养成的重要性，"居今之世，若无学问、常识、声望，如何能见重于人，如何能治事，如何能代父？"特别看重才、德、体，并对儿子寄予厚望，"父在外无日不念及儿之学问、德行、体气。父老矣，只儿一人为父之代也"。

四是无微不至地关心张孝若生活。通信成为张謇父子间最重要的交流渠道，他规定儿子每月至少要写两封家信，报告学业和身体情况。张孝若初去青岛，张謇因四天没有收到回信，去信连发四问，"盼儿讯不至，何也？寄去二诗，可知父意？……诗尚能作否？岛中气候如何？"爱子之情可见一斑。张孝若身体常不适，张謇在问诊名医后得知，"并非先天不足，乃北方地气高亢，或坐久肺气不舒所致"，提醒儿子要注意饮食，还传授健体之法，"儿须善养，最简之法，避风静坐，数息运动，能使小汗最好"，从身体不适起因、饮食说到锻炼，事无巨细，舐犊之情溢于纸上。张謇提倡节俭，要张孝若把"钱存校会计处，须有存付之手续。除书籍外，勿浪用"。每次花钱需说明用途，他曾在信中询问，"账列浴资屡见，校无浴所耶？"还要求收钱履行手续，"儿前收廿元，未有收条；以后收到寄款，必须有收条"。

青岛的海风

德华大学面积很大，办公楼、教学楼、宿舍楼、礼堂、化验室、实习工厂等一应俱全，一直延伸到海边。德华大学给张孝若留下了很深的印象。多年后，张孝若给德华同窗宗白华的信中，还以散文般的文笔，描绘了当年的校园。这篇文章成为范文，与名家佳作一起被收录进当时的初中课本。德华大学给张孝若印象最深的是海边的景色。在离开学校八年后，他还记得"那海风吹得有条有理。海边的乱石，东一块西一块，好象人家花园里的假山石。那野花红得似鲜血一般，野草绿得比海波还绿，高高下下，点缀起来，更加美丽"。张孝若向宗白华回忆起当年的情景："坐在石上，看海水来得好慢，一层层的高起来。我二人就脱了鞋袜下水，先坐在石头上洗脚，洗得有味，就提起裤脚管，在水里去大跑，一直跑到肚子里饿，才穿起鞋袜来。"他还记得："我们同住的房，恰好对着海口。睡在床上，可以看见海浪翻腾。月明的时候，那万顷的海波，都似银铺的一样。"宗白华也有同样的感受，只不过他的回忆更加诗意："青岛海风吹醒我心灵的成年……这时我欢喜海，就象我以前欢喜云。我喜欢月夜的海、星夜的海、狂风怒涛的海、清晨晓雾的海，落照里几点遥远的白帆掩映着一望无尽的金碧的海。有时崖边独坐，柔波软语，絮絮如诉衷曲。"

德华大学采用的是"德国式"教学内容和"中国化"教学形式相结合的办学模式。学校师资队伍很强，不惜重金先后从德国聘请名师，还找来在当地工作的具有丰富实践经验的中外专家担任兼职实习教师。学校对工科格外重视，德国人在学校开办时认为，英美在华高校多以神学和医理为主，"唯缺工科，如我以办工科为主，就可以同英美竞争"。学校实行的是既有法政科、工科、医科、农林科四个学科，又有预备班、高等班及中文科三个层级的"三级四科"教育建制。张謇对学校的学科设置很感兴趣，尤其看重农学。张謇当时正在苏北推进盐垦事业，还根据人才需求办了农校，他对张孝若说："校有农学，儿可留意。将来拟令润江去参观。"润江即孙观澜，是南通农校的主任。他盼咐儿子注意把握学习重点，"即学法制、经济，若兼涉猎农学，为用更大"。

查遍资料，对张孝若当时所学专业并无明确记载。他的同窗、后来大名鼎鼎的学者宗白华，当时考入的是中文科。张后来写信给宗说："我还记得在青岛的时候，和你同房住、同案食。到了没有课的时光，还同到海滨散步。"依此推断，张孝若当年上的应该也是中文科。张謇在看了学校的"功课单"后，给张孝若去信说:"德文课甚重,并无英文。儿口音、文法何如?"并提醒儿子,"国文须自于星期或课余温习,勿使荒落。"有趣的是,张孝若在学校迷上了摄影,还将照片寄回家。张謇对儿子的兴趣给予鼓励。因此,在信中出现诸如"昨日得儿摄影,父甚喜慰""儿之摄影甚好,所谓另二张想已寄出?"等内容。德华大学因张謇之名而对张孝若分外看重,张謇语重心长地教育儿子,"德人知父而称重,儿好学敦品,则父益重。否则父即重何益"。

德华大学有不少官绅子弟。张謇亲自为张孝若推荐和挑选朋友。张謇老朋友郑孝胥的公子也在德华大学就读,张謇因"闻其毛笔画极能用工,屡考第一二",叮嘱说"儿可访与见面",同时"亦须以文章道义相资也"。他要求张孝若,"对教师须温敬;对同学须谦谨。闻童世兄颇老成,许世兄颇能干,儿须取朋友之所长"。许世兄、童世兄,是张謇老友许鼎霖等的儿子。后来任江苏省省长的韩国钧的两个儿子当时也在德华大学,张謇考虑准备以后让他俩与张孝若一道,请人补课,但又不放心,因此要张孝若了解韩公子"性行好否,勤学否?"并回信告诉他。看来,张謇对儿子交友还是很看重的,问得很细,把关很严。

半年后转学

张謇并没有实地考察过德华大学。张孝若是由张謇派得意门生许泽初送到学校的。等听了许泽初回来介绍学校情况,又与儿子同在德华的郑孝胥见面交谈后,张謇发现并非先前所说的"闻其校正肃"。在与张孝若及了解德华的友人通信和交流后,张謇反而对学校产生"校风不善""校规不严""校膳甚劣"等印象。所以,他以自身经历为例教育儿子,"校风虽不善,若儿能自立,能择友,安在不能成学?父童时自十岁以前,日在村塾,所与处者,皆顽劣之儿童也",又从"校规不严"说到为学之道,"校规即不严,但得自己律身严,则焉往而不可。做人须自做,专恃校规管束,教师督促,非上等人格也"。同时,他劝儿子对诸多的不如意要能忍耐,"许大叔来讯言,今年校膳甚劣,另约一二十人自开火食。……似此校风殊不完美,儿且耐之"。字里行间,说明张謇越来越对德华大学乃至自己当初的选择不满意。

事情的起因应是这样的,德华采用西方的教育方式,与中国旧式教育大不相同。学校在引入西方课程的同时,还聘请一些中国教授来讲"四书五经",不少学生对这些老学究不屑一顾,上课睡觉或者逃课之事屡见不鲜,那些刻板的说教在自由新鲜的学术氛围中黯然失色,不少学生思想越来越活跃,当广州黄花岗起义的消息传到校园时,学生们纷纷剪掉发辫。这些大约都是张謇所闻的"校风不善""校规不严"的由来吧。

而让张謇担心的还不仅仅于此。在张孝若到校的前几个月,也就是1912年9月底,孙中山乘火车来到青岛,德华大学的学生就分成了两派,一派拘于传统的"忠君"观念,对孙中山很是不满,而另一派则去车站迎接孙中山。在听了孙中山在学校的演讲,接触到先进思想后,很多德华大学的官宦子弟,在家里也闹起了"革命"。不难想象,张孝若会把学校诸如此类的新鲜事告诉张謇,因而才有了张謇信上的感触,"学生意识如此,中国前途甚危",还认为,"正缘年轻识短,易受人愚,此言罪在鼓惑之人,欲以无数良家子弟,为黄花岗诸少年之续耳",囿于认识的局限性和所持的社会立场,张謇当时在政治上主张改良,惧怕革命。校内有人欲说服张孝若加入国民党组织,张謇告诫儿子,"国民党人大概少年浮动者居多,乌知政党?政党者,先有政而后有党。国民党者,有党而无政",并出主意说:"以后若复有强者,儿可云:政党必自己先有政见,余年幼,现方求学,未有政见之知识,不敢妄攀。"经历这些事后,张謇越发觉得"危地不可久居,损友不可久近",他告诉张孝若"父方谋之耳",也就是说,张謇这时正想办法让张孝若离开学校。

事实上,这期间张謇一直在忙着为张孝若打听和选择学校。张謇希望张孝若能学好英语,为日后的留学做准备,而留学的目的地是欧美,学习的方向则是实用技术。他的下属,时任中央农事试验场气象观测所所长的汤思斋来信说:"清华塾规好",张謇认为"尚须再访"。他又"探听上海约翰书院管理、教授都好(管理则不轻许请假,教授则校中相语皆操英语),可毕业后直入美大学，不再考"，并了解到时任江苏民政长的应季中准备送儿子到那里上学。显然，对抱着将来要去欧美留学目的的张孝若而言，其功课中"并无英文"的德华大学，无论是课程设置也好，还是校风校规也好，经过短暂的亲身"试学"，就这样被比下去了。张謇还考虑把应季中、韩国钧等诸友的小孩和张孝若集中到一起，请人教外文，其他学科的学习则插入师范班中。

迫使张孝若离开青岛的另一个原因是，他的身体不适应当地气候，时常生病。为此，张謇常去信问询，如"儿既知岛地寒，何以不小心？经言：'父母唯其疾之忧'……儿今虽愈，正足为戒，后必小心"。同时，远离家庭孤身在外，让年少的张孝若难免郁闷，张謇开导道："父初作客时孤寂如儿，今日儿去家益远，儿须自重自爱""处一切事须有'振衣千仞岗，濯足万里流'之概，何至郁闷？父生平得力即在放开怀抱，儿其志之"。其实，张謇内心也很是不舍，"使儿孤身远客，父亦有不得已者在也"。因此，等到放暑假，便要求张孝若在家"调养身体，勿管外事"。1913年9月，张孝若便改学于离家较近的上海震旦学院。次年，第一次世界大战爆发，日本打败德国占领青岛，德华大学被迫停办。

张謇父子所生活的时代，整个社会正面临着巨大的动荡、变革和转型。1913年张謇写给张孝若的书信，以及他们与德华大学的交往，尽管只是这个历史进程里的一个小小插曲，但从中我们却不难发现，面对中外文化和新旧文化的剧烈冲突碰撞，每个人都在主动或被动的思考和抉择，这个过程有时难免会很曲折，其中不乏艰难甚至是痛苦，即使像张謇这样的杰出人物也不能例外。

走向更远方

1915年，张謇让17岁的张孝若跟着去澳大利亚买种羊的雅大摩司外出见世面。张孝若牢记父亲"行旅中勿斯须忘学问"的叮嘱，在途中写下《香港及菲律宾旅行日记》，发表于上海《文星杂志》1915年第2期，张孝若思考说:"吾谓中国人有良地而不能自治,亦不知自治。得(于)外人则无不治。质言之即中国人虽有良地,亦将荒之,荒而外人则可良。偶一念及汗辄背。"他问自己,中国人有这么好的土地,却不能治理好,然而一旦被割让给西方列强,反而成为闻名世界的好地方,香港、上海皆如此,问题到底出在哪里呢?不能不说,刚刚步入青年阶段的张孝若,其见识要远远高于同龄人。

1917年,张謇又安排张孝若留洋,去美国纽约矮容商业专门高等学校求学。以往史料,均称张孝若留学美国哥伦比亚大学,这是不准确的。笔者查到1917年12月张孝若在南通本地《通海新报》刊登的启事,证明当年他"插入矮容商业专门高等学校三年级,并日至纱厂实习管理法"。两年后,学成归来。

也许是张謇的缘故,20多岁的张孝若成为各方争取的对象。江苏督军李纯打算让张孝若担任军咨祭酒,也就是军中参谋,张謇几天之内两次回绝,先是借口"其于军事,茫无一知",第二次回得更干脆,"儿子薄质浅学,能勉习里事,读父书足矣"。江苏省省长齐耀琳邀请张孝若出任省长公署咨议,类似于政府参事和顾问,被张謇以"儿子识殊浅薄,吏事尤少""未成之林,不适斤斧"而推辞。又过了几年,吴佩孚拟请张孝若担任参赞和外交副处长,张謇以儿子名义婉辞,"家君以地方实业事积冗至多,亟须助理,未许遽离"。

张謇把张孝若留在身边,协助自己办淮海实业银行、大佑盐垦公司等实业,支持他组织南通自治会,参与接待来南通的杜威、梅兰芳和中国科学社学者等中外人士,去京沪拜访孙中山、黎元洪等政要,广泛接触各界名流,探讨发展实业、改造社会的良策。张謇努力创造机会,让张孝若能在更大的舞台上展示才干。在张謇的精心呵护下,张孝若逐渐成为民初政坛上冉冉升起的一颗新星。

图5-4 淮海实业银行汇兑券上的张孝若像

二、议长"贿选"疑云

1921年召开的江苏省第三届议会第一次常年会,一波三折,历时将近80天,算得上是一次马拉松式的会议。省议会的议员们为了议长人选,争吵了59天,在打打闹闹之中经过29次选举会后,才选出议长。此后,会期再延长20天,在几十件议案没有来得及议决的情形下,匆匆闭会。

江苏省议会议长之争,在当时社会上造成很大影响,成为一些文艺作品竞相反映的题材。以《孽海花》闻名于世的曾朴,创作了另一部鲜为人知的白话小说《鲁男子》。作为江苏省议会议员的曾朴,在这部自传体小说中,艺术再现了省议会钩心斗角的内幕。《江左十年目睹记》是姚鹓雏创作的另一部谴责小说,内容同样影射发生在这届省议会的所谓议长贿选案。省议会议长之争波诡云谲,张謇、张孝若父子深卷其中,为议会内外的反对派所攻讦。那么,事实真相究竟如何?百年前的这桩公案,至今看来仍扑朔迷离。

"有议会以来未有之活剧"

1921年10月1日,江苏省第三届议会开幕。省长王瑚等一大批官员和124名议员到会。议长人选,成为会议内外争论的焦点。议员分为南北两派,分别推出张一麐和张孝若作为议长候选人。北张派议员以张孝若为首,组织金陵俱乐部,作为联盟。而南张派议员,则由民国初年任江苏法政学校校长的朱绍文等人召集,商量进退。在曾朴的笔下,被戏称为"朱二呆子"的朱绍文,整天站在议会讲台上,唠叨不停,即便台下唏嘘不已,他却神色自若。南张、北张两派议员,为争夺议长"宝座",各不相让,谩骂攻击,甚至不惜大打出手。

议会开了20多天,不仅议长迟迟未能选出,而且丑闻不断,传言四起。江苏省教育会、江苏旅京同乡会等社会组织和个人,纷纷发声,表示不满。《申报》《大公报》等当时较有影响的媒体卷入争论,以"苏议会之争长潮"等为题,大肆渲染,连篇累牍报道,称之为"有议会以来未有之活剧"。

议长之争触发了学潮。10月21日,前来议会旁听被阻止于会场门外的学生们,一拥而上大骂要钱不要脸之议员,秩序因而大乱。百余名来历不明的"流氓",上前向学生乱击,不少学生被殴打,10多人受伤。其实,此前十多天,就有学生占据议会会场旁听席,并在会场内散发传单。10月24日,南京500多名学生打出"解散议会"的大白旗,上街游行示威。部分学生还占据议会以示抗议。

正当群情激愤之际,发生的叶立民自戕事件,更是将省议会推向风口浪尖。叶立民为江苏省议会秘书处一等课员,于11月21日夜,在南京下关上海旅馆内饮药自尽,留下的遗书中,叶立民表达对议会的极度失望与愤懑之情。叶立民的遗体被停放在省议会东首空地上,上面搭盖了席棚,还扯起一面写有"淮安叶立民尸谏"的白布大旗,此情此景让人不胜唏嘘。

北张南张之争

江苏省第三届议会的激烈争斗,源于议员们为推举南张张一麐还是北张张孝若谁为议长而争执不下。

张一麐是苏州吴县人,当时53岁,深得袁世凯信任的他,曾担任过袁大总统府秘书长和北洋政府教育部总长。和他打过交道的法国记者,把他描绘为"精明的矮个子"、"老派学者"。

起初,南张派议员以为稳操胜券,有三分之二的议员支持南张。岂料风云突变,议会开幕后,到会者130余人,拥戴北张者竟达80余人。北张派议员见形势发生了有利于自身的逆转,主张立即召开选举会,速战速决,把张孝若推为议长。南张派议员则施以缓兵之计,以议长选举事关重大、应审慎讨论为由,主张选举延缓,以便组织反击。

南张和北张两派议员的争论,由速选还是缓选议长,逐渐转为攻击候选人。朱绍文嘲讽道:"此次孝若组织议长,预备三十万,目下已用去二十万……选举买卖,已成惯例,银洋钞票,谁人不爱,最好办法,请经手诸位,宣布究竟孝若出钱多少，大家平均分摊，以昭公允。"北张派议员反驳说："此言太无耻，得钱汝何所见？"朱绍文回应道："自家人无话不可以说，何必还作假惺惺。"双方初则斗骂，继以拍案顿足飞椅。双方剑拔弩张，闹得不可开交，在此情形下，张孝若以退为进，决定辞去省议员，以去职来撇清干系。不料这引发议会内新一轮争论。在谩骂声中，有的主张先行投票选出议长，有的主张先讨论张孝若辞职，再进行议长选举。声称"被置于炉火之上"的张孝若，10月13日致电金陵俱乐部同仁，再次表明辞职态度，以平息纷争。南张张一麐为避免自身被拖入僵局，也决计"走为上"，远遁沪上。

见两个主角都有"谢幕"之意，议会内部逐渐形成共识，即议长候选人摒弃二张，另举他人。不过，此后的议长选举仍未风平浪静，11月25日的选举中，张孝若得60票，呼声甚高的另一候选人任桂森，却只得33票，两人都没有达到法定票数。南张派议员咬牙切齿，奔至台上，将选票撕得粉碎。

距离会期结束越来越近，而议长还是迟迟未能选出。议会内部的反对派及第三派议员不得不妥协，只要北张派不再给张孝若投票，至于第三者为何人，"即不过问"。议会中的金陵俱乐部成员，趁机推出议员徐果人作为张孝若的"替身"。11月28日，徐果人以66票当选议长。江苏省第三届议会长达两个月的闹剧，至此告一段落。

"言之凿凿"的爆料

这届江苏省议会常年会伊始，南张派议员不仅把矛头直指张孝若，而且张謇也被殃及。1921年年底，张謇在致手下吴季诚的信函中，愤愤不平地说："朱绍文辈以金钱运动，漫无事实之言，造作种种方法，污蔑于我父子，至矣。"

朱绍文挑头、20多位议员联名的"江苏省议员攻击贿买议长通电"，登载于《新青年》和北京、上海有影响的报刊上。全文洋洋洒洒数千字，详细列举了张孝若"贿选事实"。为张孝若谋求议长，有人以现款和支票利诱议员，有的议员收下，也有不愿收受而留下了证据。有人将支票影印在报上披露，

图 5-5 《新青年》杂志上刊登的朱绍文等《江苏省议员攻击贿买议长通电》

社会上责言群起。朱绍文自己也接到朋友来信，说受"南通之托"，要自己去取款。"南通之托"暗指张孝若谋求议长之事，朱绍文以所谓的亲身经历，披露议会内金钱贿选的乱象。

朱绍文对张孝若"贿选"言之凿凿，还涉及其父张謇。在朱绍文的叙述中，整个过程"蓄谋已久"。他以时间为经，条分缕析事情的来龙去脉。"本年三月，某某报时评有某巨绅欲以三十万金为其子营议长之说"，某巨绅显然是指张謇，传闻最早在1921年3月就见诸报端。朱绍文以第一人称来转述从朋友处听到的有关张孝若用金钱买议长的计划，且消息越传越盛。直至朱绍文与张孝若直接沟通后，得到后者明确回复，并"无此梦"。不过，事情并没有就此结束。此后他又听到来自南通的友人转告张謇贺寿时密议的"贿选"计划。

尽管朱绍文说得有鼻子有眼睛，但细细推敲，其爆料要么源于不知其名的小报，要么来自没有具名的所谓友人，语焉不详。从张孝若那里，朱绍文得到的只是否定的回应。朱绍文和张謇父子之间，不仅不陌生，而且还相当稔熟。就在此前一年，即1920年5月，汇聚江苏各界士绅精英的苏社成立，朱绍文和张謇、张一麐、张孝若等都参加了在南通更俗剧场举行的成立大会，同时入选为19人组成的理事。其中，张謇担任主任理事，朱绍文为书记。苏社定期开展活动，张謇和朱绍文直接打交道的机会不少。但关于张孝若贿选一事，朱绍文自始至终非但没有主动向张謇求证过，且两人没有丁点正面互动，这既不符合朱绍文的个性，也不合乎常理。

"身陨入旋涡"的张謇

其实，对张孝若当选为省议会议员，进而参与竞选议长，张謇并不赞成。他不希望张孝若卷入这场纷争。他在给议会、报刊和友人的电文中，多次表态，让张孝若辞去议员以置身事外。要求张孝若与议会断绝关系，与金陵俱乐部不发生关系，甚至告诫儿子，无论如何不出南通一步，绝口不提议会一字，不涉议会一步。连张孝若也感受到其父的激愤和严厉。

对张孝若贿选议长的传言，张謇早有耳闻。省议会开会期间，张謇在写给友人等方面的十多封信中，对此予以反驳。如 1921 年 10 月，张謇在致好友孟森的信函中，把贿选传言斥之为"无稽之流言"，张謇强调，贿选与自己秉持的价值观相悖，一向为其所不齿。因而对朱绍文的贿选之说，张謇十分气愤。

首先，张謇说自己对于张孝若当选省议员，并不看重，在此之前他已让张孝若公开发文辞去国会议员。其后，省议会分别在同年 7 月初选、8 月复选议员，张孝若得票皆为南通 12 位候选人之首。1921 年 10 月 5 日，张謇和兄张詧致电省议会，强调"国会前辞，宁有就省会之理？"并以张孝若年轻、家父年老、地方实业事繁等为由，要求省议会除名，防止被人假托生事。

其次，张謇申明他们父子对议长的位置并不觊觎。张謇还反复做周边人的工作，要他们推选张一麐为议长。张謇举例说，常州籍的议员钱琳叔因为张一麐过去追随袁世凯并受其愚弄，担心张一麐他日又成别人的"傀儡"，曾有意推举张孝若为议长。张謇听说此事，让张孝若专门去上海，为推选张一麐而做钱琳叔的工作。

最后，张謇对贿选资金的来路提出质疑。他反问道："二十万从何处来？去年为地方负债逾十万，明年又有三十万之大用，父子兄弟朝夕筹虑不遑，而有此余力，为此秽恶乎？"张謇说的也确是事实。第一次世界大战结束后，面对帝国主义卷土重来、国内军阀混战等内忧外患，此时张謇苦心经营的大生集团、盐垦企业乃至整个地方事业，正由盛而衰，危机四伏，张謇不得不为此四下筹措资金。

张孝若："这给我很大的教训"

作为议长贿选案直接当事人，张孝若更是感到委屈，进而愤慨。若干年后，张孝若重提此事，"这种光怪陆离的一幕电影的结果，给我在中国政治上、社会上受了一个很重大的教训"。

与其父不同的是，张孝若对把议会作为自己施展抱负的舞台，起初应是

第五章·名门骄子

有所期待的,他很想借助省议会这个平台,施展拳脚。他描述说:"我那时因为从外国回来不久,看到人家法治基础在议会,于是想……将南通地方自治的精神和事业,找一个推广到全省去的机会。"起初张孝若的本意,或许与其父并不完全一致,因而其言行时常有违父意。正如张謇致友人信函所云,张孝若有时在与朋友聚会时固执己见,有些事情并不告诉张謇,张謇称之为"漫无事实之言"的朱绍文的"爆料",朱绍文曝光的那些张孝若身边的"友人"、说客及其"密议",换个角度看,也许并非空穴来风,只是彼时张謇不知而已。

张孝若自认为:"我的意志非常纯洁,我的计划也非常光明。"留洋回来,辅佐其父各项事业风生水起的张孝若,正春风得意准备进军政坛,以为是牛刀小试,哪料却被碰得头破血流。他愤愤不平地埋怨,"等到我刚有这种意思要着手去做,就发现了苏议会历史上向来不相容的甲乙两派,纷争叫嚣,各有说法,各玩把戏。会还没有召集,就弄到一省之内风声鹤唳,庞杂不堪,反而拿我当了一个最新奇肥腴的目标"。出人意料的是,张孝若对议会内部的两派,其中也包括拥护自己的北张派都嗤之以鼻,他说:"我不要利用人,我也不给人利用。"

与张一麐比,张孝若的资历声望相形见绌。因此,议会开会之前,朱绍文协调,分别以张一麐、张孝若为正、副议长人选。吴季诚转述张孝若的意见说,自己无意与张老争,不过,他人的言行自己不能负责。可以看出,尽管张孝若年轻气盛,似心有不甘,但对朱绍文的方案,至少是默认的。他还频频做出高姿态,在给省议员的电文中发声支持张一麐为议长。

但是,局势很快失控,不能为张孝若所左右。到了后来,支持张孝若的金陵俱乐部甚至对于内部之事,并不让张孝若知道。这也是促使张孝若最终与金陵俱乐部分道扬镳的原因。事情的发展,越来越令张孝若失望,"我看想这种现象和我的初意和希望,真有差以千里的趋势,如果我没有放下屠刀的决心,岂但我的人格和前途要葬送在这一堆私欲和钱窝的坟墓当中,并且连我父三十年所造成的声誉和事业,要一齐陪我埋没"。

"南通不学后辈"与"包办议长贿赂公行"

作为当事人的张孝若,自始至终都没有现身省议会的会场。如果真像朱绍文等北张派议员所攻击的那样,则暗中为张孝若操盘的,应另有他人,疑点最大的要数陈琛。其实,朱绍文早先已爆出猛料。议会开会前,为酝酿议长人选,朱绍文三次与陈琛会商,两人谈得很深入,可惜最终并没有谈拢。

陈琛是谁,朱绍文为何要和他沟通议长人选?陈琛,字葆初,和张孝若一起在南通被选为第三届省议会议员。此人背景不凡,颇有来头,与张謇父子关系特殊,尤其是深得张孝若赏识。陈琛是张謇创办大生纱厂时最早的六大股东之一陈维镛的儿子。陈琛13岁那年,陈维镛去世,他投奔到张謇门下。1911年,张謇创立南通保坍会,陈琛任副会长。1912年,南通路工处成立,陈琛任总监。张謇倡设南通大聪电话有限公司,陈琛为创始人之一,后任经理。1913年创刊的《通海新报》,是当时南通开办时间最长的一家报纸,陈琛为创办人兼董事长。1921年,陈琛创办永朝夕馆饭店,"规制之崇宏,布置之华丽,全仿欧美",张謇题赠馆名。

陈琛深得张孝若信任,是其得力臂膀。尽管陈琛比张孝若大十二三岁,但并不妨碍两人成为莫逆之交。后来,张孝若纳李复初为妾,李复初即陈琛从上海买来的名妓。陈琛和张孝若两人关系之亲密,世人皆知。姚鹓雏在《江左十年目睹记》中刻画了张永年(字晓如)贿选省议会议长的经过,以此影射张孝若,而那个为张永年效犬马之劳的"大胡子"郑子楚,就是以陈琛即陈葆初为原型的,蓄留长须是陈琛最引人注目的标记。

议员杨而墨在给张謇函电中说,张孝若的退选,让前期垫款经办人始料未及,已花费的金钱数目不菲,因而如"石狮口裹珠",进退两难,所以才孤注一掷。杨而墨所说的为贿选而垫款的经办人,应有所指,而既能与张孝若交底、又有财力操办此事的,恐怕非陈琛莫属。仅举一例,据统计1947年大生第一、三纺织公司的公司股权中,陈琛个人所持股份高达4592万股,占大股东的54%,为大生第一纺织公司20亿总股的2.3%,远远超过张謇家族所

第五章·名门骄子

占股份，陈琛财力雄厚，由此可见一斑。

当然，以上并非仅仅是推测。1921年10月22日，南京学生联合会会长沈庆成在《申报》上发文，揭发"陈琛等为张孝若包办议长贿赂公行。"两天后，《申报》刊出陈琛来电，否认自己为了张孝若而贿选。两人打起了笔墨官司。陈琛与朱绍文就涉及的敏感人事，在议会开会前洽谈三次。不难看出，陈琛显然是得到充分授权的。陈琛的底气，应来自张孝若。尽管在张孝若看来是事与愿违，但陈琛所作所为，至少起初是得到张孝若认可的。最终，也是由张孝若任总经理的江淮银行为此买单。据洪维清在《张謇办实业概况》中说："淮海由张孝若任总经理，陈端任协理，二人都是外行，因此业务从未开展。孝若争江苏省议长时，为贿买议员动用行款30万元之巨，以不值钱的股票假他人名义作抵，账面上虽有些放款，实际上等于倒账。"由此可见，在贿选议长案中，张孝若难辞其咎。

而张謇对陈琛为张孝若贿选之事，原先并不知情，即使知道，也是后来的事情。1921年11月15日，张謇在给吴季诚的复信中说："陈葆初，一南通不学后辈，用之自退翁始，仆未与之亲，未与之疏。办地方事则就事言事，如是耳！其举议员，入南京俱乐部，皆非仆所知。兄今云不可再令葆初去主持，兄何处见仆前令葆初去主持之据？"吴季诚此前给张謇去信的内容，已无从考证。但张謇的回信却不寻常。第一，张謇对陈琛向来都是以"葆初世兄"称道。唯有在这封信里，张謇称其为"南通不学后辈"，很是轻蔑与不满，说明张謇对陈琛此时的所作所为，极为反感。第二，张謇在信中努力撇清与陈琛的关系。张謇解释，用陈琛始于其兄张詧，称自己与之不存在特别的"亲疏"，用其"办地方事"，也仅仅是"就事言事"而已。第三，张謇强调，对陈琛推举议员、加入金陵俱乐部等，事先不知情。吴季诚在去信中，要张謇不再让陈琛去"主持"相关事情，暗指操办张孝若竞选议长之事，显然吴季诚是以外面的传言提醒张謇，好心相劝。而张謇责问道，你有什么根据说是我让陈琛去"主持"的呢？语气近乎愤怒，张謇对吴季诚这位手下爱将如此生气，极为罕见。

贿选是民主政治的毒瘤。从晚清谘议局议员选举，到北洋国会选举、总统选举，旧中国议会选举中贿赂盛行，花样百出，司空见惯。当过省议会雏形的江苏谘议局议长和省议会临时议会长的张謇，深谙官场陋习，因而并不赞成张孝若当选国会、省议会议员，不能不说有先见之明。江苏省议会议长之争，也让刚出道的张孝若五味杂陈，他没有想到，"代议制度到了中国，一试再试，成了最复杂龌龊的结晶体""在政治上抱着热忱和希望的青年，一踏进这个粪坑，没有不弄到浑身烂臭的"。其后悔与愤怒之情，溢于言表。

三、考察西方实业发展

1923年9月17日午后2时，年方25岁的张孝若，作为北洋政府大总统黎元洪任命的专使，由上海启程赴欧美日考察，随行者有朱中道、席德炯、张文潜、李瀛、徐德称、许兆风等几位年轻人。次日的《申报》刊登了张孝若一行的照片。张謇亲自把张孝若一行人送上码头。在海外考察途中，张孝若每每想起亲友和各界送别情景，百感交集，赋诗道："一昔河梁客远征，国旗影里乐歌声。诸公突过寻常分，万里留连咫尺情。"

近现代中国走向世界，起步于19世纪60年代。1868年的蒲安臣使团，是由外国人率领的近代中国第一个外交使团。从1877年到任驻英公使的郭嵩焘开始，近代中国才有了驻外公使和外交官。与清末民初国人出国考察相比，张孝若这次考察特点鲜明。其一，张孝若的考察不同于以"笼络各国"为使命的蒲安臣使团，也不同于目标不甚明了、以了解异国风情为主的"海外游历使"。张孝若的主要任务是考察一战后欧美日的发展，为振兴国内经济作参考。考察的实质，也由过去的"睁眼看世界"转

图 5-6 张謇和张孝若

变为"放眼学世界"。其二，张孝若不同于清末集体出洋考察各国政治的王公五大臣，而是由从前的考察"宪政"转为考察"实业"，考察指向更为"务实"。其三，张孝若是由政府委派担当外交代表重任，有别于同时期实业家个体的海外商务活动，考察涉及的国别多、层次高、范围广、时间长，接触了解西方世界的广度、深度，应该说超过了他的前人和同时期的人。因此，张孝若的这次考察，在民国初期的外交史上乃至近代中国走向世界的进程中，有着特殊意义，可以说是由"看世界"走向"学世界"的重要转折。

张孝若是如何考察借鉴西方经验的，提出了哪些有见地的主张，张謇对这次考察有什么重要影响，张孝若为什么多次推迟行程呢？

推迟出洋一年多

黎元洪颁布"大总统令"，任命张孝若为赴欧美调查实业专使的时间是1922年7月13日。没过几天，7月19日，黎元洪致电张謇，国务院总理高恩洪致电张孝若，要求张孝若早日成行。全国许多团体和个人也纷纷催张孝若动身。从被任命为实业专使到实际成行，这中间隔了一年两个月。张孝若之所以迟迟未动身，除了要做好一系列准备工作，更重要的是，他当时集中精力协助其父忙于更重要的另外一事件，彼时张謇正为筹划向国外借款奔波着。

面对"一战"结束后帝国主义卷土重来、国内军阀混战等内忧外患，张謇苦心经营的大生集团、盐垦企业乃至整个地方事业，这时正遭遇前所未有的危机。1922年，大生企业出现严重亏损，张謇粗略估算，企业要想起死回生，需动用3000万元到4000万元巨额资金，而国内金融界却无力提供如此巨大的款项。张謇的事业正走下坡路，只好将希望寄托在利用外资上。1922年8月，为借贷巨款张謇派手下陈仪、章亮元、张同寿前往日本。整个借款过程几经反复，一波三折，他们在日本滞留了四个星期，盘缠将尽，借款一事却未能落实。日方认为对张謇在南通的事业有必要先进行实地调查，并派出精通汉语、与苏北垦区打过交道的驹井德三于1922年11月下旬前往上海。

张謇派张孝若、陈仪到上海迎接。11月23日到12月10日，驹井在南通进行了为期17天的详细考察。次年1月，驹井才回到日本，而日本方面始终没有对借款之事做出回应，直至1923年9月日本因发生关东大地震，财政金融受到严重波及，日方才正式表示，南通贷款之事已不可能。但张謇并没有放弃努力。因此，张孝若这次欧美日之行，同时担负着替父亲筹借巨款的重托。

1924年年初，张謇写信给海外的张孝若，"其实一厂仅缺二百万元，二厂、淮海、电厂缺一百五十万元为最少数。若合共得四百万元即可活动。上海银根本紧，又有兵事风声，益觉恐慌。是非唯一注意输入外资不可。除日外止有美"，又写道："以欧洲战后情形测之，恐无力及外，最后惟冀美国，美以福德为第一，大赉次之，此须有说入之机会矣。"福特、大赉都是美国的大企业。尽管张孝若在美奔走游说，庞大的贷款计划仍然功亏一篑。

在张孝若一行到达日本之后，张謇的日记有"得怡讯，知事谐"的记载。所谓"事谐"，只是张孝若对借款过于乐观的误判，事实上，经过将近两年的努力，最终并没有借到。自后张謇在日记和年谱不再提它，连张孝若撰他父亲的传记，也没记录此事，张孝若在考察中争取借款的翔实情况，各方当事人语焉不详。只有随行的张文潜谈到，在东京曾看到过驹井。那是1914年4月，张文潜随张孝若自美到日后，当时驹井曾几次来张孝若寓所走访。先前张謇主张"以涩泽作主体"，谋求主要通过日本商界领袖涩泽的支持来获得贷款，因此张孝若在日本与涩泽接触频繁。

1923年4月1日，张孝若抵达日本横滨，下榻东京帝国饭店，次日午后3时，张孝若应约拜访涩泽，交谈了一个小时。5日上午，张孝若在驹井等陪同下，与涩泽再次会面。9日，已经很少公开活动的涩泽，不顾83岁高龄，在坐落于东京车站附近、号称日本财界迎宾馆的东京银行俱乐部，亲自主持晚餐会，欢迎张孝若一行。由此可见，张孝若为借款的事是花了很大功夫的。由于特殊的时局和中日关系敏感，尽管当事人讳莫如深，借款最终结果显然是不了了之的。据张謇事后分析，政局动荡、军阀混战是造成借款难的原因。不久爆发了江浙之战和第二次直奉战争，外国资本面对如此恶劣的投资环境，当然不敢冒险。更为重要的,当时东西方列强正通过资助各派军阀的方式,争夺在华特权。而张謇的借款,是无法与之同日而语的。可见,张謇、张孝若父子处心积虑企望利用外资挽救危局,是影响张孝若出国考察的一个重要原因,这也导致张孝若被任命为实业专使一年多后才得以成行。

张孝若一行从 1923 年 9 月 17 日出发,到 1924 年 4 月 20 日上午 7 时,在上海外虹桥招商中栈码头上岸,回到国内,整个考察历时 7 个月。考察的路线,是晚清以来外交使节到达欧洲的传统线路,经香港、越南、新加坡后,张孝若依次到访了法国、比利时、荷兰、德国、奥地利、瑞士、意大利、英国、美国、日本十个国家,这是一次环球考察。张孝若逗留一个国家,短则三五天,如瑞士、奥地利、比利时,通常为十天半个月左右,考察时间较长的有法国、美国,分别花费了二十多天和一个多月时间。

张孝若海外考察日程排得满满的,重点是了解第一次世界大战后西方发达国家工商业发展状况。他广泛接触西方政商界人士。张孝若说:"各国朝野不明了中国之情形,致多隔阂,故随时对外宣传我国文化与社会之进步,使各国得由了解而臻友好。"张孝若每到一地,都要发表演讲,他说自己"努力宣传中国革命后实际的社会思想的改进,以及科学实业的展布的事实和前途的光明",各国人士听后为之动容。

张孝若在法国巴黎市政厅举行的欢迎会上,谈到华工与欧洲胜利的关系、中国留学生赴法勤工俭学与两国关系、滇越交通等问题时,情绪激昂。1923 年 11 月 20 日晚,他赴法国大理院全国政治经济协会演说,认为"以条约束缚关税自由为不合经济大同之潮流、失国际相助之精神,并解释中国现今关税不但不公、且又不利于他国对华通商之发展",为中国关税自主进行呼吁。密切关注儿子在海外动向的张謇,在日记中写道:"由沪无线电传怡儿在巴黎演说关税,极有价值。"

张孝若出席了荷兰总理、各部部长和实业家的欢迎会,对中荷通商关系特别是水利工程方面表示希望得到更多帮助。在德国柏林市长举行的欢迎茶会上,强调中德之间在原料、技术等方面互助之利益。在意大利政府及工商各团体举行的宴会上，就中意文化、工商等发表演说。在英国政府的招待会上，阐述了中英商贸关系，与英国政商人士交换意见，讨论资本家、劳工界合作计划。

张孝若环球考察在美国停留的时间最长，超过一个月。他对美国并不陌生，六年前，19岁的张孝若就曾踏上过赴美之路。1924年2月6日，张孝若受到美国总统柯立芝、国务卿赫夫司在白宫盛情款待。在纽约参加中国协会聚餐年会，美国政学商界五百余人到场，张孝若感叹："中国实业现与英美初兴时期大略相同，深有厚望。"2月24日晚上，张孝若在布法罗的无线电台发表谈话："今日华盛顿极为世界各国追念，因华盛顿不独为美国国父，亦世界各民主国导师，对于政治，渐知奋斗，且知立国根本在实业。"3月2日，张孝若前往林肯墓敬献花圈，表示中国共和前途，正希望有林肯其人。在日本，张孝若得到日本总理大臣的款待、摄政太子的接见和商界领袖涩泽的欢迎。

在张孝若旅程安排上，写满了密密麻麻的各国城市和众多工厂的名字。张孝若认为，"实业门类繁多，各国亦互有短长，特择其重要者一二三事，加以精密之调查，俾作回国后兴发实业之借镜"。他考察涉及农工商和市政等各个方面，但又不失重点，主要围绕中国的实业需要，集中在纺织、航运、金融等方面。同时，他对一战后兴起的国际联盟、国际商会等组织，也颇感兴

图 5-7　据张孝若考察时的随员钱昌照回忆，从英国到美国途中乘坐当时世界上最大的客轮——伊丽莎白女王号

趣，在巴黎和日内瓦专门安排参观活动。张孝若特别"注意各国华侨、华工、留学生之状况，大都富勇敢冒险勤劳刻苦之精神"。每到一国，尤其注意与当地华侨和中国留学生交流互动。他呼吁："华侨须有团结创立之精神，学生须有稳定奋发之志愿，中国前途全在商学界合作。"多年后，张孝若这样回忆道："我对于国人留外之团体或私人，亦多量力资助。而各处侨胞对我表示极隆重的接待和鼓舞的情状，很使我脑海中得到极深刻的印象，永远不能忘去。"

张孝若的图强梦想

1924年4月20日，也就是张孝若回国后的次日下午，他顾不上旅途的劳累，参加了上海总商会等八团体欢迎会。主席台正中央国旗交叉，台前布满鲜花，张孝若侃侃而谈了近三个小时。4月23日上午9时，他由沪乘大庆轮返回家乡南通，张謇率200多位父老乡亲到码头欢迎，军乐齐奏，爆竹声不绝于耳。4月25日下午，他又赶到南京秀山公园对省议会等机关团体发表演讲。4月26日，张孝若出席南通总商会召开的欢迎会。4月28日，他在南通唐闸大生纺织公司作了演说。5月1日，应南通学生会邀请，他在更俗剧场向各校学生4000多人发表演说。十多天时间里，张孝若马不停蹄地在沪、宁、通等地连轴转。根据不同的听众，提出借鉴别国经验教训，解决民生等问题的看法，其中不乏真知灼见。今天保存下来的《张孝若演讲集》，收录了他的五场讲演稿，合计近4万字。张孝若还把考察报告，汇印成册，送呈北洋政府。其中，《考察欧美纺织之报告》《考察日本纺织之报告》《欧美日本航业之报告》《海外侨胞情形报告》相继发表在《申报》上。

走出喧嚣的西方花花世界，回到外受列强欺凌、内部动荡不息的祖国，张孝若时而冷静思考，时而振臂高呼，四处奔走呐喊。他十国之行的考察收获，主要集中在这几个方面。

一是全面分析"一战"对西方经济的影响。在实业考察方面，张孝若对各国的工商业情况，根据在第一次世界大战中所受影响不同，分为五种类型,并对这十个国家的经济战前、战中、战后的变化分别说明,还对各国煤铁出产情形、纺织业、航运业的情况做了比较,提出了我国应该借鉴的地方。1924年《工商新闻百期汇刊》刊载了张孝若洋洋洒洒30万字的考察报告。通过大量第一手资料,帮助国人客观认识和把握一战后国际格局的深刻变化。

二是分类介绍西方国家对华态度。张孝若认为,各国对华态度,殊不尽同,略可分为数种:(1)对华情形不甚明了,而愿研究者;(2)对华悲观者、或轻视者。此种态度之由来,或因日人对华不利之宣传,或因由于旅华外人对于中国紊乱情形,直觉困苦而起;(3)崇拜中国历史文学美术者,而能谅解中国情形,并希望中国富强者。中国应该区别不同情况采取相应措施进行外交努力。另外,他还引导时人正确认识世情变化和国际组织的作用,启发人们有效与西方国家打交道。

三是借鉴西方经验系统提出发展经济对策。张孝若得出结论,"观各国工商业之兴盛","不外乎人民有进取之精神,政府有奖进之措施,地土有丰富之原料"这三个条件。张孝若认为,中国具有发展经济的巨大潜力,这主要体现在人和土地资源这两个因素上。同时,张孝若对北洋政府经济政策不满,"以中国地大物博,人民不应无所建树,而对于世界,中国不应无所主持",只有采取切实的鼓励措施,才能真正达到"光大中国之文化,增进国际之地位"的目的。张孝若还提出了清理外债、举办交通、提倡农垦、促进贸易、救济劳工、实行统计制度、补充实业知识、改良币制、裁免厘金税、划一度量衡制十条发展实业的办法。

四是联系实际为地方自治献计。他强调,发展地方自治事业,人才和法治尤为重要。他说:"地方须人才,犹家庭须贤子弟。有贤子弟则家庭立,有人才则地方兴。"又以华盛顿和《独立宣言》为例作了分析,"美国独立时,若无华(盛顿)其人,焉能离英独立而成功?然华(盛顿)俟战事方定,即召集十三州会议,制定宪法为立国法轨。后此者将循此而行,永无违者"。他话锋一转总结道,人有存亡,而法无兴替。他还针对南通的教育、交通、实业、财政等提出一系列改革设想。

张孝若借用美国总统罗斯福话大胆预言，"地中海之时期已过，大西洋之时期将过，太平洋之时期至矣"，以此来证明中国经济发展的必然性，他用世界眼光提出了中国图强的梦想，这在百年前是多么的难能可贵啊！

《士学集》：诗化的西行见闻

张孝若实业考察的同时，一路上勤于笔耕，写诗不辍，其父张謇后来把这些诗作题名为《士学集》，诗集共收录张孝若诗歌130多首，诗集前录有张謇"使行之训"和张孝若的自叙，诗集后附有张謇两首诗。这些诗作或写景，或咏物，或纪事，或唱和，或怀古，反映了张孝若十国之行及途中的见闻与思索。

（一）"搴云尚觉层楼绌，环海方知大地圆"。张孝若对这次西方之行，在途中做了详细的记录和分析，考察日程应当说是相当紧凑甚至是紧张的。当然，吸引他的，还有沿途所看到的各种奇异的人文景观和自然景色。他借助东方传统的诗歌形式，以古老东方文明传人特有的视界和心境，来观照并记录下西方世界瑰丽的景致。

第一，表现海上行程和考察途中生活。这类诗占相当数量，如，"无边碧水明如镜，又见群峰浴海来。连绵山色接洪涛，客里秋风未许号。明月欲生山忽断，海云扶出一轮高"（《舟山群岛》），其中不少记录了他在旅途中以读书和写诗等来打发闲暇时间，如"海有风涛陆有尘，漫游大地计冬春。舟中早晚诗成癖，天外云山画失真"（《漫游》）。在诗中他还艺术化再现了考察途中世界上发生的大事。1923年9月1日，日本的横滨和东京一带发生8.2级地震，死亡和失踪14万余人。张孝若在《闻日本东京横滨大地震》中写道："瞬息山颠海动风，更飞火焰接天红。真看金碧楼台幻，未觉烟灰瓦砾空。"次年，张孝若在访日期间，撰写了1600字的《可以乐观的日本前途——欧美人对于震灾后日本的看法》，发表于1924年5月1日日本的《外交时报》上，他以中国人的眼光，介绍了欧美人对日本震灾的看法。

第二，刻画异域风情和人文景观。从《舟离非洲之极白堤海口，见海中孤岛亦荒山也感其形像》《舟过意大利望大火山》《游巴黎森林公园》《东京红叶山》《雨中游岚山》等诗的题目上，不难看出其中所写的内容，大多为异国绮丽的风光。从"古殿荒垣草短长，铜驼斜卧几沧桑。平芜欲就鸣禽语，老树犹围斗兽场"(《游罗马古迹》)诗句中，让人感受到古罗马斗兽场的沧桑；而诗句"冰花摇玉树，水气泄金虹。急雪横翻沫，飞桥直驾空"(《观乃格拉大瀑布》)，以寥寥数笔来形容尼亚加拉大瀑布的壮观，富有浪漫气息。

第三，描绘对西方社会和现代文明的感受。有描写西方社会歌舞升平的都市生活的，如"夜市丛灯光澈天，酒楼舞榭会歌弦。妖红冶白休惊异，脂粉巴黎不值钱"(《巴黎杂诗》)。飞机是 20 世纪人类最重要的发明，也是现代社会高度发展的重要标志，20 世纪二三十年代，是航空史上的大发展时期。张孝若对新兴交通工具十分感兴趣，在《意大利乘飞机》诗中，饶有兴味地介绍了自己的亲身体验和观感："大地高山落眼前，低昂徐疾任回旋。向来阊阖人难叩，便欲排风直上天。"

第四，凭借历史人物的遗存抒发情怀。在西方社会发展史上，先后涌现出许多叱咤风云的人物，张孝若每每凭吊这些历史遗迹时，触景生情，托物言志，对拿破仑、俾斯麦、威尔逊等一代枭雄，流露出景仰或惋惜之情。在经过与拿破仑有关的一些遗迹时，他曾写过三首诗来表达自己的心迹，感叹"成败不足论"，叹惜"一世英雄剩此门"，还由拿破仑联想到项羽，"何如项羽纪，击节醉芳醪"，并感慨道："宏愿真愁独力单"，应是由人及己，不乏悲情色彩。

(二)"凭栏共说中原事，无奈河山落照前"。作为北洋政府的考察使，张孝若受到所到国的高度重视和礼遇接待。这些诗和他的演讲一样，不仅仅具有场面上的应酬功能，更重要的直抒胸臆，成为他履行考察使职责、宣传自身主张、加强中外交流的重要手段和媒介。在考察途中和迎来送往中，他写了不少留别诗。赠酢的对象，主要如下。

随行的考察团成员。七名随员与张孝若年龄相仿，风华正茂，分工明确，其中如钱昌照、张文潜等后来成为国家的栋梁之材。张孝若给同行者每人赠诗一首，以此激励并共勉。当时，张文潜在考察团内分工负责纺织业，张孝

第五章·名门骄子

图 5-8　张孝若考察团成员合影。前排（从左至右）：席德炯、张孝若、朱中道；后排：张文潜、李瀛、许兆风、徐德称、钱昌照

若在写给他的诗中，有"国寒民瑟缩，衣被莫迟延"之句，用通俗易懂的诗句来表达忧国忧民之情。喜闻随行的席德炯即席鸣九得子，张孝若赠诗《席鸣九得海电家报生子诗以贺之》，"阿郎堕地日双八，阿父乘风路万千。想见洞庭山气足，雄声随电到楼船"，表示庆贺。

考察途中偶遇的朋友。如他邂逅当时被孙中山派往香港的北伐名将李烈钧，赠诗道："邂逅将军共一船，神州新史姓名先。搴云尚觉层楼绌，环海方知大地圆。将略名门推李诉，使才绝域愧张骞。凭栏共说中原事，无奈河山落照前。"（《舟中遇李协和上将欢谈竟日赋赠一律》）

负责接待张孝若的北洋政府驻外使节。如陈箓（字任先），当时为驻法国公使，张孝若写道："风云人世扰年年，乱世人才几得全？海外犹持苏武节，闺中最赖孟光贤。洛阳纸贵新书译，胡塞楼开旧句传。难得相逢樽酒乐，同看黄菊傲霜天。"不过，在抗日战争时期，陈箓投靠日寇而沦为汉奸，辜负了当年张孝若的期望，这当然是后话了。

一些国际友人。当时大生集团正计划向日本财阀涩泽借款。涩泽年长张孝若 58 岁。张孝若在日本的考察得到了年迈的涩泽的热情接待，此后涩泽与张謇、张孝若父子书信来往不断。张孝若这次日本之行，留下了脍炙人口的名作《离东京车中奉怀涩泽子爵》:"三月情州万树明,我来脱屣礼先生。尊前不觉须髯白,花底丹颜照锦筝。自古兴邦赖老成,袖中论语敌纵横。若将父执论年辈,父再东游尚事兄。"

(三)"乡思己与海同涯,曾否家书慰我来"。使命在肩的沉重、世道动荡的伤怀、思乡念家的深情,构成了《士学集》不少诗作的主基调。作为游子,每逢佳节倍思乡,"离情今夜觉,觉已到南天。独对当头月,思家客满船"(《中秋寄内》)。苍茫无垠的大海和枯燥乏味的海上行程,勾起他对温馨的家乡与亲人的思念,"老人应亦说游方,游子时萦百转肠,一夜海潮浮梦去,濠南烟树接濠阳"(《海上思亲》)。张孝若在《青鸟》中,借助具有神性的福音使者——青鸟这个典故,抒发内心的家国情怀,"鲸浪迢迢万复千,故乡亲友说征船。传书便有三青鸟,只恐云深飞不前"。张孝若写下的这些思乡题材的诗作,又可分为如下几类。

哀悼逝友。如写给张景云、荷兰工程师特来克的《剑山坟二首》。张景云是张孝若的启蒙老师。而特来克是荷兰水利工程师,殉职于南通,张孝若在诗序中说,荷国之游,并携父书访慰特君之老母。水深则旋,鸟鸣求友。情胡能已也,诗中云:"已矣人长卧,归哉海亦深。将言慰君母,宿草定沈吟。"

思念故旧。著名京剧大师梅兰芳与张謇、张孝若交情很深,梅兰芳此前三次来南通演出,彼此结下了很深的友谊。1922年梅兰芳过30岁生日,张謇寄诗三首祝贺,赴海外考察途中的张孝若也特地写下了《印度洋忆浣华今年三十》,浣华是梅兰芳的字。"容易人三十,喧呶客万千。丹青应代霸,脂粉亦堪怜。忽忆散花剧,游来诸佛天。更谁能说法?我到地球边。"当时,梅兰芳有赴美演出的打算,张孝若为此还专门实地了解美国民众对中国戏剧的态度,并帮助出谋划策。1923年2月,他致电张謇转告梅兰芳说:"东方歌舞欧美人只视作一种玩耍,不能以美术文学眼光同情人。来此二三星期尚可轰动,多留则无益。"

追忆过往。回忆少年时期读书生活,张孝若说:"幼读书平安馆,夏日绿荫满院,清风送凉。课余父以十二芦帘向晚开句命足成诗,余苦思竟夕不成,

第五章・名门骄子

父责而泣。此情此景犹如昨日,忽忽已十五载矣,年已加长,而学犹未进也,海程无事,怅触前尘怅然有作。"平安馆在张家通州城濠河边的别墅内,他在《十二芦帘向晚开五首》中写道:"十二芦帘向晚开,枝头好鸟送歌来。几行茉莉花如雪,一酌葡萄酒满杯",诗句犹如工笔画,描摹了庭园深深和花鸟美酒的精致,而"满院梧桐满地苔,纻衫葵扇独徘徊。尚愁暑气销难尽,十二芦帘向晚开",又宛若写意画,写下闷热难耐的酷夏傍晚的景色。

遥望家乡。扶海垞是张家在海门的老宅。在《忆扶海垞》中,张孝若回忆起家乡田园牧歌式的生活,"庭前花密春招燕,桥外桑稠晚放羊。溪水任随渔艇曲,烟林时见笋梢长"。进而由物及人,耳畔时常响起其父的教诲,"养志方为孝,时危莫好名。老人临别语,游子此时情"(《忆南山》)。张謇对张孝若一生影响巨大,对其考察寄予厚望,给予大量悉心的帮助。张孝若有不少诗歌,抒发了报效父老及家乡的情愫,如"如何有福堪经乱,不逐飞扬慰老亲"(《有福》),又如,"黑发亲恩重,苍生国命忧。环游周八表,终自爱通州"(《大阪客楼独坐》)。

(四)"**报国须求经世略,立名要趁少年时**"。从张孝若的这些诗作中,可以探究彼时其复杂微妙的心态。"求师要得书中杰,望月无如海上真"(《有福》),吟出渴求真知的内心写照。对这次考察的主要目的,张孝若归纳为"替国家社会出去看看人家工商业在欧战以后的发展和最新的组织,回来报告,可供国内实业的仿效和参考",他在《赋示同行诸子》中,面对前路漫漫、任重道远,不禁感喟"于迈旋归亦有期,云天无限海无涯"。张孝若此行的一项重要任务,是对"各国朝野,努力宣传中国革命后实际的社会思想的改进,以及科学实业的展布的事实和前途的光明",他在《到沪前夕望月》中云,"游谈不止半天下,齐虏如何口舌功",借用《史记·刘敬叔孙通列传》中典故,表白在西方列强中奔波游说、呕心沥血之不易。同时,可以想象,内忧外患的国家伴随中西文明的碰撞,给他带来的强烈思想震撼,"人道流光若逝川,我惊世患电催鞭。三熏潦草加三沐,九地分明当九天"(《逝川》)。我们分明在他的这些诗中,体察到他的百味杂陈。当然,这其中也包含着哀伤、无奈甚至苦闷

-227-

之情,"无限沧桑人世感,合从尊宿学参禅"(《圜海》)。

从张孝若的这些诗作中,不难看出其作为热血青年的踌躇满志。张孝若以诗壮行和言志,"年少亦须经险难,翻思赋海看风波"(《航海》)。他认为,考察"虽是政府的使命,一面自己还是和游学一样,可以增长见识,也可以供南通事业挽救的资料"。怀揣这样的信念,他放眼天下,不胜感慨,"谁将老大称中国?今日同行尽少年","海容精卫衔余血,山到愚公担上肩"(《与秘书诸君谈至午夜感作》)。而在《有感》中则表达了不辱使命、报效桑梓的高远之志,"海行落落乾坤量,世乱悠悠将相才。报国欲回颓日起,撼山正看怒潮来",从中可以窥见其建功立业之心,以及内心深处的英雄情结。他时常以张骞、班超、傅介子、李诉等中国历史上的外交家和名臣自勉,"班超傅介今非昔,璧帛旃旌礼有之"(《赋示同行诸子》),"将略名门推李诉,使才绝域愧张骞"(《舟中遇李协和上将欢谈竟日赋赠一律》)。

从张孝若的这些诗作中,还能追随他的视线去体悟世间百味。《士学集》中不乏深沉凝重之作。如"海国无秋色,中原有隐忧。危栏凭不尽,万里尽横流"。(《海行》),面对时世动荡、列强欺凌、军阀混战的局面,他为国家和民族的命运深深地忧虑。"睡醒谁作雄狮主?角逐将如梦鹿何"(《将至埃及》),他以古埃及神话中的雄狮神为喻,表达悲世悯人、忧国忧民的复杂心态,并追问,"时危国扰是谁谋,亲老乡寒未足忧。大海中间容大陆,如何冠带古神州"(《上海喜晤诸友》)。十国之行所见所闻,让他眼界顿开,对岁月、世事乃至世界有了全新的体悟及憧憬。在《大西洋舟中六首》中,他不禁感叹,"漫游未觉五洲宽,只恨流光去不还。生值万万多难日,敢将多难怨家山",并领悟出"人间夷险寻常遇,正要从容事后看"的真谛。在《人情二首》中,更是写出了"何天云净日长明,何地风和水尽平?天地无心亦无憾,应知不识世人情"的隽永佳句。由此,孕育出全新的时空感和对现实的超越感,"蜃楼海市都空幻,舜日尧天岂陆沈。听罢潮音禅意起,美人名马两无心"(《禅意》),抒发的正是这番感受。

《士学集》兼具文化史料价值和文学审美功能。一方面,艺术地反映了他在出访西方过程中的见闻,具有写实性,有助于拓展我们对其这次海外考察生活的了解。另一方面,表达了他在当时境域下复杂的心灵世界,形象地展示了其远大的政治抱负。他之所以能写出这些诗作并传诵一时,与其所处的时代环境、独特的成长背景和个人禀赋、努力是分不开的。《士学集》再现了20世纪20年代,一个怀揣梦想和抱负的东方青年,远游海外、不甘沉沦的心路历程。同时,也让我们穿越时光隧道,依稀看到了那个动乱年代里在西方世界折冲樽俎、纵横捭阖的清秀身影。

父爱是坚实的后盾

在张謇的日记中,与其子张孝若这次考察有关的内容达50条以上,包括宴请考察同行者、送行,留心考察行程、去码头迎接等,张謇对儿子在国外活动极为关注,并时有评论。从日记中还可以看到父子之间电报往来情况,有十多条为张孝若修改考察途中寄回诗作的记录,他的信函往往请当地的驻外公使转交。

第一,张謇是张孝若能考察成行的关键动因。年少的张孝若既非政府官员,也无外交履历,能够受命为民国政府考察专使,无疑与其父张謇的影响力和与北洋政府上层关系密切有关。张謇一生关注外交,积极参加外事活动,提出不少外交主张,这与他的政治志趣、学识眼光和所从事的实业分不开。起初,张孝若对于是否担当出国考察的使命犹豫不决,在张謇以"调查欧美实业状况,归告国人取法,实国民报国之天职"耐心开导下,张孝若"勉为担任",逐渐打消疑虑。张謇还议古论今,以张骞出使西域事例来勉励儿子,希望"毋陨使命"。张孝若出国考察,从家乡南通出发、从上海出洋,以及出国归来,张謇都亲自迎送。

第二,张謇对张孝若及时给予悉心指导。张孝若考察期间,父子之间虽然相隔遥远,但信函电报联系频繁,通过书信诗文往来,交流看法。张謇对张孝若在外的一举一动都极为关注,悉心指点。一方面,对考察中各方面情况及应注意事项时常叮咛，有作为过来人对考察重点等事宜的询问和点拨，有对考察进展的首肯，有对行程安排的告诫。另一方面，对考察归来后注意事项及时提醒，"见人与人谈，不可有盈满之色，高兴之态，夸大之语；与省当局宜自处礼让，不可便为人请托干求；非确信之事，不可遽发十成语之议论"，"到处应酬勿杂，广众说话勿多；勿轻听人上条陈，出主意，说政治，稳静第一"。

第三，张謇为张孝若解除后顾之忧。张謇成为张孝若的坚强后盾，既表现在对张孝若生活上的关心无微不至，以慰藉游子之心，还体现为想方设法为其子提供物质和精神方面的支持。在信电往来中，有对家里情况如实相告，"我与汝母皆健适。我虽为纺垦煎熬，然时以读书酬对古人自慰，亦时吟咏自遣……孙辈生自富贵，我以为虑，当时去训迪，亦为汝母言。汝母心亦明白，而终带姑息之爱，只有渐化耳"。有时常的关心嘱咐，要他出门在外注意自己的饮食起居，还借用张孝若"养志方为孝，时危敢好名"的诗对其勉励。张謇对考察费用给予资助，在1923年12月28日的日记中，他记有"怡儿在纽约来电，续须万元"。次日，张謇便把钱电汇到纽约。

第四，张謇为张孝若出国考察提供人脉支撑。曾陪同张孝若考察的钱昌照在回忆录中说，张孝若由于他父亲的关系倍受重视，得到各国政府首脑的接见和政府部门的热情招待，日程排得满满的。在张孝若出使前夕，张謇致信美国史蒂芬、芮恩施夫人，英国朱尔典、汤姆司，德国史脱纳司，日本涩泽等人，希望给予关照。同时，还给当时北洋政府驻美公使施肇基、驻英公使朱兆莘、驻法公使陈箓、驻瑞士公使陆征祥、驻德公使魏宸组、驻荷兰公使唐在复发函，拜托关照。

综观整个考察过程，承载着张謇通过学习西方进而推动建设一个新世界雏形的意图，张孝若遵循和秉持了其父的理念和要求，在考察重点上也呼应并契合张謇办实业、公共事业等地方自治实践，同时尽力完成父亲交办的具体任务，在他考察后所受到的启发及其提出的一系列主张中，也折射出张謇的思想。

四、为父作传

张謇去世后，张孝若传承父志，主持南通各项事业，带领大生企业继续艰难前行。不过，在张謇离世后的最初几年，为父作传占用了张孝若相当的精力。

与胡适相识

胡适是著名的思想家、文学家、哲学家，中国现代传记文学的开创者、实践者。胡适和张謇、张孝若父子的交往历程，留下了许多令人感兴趣的话题。比如，张謇和胡适同为民国时期的著名人物，这两人有哪些交往，是否见过面？胡适比张孝若大7岁，在民国初期分属文化界与实业界两个不同阵营，原本交集不多，何以成为莫逆之交？在胡适精心指导下，张孝若创作完成了其父张謇的传记。胡适为张謇传所作的序，成为胡适传记文学理论开篇之作，在中国现代文学史上有着特殊的意义。

胡适与张謇有无见过面，现在已无从考证。至少，从现有资料来看，胡适与张謇没有直接打过交道。不过，胡适对年长38岁的张謇还是相当推崇的。

一是胡适在中国公学学习时，张謇是该校的校董。中国公学于1906年在上海创办，胡适是在1906年下半年入学，1909年毕业，胡适在中国公学两年多时间，后来还担任新公学低年级班英文教员。而在1908年9月，中国公学推举张謇为第一届校董会总董，胡适在《四十自述》中对此有记载。

二是张謇与胡适都为中国科学社做出了重要贡献。科学社是当时中国最具有影响的民间科学团体。1917年，张謇被科学社缺席选为名誉社员，张謇在社所、筹款等方面对科学社大力支持。1922年8月，科学社在南通召开了第七次年会，经过这次年会选举，张謇位列董事会之首。而胡适是1915年10月科学社正式成立时的77位社员之一，在社刊《科学》和年会上经常发表论文、演讲。尽管胡适缺席了在南通召开的年会，但直至张謇去世，两人活跃在科学社的交汇期有将近十年时间。

三是胡适曾将张謇列为中国最有影响的人。1922年11月，胡适在《努力周报》第29期撰写了《谁是中国今日的十二个大人物》文章，列出他心目中的"中国当今十二位大人物"，张謇被列为影响范围虽小但收效甚大者第三组，张謇还是胡适所列举的"近代中国历史上有几个重要人物"之一，"很可以做新体传记的资料"。

胡适和张謇、张孝若父子的交往，最初是从胡适和张孝若的书信往来开始的。民国初期，胡适通过自身努力，获得极大成功，逐步成为文化"巨子"。1919年6月，张孝若致信胡适，这是张孝若和胡适有记载的最早交往。信的内容不长："久钦风采，瞻对无由，每从叔永、铁如、燕谋诸人处备闻言论，至为佩幸。先生主张改革中国文字，不持极端，态度和缓，弟尤钦佩也。昨获先生转来叔永通信，极感。国内因外交问题，学潮澎湃，无所底止，堪为浩叹，先生身处都门，感想何如耶？陈独秀被逮，文字狱之先声也。暑中有暇，能惠临南通否？"

张孝若写信的缘由，是因为胡适转来的任鸿隽的信，此时张孝若和胡适还未曾有机会谋面。写信之时，正值五四运动爆发，6月11日，陈独秀因散发反政府的传单被捕，同为北大教授的胡适恰巧也在陈独秀散发传单的现场，只是有事提前离开，并对陈独秀被捕有过详细回忆。信中张孝若除赞赏胡适文学改革主张外，还谈到陈独秀被捕事件，探询胡适对五四运动的态度。

应该说，此时的张孝若和胡适彼此还不熟悉，张孝若主要通过任鸿隽、郑铁如、沈燕谋来了解胡适。这几个人与胡适交情匪浅，任鸿隽、沈燕谋都是胡适中国公学的同学，郑铁如是胡适出国留学之前的室友，胡适在上海滩因醉酒殴打巡警，是郑铁如交的罚款并保释出来的，他们此后都去美国留学，后来任鸿隽、郑铁如和胡适又都成为北京大学教授。同时，这几个人又都与张孝若往来密切。任鸿隽是中国科学社的社长，而张孝若是1916年成立的南通科学支社的理事长。郑铁如留学回国后做过张謇的秘书，而沈燕谋与张家渊源更深了，沈燕谋的祖父沈燮均是协助张謇开办南通大生纱厂元老，父亲沈书升拜于张謇门下，是张謇担任山长的江宁文正书院住院的九个学生之一。

第五章·名门骄子

张謇资助沈燕谋到美国威斯康星大学学习。1916年，沈燕谋回国后被张謇在大生公司委以重任，并兼任南通纺织专门学校教授。

信末，张孝若邀请胡适"惠临南通"。南通不仅是张孝若的家乡，也是其父张謇发展实业、实行地方自治的基地。胡适后来一直没有到过南通，他错过了几次机会。在张孝若写这封信的一年后，即1920年6月，胡适的老师杜威去南通发表演讲，张孝若到码头迎接，而这次胡适没有能陪同老师前往。作为科学社第七次年会筹委会的委员长，张孝若具体张罗了1922年8月在南通召开的年会，接待了胡适的很多朋友和同人，事前南通当地报纸也发出胡适将来通参会的消息，但胡适最终没有能成行。

张孝若与胡适的见面，最早见于文字的，是胡适在1923年6月7日的日记："本与高梦旦先生约了今天下午一点多钟同去杭州；因昨晚振飞打电话说刘厚生先生约我今晚在蒋孟平先生家吃晚饭，刘蒋皆是我所要见的人，故我只好多留一天。梦旦今天先行了。夜七时，到蒋宅。同席者有叔永、经农、沈翼孙、刘世珩（聚卿）、张孝若、陈叔通。"

此时的张孝若正忙着为出使欧美日做准备。刘厚生、蒋孟平都是胡适"所要见面人"，所以胡适为了这次聚会，推迟了去杭州。打电话约胡适的是胡的至友徐新六（振飞），他曾跟随梁启超与张謇一起策划筹办中比轮船公司，并任职于张謇等办的新通公司，与张孝若不会陌生。聚会的地点被安排在上海蒋孟平的家里，蒋孟平是大生的股东之一。聚餐活动的组织者刘厚生则是张謇的得力助手。其他的人，像刘世珩与张家也早有往来，1901年，两江总督刘坤一负责江南商务局，兼管南洋保商事宜，选刘世珩和张謇共同主持局务，刘、张两人有称兄道弟之谊，这些人与南通张家和张孝若自然早就熟悉。蒋孟平、刘世珩又都是收藏家，与胡适志趣相投，再加上任鸿隽、沈翼孙（即沈燕谋）等，都是张孝若、胡适的老朋友。不过，在当天胡适日记里，只提到张孝若参加了这次聚餐，并无过多笔墨，说明胡、张两人初期的交往，作为普通朋友并无特别的地方。

虽然，胡适在日记中对张孝若只是一笔带过，但两人互有好感，这是肯定的。张孝若后来说:"你和在君(丁在江)二人,都是我生平所最敬爱想师事的人。"他回忆说:"胡适之先生等揭起文学改革的旗帜,用白话作文,我那时在《南通报》上也大作起白话文。哪晓得有一位朝鲜汉学家金沧江先生看了气愤得很,跑到我父那里说:'哪有状元之子反作践文的道理。'我父只是向他笑,并没有禁阻我。"而胡适对张孝若也是惺惺相惜,胡适和郭沫若这两位文学巨头第一次会面,胡适谈话的主题竟然是张孝若。1921年8月9日晚,高梦旦先生在上海一枝香番菜馆宴请胡适和郭沫若,郑伯奇等作陪。据郑伯奇回忆,宴席中,胡适十分健谈,不过谈话的主题是以张孝若的政治活动为中心,这让郭沫若感到乏味。可见当时胡适对张孝若的重视程度。

尽管胡适比张孝若大7岁,但这并没有妨碍两人的交往和合作。两人在教育背景、性格志趣等方面有很多相似的地方。胡适和张孝若自幼都接受过封建正统思想的教育。胡适5岁启蒙,在安徽绩溪老家受过9年私塾教育,胡适读的第一部书,是其父胡传生前为他亲手编纂的四言韵文启蒙课本《学为人诗》,"四书""五经"之类典籍的阅读涵养了他的文化底色。张孝若虽然为独子,但张謇对他管教严格,悉心教诲。两人经历相似,都系统接受过西方近代思想的熏陶。他们都聪颖过人,并且酷爱写作。胡适在学校里颇有少年诗人之名,常常和同学们唱和。张孝若12岁时,赋登塔诗曰:"凭栏词客招新月,隔岸渔翁唱晚烟",被郑孝胥称为"晚烟新月作,思致绝隽秀。家学不独诗,风气果已就"。张孝若还以笔名在南通的报纸上发表文章,他后来对胡适说:"十几年前,你在北京揭起白话运动的旗帜的时候,我就跟着摇旗呐喊,奋勇争先,做你的一个马前小卒。"胡适的《曹氏显承堂族谱序》和张孝若的《致宗白华信》作为范文,同入20世纪20年代学校的国文教学书。他们都性格开放,喜爱交游。如胡适上至总统、主席、部长、议员,中及校长、教授、编辑、乡绅,下到饭馆老板、厨师乃至引车卖浆之徒,凡所交游,都可成为"我的朋友"。而张孝若与政学商界许多人士都有往来。两个人的这些经历、思想和个性特质上的相似之处,成为他们关系日臻亲密的基础。

第五章・名门骄子

无话不谈

20世纪20年代后期，张孝若和胡适交往进入了最为频繁的阶段。胡适从1928年5月到1930年11月，定居上海的时间不足三年。而在这个时期，张孝若的大部分时间，住在上海他自称为"潜庐"的家中，忙于编辑张謇遗作，写作张謇传记。1926年7月张謇去世，张孝若即辞掉上任几个月的长江水利委员会委员长的职务，挑起张謇留下的实业重任，继任大生纱厂等企业董事长。不过，张孝若把大部分时间都花在编辑和写作上，查这个时期大生公司董事会、股东会会议记录，他往往让别人代替自己参加公司的各项活动。有趣的是，胡适和张孝若这时有一个相同的头衔——大学校长。从1926年起，张孝若担任了近十年的南通大学校长，1928年他将私立南通医科大学、私立南通纺织大学和私立南通农科大学合并组建为私立南通大学，使之成为近代中国私立科技大学的代表。胡适从1928年春到1930年5月，出任中国公学校长，采取调整院系、扩建学校等一系列措施，中国公学迎来了"黄金时代"。

1929年，胡适相继发表了《人权与约法》《新文化运动与国民党》等一系列重磅文章，矛头直指国民党一党专政，国民党组织舆论对胡适进行"围剿"。张孝若多次致信胡适，表示对他的支持。1929年7月31日，张孝若去信中说："'防民之口，甚于防川'，现在政府对老百姓，不仅仅防口，简直是封口了，老百姓都是敢怒而不敢言。前月看见先生在《新月》所发表的那篇文字，说的义正词严，毫无假借，真佩服先生有识见有胆量！"1929年9月10日，张孝若说："前天在友人处，《新月》上的两篇大文已经读过，果然有声有色，今天高兴，作一首诗送你，另纸写上（勿发表）。我肚皮里，也有许多和你一类感想的文字好写。然而一想，我比不得你，你是金刚，不怕小鬼，我是烂泥菩萨，经不起他们敲，还是摆在肚里罢。"至于另纸写的诗，在胡适的日记里特地抄录了下来："许久不相见，异常想念你。我昨读你文，浩然气满纸。义正词自严，鞭辟真入里。中山即再生，定说你有理。

他们那懂得？反放无的矢。一党说你非，万人说你是。忠言不入耳，劝你就此止。"

胡适对张孝若的影响，无疑是巨大的。张孝若自己说："近来我尽读你出版的著作，又和你见过几回面，你给予我文学上的兴奋和师法的地方，都还在其次；你给予我人格上的感化的伟大，真难以笔墨形容了。"从这个时期张孝若写给胡适的信中，可以发现，张孝若在和胡适交往的内容及其方式上，有如下几个方面特点。

一是对好友的安慰。如，1930年2月，张孝若写信说："梅兰芳远游过沪，我因懒于见人酬酢，竟避未一出。先生和他见面，当然是他请教。岂料无聊报纸，天天呶聒，不值一笑。"张孝若和梅兰芳也是老朋友，多次在南通接待过后者。此时的胡适因批评国民党而被"训令"警告，被迫辞去中国公学校长一职，独自谢客而蜗居。梅兰芳在这年赴美演出前多次登门向胡适讨教。"无聊报纸，天天呶聒"说的就是这件事。对此，张孝若安慰胡适说："不值一笑。"

二是邀请胡适吃饭谈心。这期间，张孝若多次约胡适去大华饭店碰头餐叙。大华饭店是当年上海最豪华的花园式旅馆，1927年，蒋介石和宋美龄的盛大婚礼就是在这里举办的。和张孝若、胡适一起相约吃饭聊天的，还有陈光甫、沈燕谋、郭守纯、刘厚生等多年的好朋友。

三是赠送礼物表达心意。张孝若曾把翁同龢的《翁常熟诗集》、张謇的《甲午殿试策》和《杜甫》等书赠送给胡适。他告诉胡适："写大字的垫毡，我共有三块，还是从前我父定做的，很适用，现在我送你一块，请收下应用。"

四是向胡适讨教求助。因张謇钦服颜元、李塨的学说，张孝若请胡适告诉自己上海可以买到颜元、李塨遗书的地方。还向胡适借过《朱子年谱》。1929年7月18日，张孝若询问胡适"哲学史编到什么程度？将出版吗？文学史下卷也动笔吗？"他不仅关心胡适的写作动态，还对文坛动向感兴趣，1928年6月出版的《西滢闲话》畅销一时，他向胡适打听，"西滢是什么人？做什么事？得便请你告诉我。"

第五章·名门骄子

胡适指导作传

张孝若为父亲作传这件事，则把胡适和张孝若两个人的关系推向了高潮。

本来，张孝若是打算请胡适亲自为其父张謇写传的。1928年，南通的《通海新报》刊登消息《胡适之博士为啬老作传》，啬老即张謇。胡适给张孝若写信，准备为张謇作传，总结其一生事业和思想。张孝若表示感谢，请胡适浏览张謇的全部遗作，并到南通实地参观。

也许是胡适当时囿于烦琐事务之中无法脱身，或许胡适觉得张孝若可以胜任作传的重任，写传的任务最终还是落在了张孝若的肩上。

这个时期，张孝若和胡适书信往来不断，并频频相约见面，主要是围绕张孝若为父亲编辑著作和为父亲作传这两件事。无疑，胡适对张孝若的影响是巨大的。张孝若曾为父写墓志铭，他是这样向胡适解释的："这回用文言写，有两层原因：一，墓志铭因须上碑石，字有限数，不能过多，只好用金石文体例。但仍力避艰涩语调及僻字。二，我要表示：我们并不是不能做文言文，做文言也不是很高贵而很难的事。更要证明一班人批评做白话的人对于文言不是怕难，就是没有本领做的种种说法，是不确当的。"他这样做的动机，一是张孝若的母亲到上海看他，"谈起家中还有两块没有用过的碑石，弃置可惜，为何你不做一篇墓志？"二是中华书局要印《张謇全集》，让张孝若在书前写一篇东西，或序，或传，或墓志，体例不限，只是不要白话。在胡适的劝说下，张孝若改变了主意："你（指胡适）所说废去墓志铭的意义，我完全了解。现在我决计不用了。本来传记最后，我有过'不铭不志'的一句，更觉不用的妥当。"

在为其父编书和作传的过程中，从标点、字句到整个框架体系，张孝若或书信或当面向胡适请教，并得到了胡适很多帮助。如1929年7月31日，张孝若写信说："前天承先生接谈，实在荣幸得很！关涉编订先君遗著应该讨论的几个问题，更承先生一一指示，实在感激得很！"8月7日，他信中告诉胡适："昨晚一谈，增我识见，及指示我编书，益处极多、极广，感幸万万。"8月8日又说:"前天得到来示,你能这样的教导我,真是生平莫大的幸事!这才够得上朋友。"还说:"你所提出关于文中可议的字句,我都以为然,已一一改过。""我看到你'文言提要'的一句,我笑出来了,真正评得妙。"

胡适在1914年9月的留美日记中,写下了"传记文学"札记,最早提出了"传记文学"的概念,他一生共写下120多万字40余篇(部)传记类作品。胡适为张孝若写的传记所作的序,成为其传记文学理论开篇之作。序文开头说:"传记是中国文学里最不发达的一门。这大概有三种原因。第一是没有崇拜伟大人物的风气,第二是多忌讳,第三是文字的障碍。"他具体进行分析阐述,对中国几千年的传记文章作了深刻批判与否定,认为"中国的死文字却不能担负这种传神写生的工作"。同时,提出了"新体传记"学说:一是"爱敬崇拜"伟大人物,二是"纪实传真",三是"传神写生"。

胡适对张孝若所作的传记,寄予厚望,他"相信孝若这篇先传一定可以开儿子做家传的新纪元,可以使我们爱敬季直先生的人添不少的了解和崇敬"。他认为"孝若做先传还有几桩很重要的资格。第一,他一生最爱敬崇拜他的先人,所以他的工作便成了爱的工作,便成了宗教的工作。第二,他生在这个新史学萌芽的时代……努力做到纪实传真的境界。第三,他这回决定用白话做先传,决定打破一切古文家的碑传义法……充分表现出他的伟大的父亲的人格和志愿"。胡适因"深深地感觉中国最缺乏传记的文学",所以时常劝朋友写自传,或作新传。

张孝若作的传记初稿完成后,由南通翰墨林印书局印出,分别征求曾与张謇有交往的人士意见,并由民国著名的政治家谭延闿题字、胡适作序,1930年交上海中华书局印行。张孝若还给胡适奉上3000元大洋,这是一笔极丰厚的谢仪。张孝若对张謇的传记创作,是在胡适影响、带动和指导下完成的,这也可以看作是对胡适所倡导的传记文学理论的一次具体实践。

第五章·名门骄子

《南通张季直先生传记》

张孝若的《南通张季直先生传记》，是最早的一部张謇传记。至于写作的缘起，他说："从我父逝世以后，中外人士常常问我要我父的详细历史，三年以来，几乎无月无之。"同时也是为了在将来出版的其父全集前，对张謇有一个比较系统而详细的生平介绍，作为叙引。传记成稿后由于内容丰富，篇幅长达20余万字，难以合乎用作叙引的体例，于是单独成书。张孝若把张謇的主要活动，按其年岁分作三大部分，即出生至戊戌变法（1853—1898），开始投身实业至辛亥革命（1899—1911），民国临时政府成立至去世（1912—1926），每部分又分成若干章节，书末还附有张謇的《自订年谱》和张孝若编的《年表》。同时，张孝若采用白话文来写作，加上作者与传主之间的特殊关系，更增加了传记的可读性。

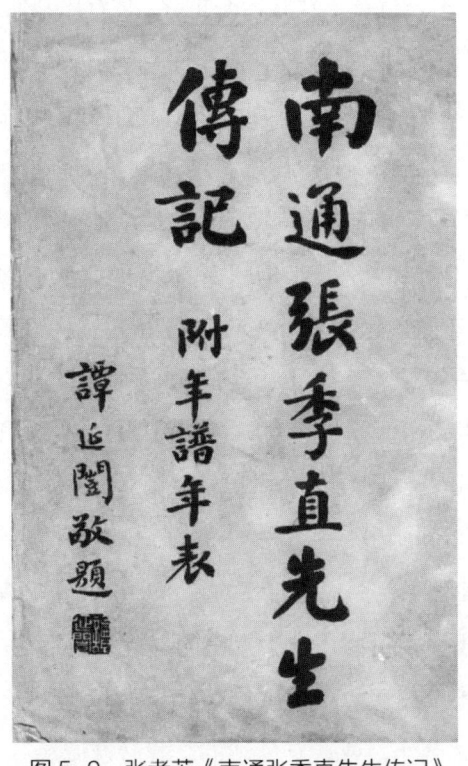

图5-9 张孝若《南通张季直先生传记》

对于张孝若而言，写作《南通张季直先生传记》是一项"爱的工作"，张孝若说："父子之爱，人生只有一回"，在"前面高山要攒爬，后面大海要堕落"的险恶环境下，他发誓以"关着门编理父书"来表达心志，并希望胡适"永远做我的监督人"。他认同胡适对张謇的评价，张孝若说："你称我父为失败的英雄，这话确当得很，就是我父本人也承认的。因为他生平志事没实现的，何止百分之八九十"，"你的眼光看到我父一生的成功，只是一小部分，只是引路发端，距离他的志愿抱负，还远得很呢，到他瞑目，终于是个失败的英雄。"写作《南通张季直先生传记》，践行了胡适"给史家做材料，给文学开生路"的传记文学理念，较好地体现了传记的史料价值和感化功能，展示了张孝若的文学素养和历史眼光，为研究中国近代实业教育发展、民国初期的历史转型和张謇等近代史上重要人物，留下宝贵的第一手史料。

替父作传，张孝若着实下了不少功夫。张孝若占有独特的家庭便利和人子的独特视角，对传主言行背景及其内心世界，有着比其他人更为深切的了解，书中引用了大量的第一手珍贵材料。他在回复胡适的信中说："譬如我父是一个文人，但同时有事业，有政见，所以他的著作不是单纯的文集，他的传记不是单纯的家传。"又说自己"做传记，抱定一个主意，就是对于我父一生主张的变迁，出处的关系，他的人格，他的志事，连他所交的朋友和游宴的琐事，只要是我父亲亲口说的话，亲手做的事，只要能表现他的个性，不问他怎样寻常，不管他有无忌讳，我都尽力竭思，信笔直写。总想从各方面衬托放射出一个真的我父，活的我父。我希望读了我父的传记，就好像见了我父其人。"不过，因为"我父生我很晚，早年的事不能亲眼亲见"，到了后来"在国内外游学游历，又离开我父亲好几年"，所以他在写传记时，需要依靠大量的资料，如张謇一万多封往来的函电、五十多年的日记、六百万字的文稿。对于一个年仅30多岁，没有受过专业文字训练的青年来说，在仅有两个助手、仅用三个多月时间的情形下，要撰写出数十万字的书，的确不是一件简单的事。

张孝若抱着这样的态度，"我做这篇传记所依据的东西：不是我亲见亲闻的，就是见于我父著作，或亲友传述的。我必诚诚恳恳，原原本本写出来，没有一句假造粉饰的话,也没有一件靠不住铺张的事"。张孝若以张謇自订的《年谱》作为骨架,效仿胡适为章学诚写年谱的方法,"拿年代为经,事类为纬",处理运用这些繁复的文献材料。当然,尽管张孝若力求以史家的态度来写传记,并一再强调,"我对于我父,虽然有骨肉天伦的恩情,但是向来做传记的人,已经有的坦白无隐的精神,和可以备史家正确立论的信条,我必自始自终,从我的思想,到我的笔尖,牢牢地抱住,决不因父子的关系,而有所违背和迁就"。但是,由于父子之间特定的关系,因而书中对于事实的叙述、提炼与阐释,不能不受到这些主客观因素的影响,同时书中引用的材料较为堆砌,取舍不够。

五、扑朔迷离的凶杀案

凌晨突然响起了枪声

1935年10月17日凌晨,天还没有完全放亮,给人灰蒙蒙的感觉,喧嚣的十里洋场显得格外静谧,平日人头攒动、车水马龙的繁华街头,这时候鲜有路人走过,习惯了夜生活的人们大多还在睡梦中。在上海法租界辣斐德路(今复兴路)1288号张孝若寓所内,砰—砰—,突然传来几声刺耳枪声,划破了初秋的宁静,连枝头早起的小鸟也受到惊吓,扑嗖嗖四下逃窜。张孝若被刺的消息,一霎间震惊整个上海滩,"张孝若突遭枪杀"成为京沪报章的特大新闻。

远在江北张孝若家乡的《通通日报》,描述了时发情形,"日前吴义高由通赴沪,夜宿张寓,乃至五时三刻,即携驳壳枪,闯入二楼卧室,遂肇巨祸。并闻当时吴之目的,本在李复初,因在清晨,张夫妇酣睡未醒。吴义高进房后,先向李复初开枪,中其左乳房,弹由背穿出,李负痛惊起狂呼,张孝若亟起,方欲阻止,讵吴义高杀身临头,又向张氏射击,正中左腰,顿时倒毙"。"凶仆吴义高肇祸后,返身下楼而逸,但其时前后门尚未开锁,即在楼梯下开枪自戕"。事情来得蹊跷,被害的一方张孝若及其妾李复初,行凶者是吴义高。当事的双方本是主仆关系。吴义高时年48岁,当过警察和张謇卫士,在张謇的日记里提到过他。张謇去世后,负责看守张家濠阳小筑。

多年后,张家后人追忆当时情景,仍心有余悸。张孝若的儿子张绪武,几十年后仍很清晰记得当时的情形。听到枪声后,张家的儿女张非武、张融武和管家等人惊慌失措地冲了出来,查看究竟,只见吴义高拿着手枪慌慌张张地朝客厅走去,众人赶紧躲开,没多时间,客厅里传出枪声后便不再有动静,众人再次小心翼翼探头观察时,吴已倒地,身旁扔着一把手枪。而张孝若的女儿张柔武回忆,事后,她匆匆从杭州国立艺专赶到上海时,其姐张非武边哭边告诉了当时的情况,与张孝若同床的李复初被枪响惊醒,赶忙口唤张孝若,可他已无反应,于是立即起身冲到房门口,嘴里高呼:"来人啊,有强盗。"凶手吴义高回头向李开了一枪,击中李后,吴欲夺门而去,怎奈大门上了保险他开不了门,便开枪自杀。由于案发年代久远,加之张、吴当场而亡,李此后不久也去世,张孝若亲人之间叙述的案发现场情况稍有出入,但基本情节一致。当时,消息来源混乱,报上有的说李复初延至次日晨殒命,也有说,李尚无大碍。其实,李氏殒命为误传,后来她被接回南通附属医院隔壁东寺内客房养伤,终因子弹深入腹部引发肠胃溃疡,三个月后不治身亡。

事发,张宅急用电话向法国巡捕房报警。等救护车赶到时,张孝若已气绝,李复初及凶手奄奄一息,两人被急送广慈医院。吴义高因伤重到医院即死。当天,检察官带着法医、法警验尸,承办案件探员报告出事情形,详细讯问张家的管家等证人。张孝若的遗体,由张非武领回,送万国殡仪馆。中午的时候,南通城内的张家濠南别业,就接到噩耗。张孝若的母亲吴道愔当即乘汽车赴沪,其夫人陈开成连夜带着子女乘轮船赶往。

1935年10月17日凌晨的这几声枪响,与其说终结了一个人的生命——张孝若被这种极端而又突兀的方式,在历史和时代的舞台上匆匆落幕,还不如说,改变了一个人、一个家族的轨迹——正值英年的张孝若,事业未竟,还有很多地方需要搏击、值得博弈。张孝若的离去,对风雨飘摇之中张謇开

第五章·名门骄子

创的各项实业和事业来说,不啻是雪中加霜。但是,历史是不容假设的,所以,1935年10月17日凌晨的这几枪,不仅令人惋愕,也给后人留下了无限遐想的空间。

拨开凶案迷雾

张孝若被刺身亡消息传开后,社会各界震骇,舆论一片哗然,大小报纸争相报道,一时间成为沪上大街小巷人们议论焦点。人们不理解,张孝若平日待人极和易,胸次超旷,素无仇怨,而吴义高跟随张家父子多年,纵有怨恨,亦何致下此毒手?

吴义高做过警察和保镖,自然谙熟枪法,又前后在张家好多年,自然与张家上下,包括张孝若的家人、管家及下人稔熟,具备作案的条件。据说,前一晚吴谎称第二天一大早要赶火车去外地参加一个朋友家的喜宴,路过上海而借宿到张家,顺道看看少东家。那作案的动机呢?当年案发验尸后,将吴的头部解剖,脑髓取出,详加化验,以判明凶手是否神经错乱,抑或预谋杀人。自然,通过尸检手段是无法找出杀人原因的。从20世纪案发以来,关于这个案子众说纷纭,显得迷雾重重。

最常见的说法,是误杀。吴义高真正的刺杀对象是李复初,张孝若是被误杀。当年10月19日《通通日报》说,吴义高"有一子,甫由轮船上解职。近三月来,吴颇愤懑,疑系张氏如夫人李复初之破坏,对李极怀恨"。据说李复初在南通时就与吴义高有矛盾。李复初早年是上海的名妓,初来时被安排在濠阳小筑,吴义高也在濠阳小筑当保镖,他们互相看不起。后来,吴曾请李向张孝若说情,要为他儿子谋一差事,李没有给回音,所以恨极李并痛下杀手。另外,据张謇夫人吴道愔侄子吴功俊告诉别人,当年张孝若在上海某银行有个重要职位,他身边的保镖请求能给自己的儿子,张就答应了。张的姨太太吹枕边风,说:"这个肥缺不可给别人,应该给我侄子。"张听了如夫人的话,肥水不再外流。保镖很生气,就在室外开枪打姨太太,不料误中张,这里的姨太太和如夫人显然是指李复初。

不过，李复初不仅人长得不俗，身材瘦高，容貌清秀，也颇懂人情世故。张孝若当年在上海疲于奔波，忙于事务，则由李复初每隔一两个月代他回通，问候张孝若的母亲，看望张的家人。据张孝若女儿张柔武回忆，李复初会迎合人，周旋张家老少之间，办事得体，经常选择一些适宜的礼品送给祖母、母亲和张家其他人，并说是父亲交代她买的，以博得张家上下的好感。以李复初擅长交际的手腕来看，似不应招人忌恨。退一步说，即便真的和吴义高有矛盾，事情本身也不至于引来杀身之祸。

也有人认为，张死于情杀。这其中多为民间猜测和传言，不少有想当然的成分，多无真凭实据。也有人认为吴义高杀人的动机是泄愤。当年，张孝若的大达轮船公司招收实习生，吴义高为其子向张求情，张念及旧情，做了安排，并要求吴子与其他实习生一视同仁。数月后，吴嫌儿子待遇低，找到副经理杨管北调换到如意工作。其他人因此而有意见，张知道后甚为不悦，要求杨按规定办事。杨当即把吴子退回原工作岗位，同时对吴说，不是自己不愿帮忙，实在是张总经理不念旧情。因而吴大怒，起了杀心。常熟徐兆玮的《草堂日记》在事发次日记载，张謇"故后，孝若仍雇吴看管遗下之宅第，月给薪水三十元。吴子由孝若派在纱厂及轮船公司任事，因是初中毕业，智识有限，故所获地位不高，月得薪金甚微，由是吴义高对主人颇不悦"。

《张謇外传》则提供了另一个版本，吴义高落户南通后结婚生子，儿子渐大后，被安排到大达轮船公司——往返沪通的客轮上做服务生。工资虽不高，却常有些小费入账。吴义高尚不满足，千方百计运作，将儿子调到公司做了职员。这一来，张謇的一些故旧也纷纷效法，为了避免矛盾，张孝若劝吴义高将儿子仍送回轮船，吴义高只得遵从，但心有怨气。李复初自进了张家门后，一直谨小慎微，恪守妇道。但时间一长，免不了有些姨太太的脾气。有一次为了一件小事和吴义高争执起来，吴义高早就看李复初不顺眼，自恃是张家老仆，不买她的账，言语中便顶撞了起来，于是激起了李复初的愤怒，李复初当着众多家人的面严厉地训斥了他一顿。吴义高更是怀恨在心，南通有个名医刘先生，经常为张家人看病，与张家人熟悉后，也就不避忌讳，出入随便。他为李复初看病，常进出她的房间，时间长了，就传出了刘李的绯闻。李复初怀疑是吴义高在背后传的闲话，于是她向张孝若哭诉，并且不依不饶，一定要给吴义高惩罚。虽说张孝若一向对手下人宽容，但经不起李复初的软磨硬泡，于是把吴义高的儿子从轮船上调到苏北的大丰垦牧公司。大丰垦牧公司效益不好，怎能与轮船上相比？吴义高于是起了杀机。

总之，吴义高是因为一己之利没有得到满足，进而激愤杀人。

惊天阴谋

真相果真如此吗？对于张孝若之死，不少人觉得，背后隐藏着一个大的阴谋，是有人买通吴义高行凶的，张家不少后人也持类似观点。确实，综合分析张孝若被杀案牵涉到的各方情况来看，案情颇不简单。

其一，现场存在疑点。当时，巡捕房现场勘察后的结论是，凶手有自杀和他杀两种可能，但从留在墙壁上的子弹射孔位置来看，不像自己开枪的方向。

其二，吴行凶似乎早有预谋，吴还和张的管家和仆人玩了一会儿牌才回房休息，事发次日，警方派人去凶手家找他的儿子，但是"人去屋空"，邻居说，他儿子已出去好几天未归。

其三，巡捕房态度前后变化也让人生疑，疑在背后有黑手做了手脚。最初，上海法租界总巡捕房根据张家要求，登报悬赏5000元征集破案线索。警员起初也频繁上门，紧锣密鼓地抓紧时间侦破，但到后来，变成敷衍搪塞、草草收场。张孝若出身名门望族，传承了家族实业与事业，虽惨淡经营，但他毕竟是当时颇具知名度和影响力的人物，若其被杀真有人主使，能够有本事掩盖事实真相的，一定非寻常人。联系到1936年，华东最大的轮船公司、张謇创办的大达轮船公司被杜月笙吞并，而凶手遗孀、子女一直受杜的照拂。背后的主谋，疑点最大的当属杜月笙及其帮派势力。

当时上海滩"白道"上，除了银行业就属航运业最赚钱了。上海航运业自然为杜月笙所觊觎。杜月笙控制水运行业，是从染指大达轮船公司开始的。大达轮船公司专营"沪扬线"，也就是上海经南通天生港至扬州霍家桥一线的客货运输。从 1904 年至 1928 年，大达轮船公司独占这条航线，获利颇丰，总计有进账 655734 两。当杜月笙崛起上海滩的时候，大达轮船公司创始人张謇和公司经理鲍心斋先后去世，紧接着，1931 年公司所属的大生、大吉号轮船先后失火被焚毁。1932 年，大达轮船公司存放有巨款的德记钱庄又破产，几次危机使大达轮船公司损失惨重，负债累累，举步维艰，陷入绝境。大达公司的主要债权人是镇江帮金融巨子陈光甫开设的上海商业银行，陈光甫眼见大达朝不保夕，心里相当着急。

　　精明过人的杜月笙觉得机会到了，通过陈光甫在大达轮船公司董事会内活动。陈光甫曾为了平息发生于本行的一次挤兑风潮，求助过杜月笙。杜月笙让人放出风声，如要挽救大达轮船公司，非请杜月笙、杨管北出山不可。杨管北祖辈为镇江豪富，精明能干，擅长管理，在南通实业界投资颇多，大达轮船公司有他的股份。不懂航运业务的杜月笙拉拢杨管北担任大达轮船公司经理，就是想利用杨的财力和能力控制大达轮船公司。

　　杜月笙在向航运业进军时，采用经济手段、帮会势力和政治势力三管齐下。杜月笙的第一招，操纵股权，夺取大达轮船公司的控制权，指使杨管北等人，趁大达公司遇到困难时，低价买进大量股票，过户给杜月笙，从而挤进大达轮船公司股东的行列。杜的第二个大招，让杨管北等几个股东利用关系向上海市社会局指控大达公司董事会非法改选和内部腐败。杜与社会局局长吴醒亚早有勾结，在杜的授意下，吴责令大达公司召集股东大会改组董事会，并要求重新推举董事长和总经理。杜的第三招更为歹毒，动用帮会流氓势力铲除异己，民国时期的帮会，行事手段狠毒，恐吓、劫持、暗杀，无所不用。杜月笙为了能在即将举行的大达轮船公司董事会改组中掌握实权，便采取帮会流氓手腕制造混乱。他指派青帮流氓戴步祥率领一帮徒众在码头上与人发生械斗。上海市警察局长蔡劲军在杜月笙的安排下，带领武装警察直接将大达码头封锁起来，断绝交通，逼得大达码头的轮船无法装卸起航。其实，戴步祥手下人只是自己用刀戳破表皮流了一点儿血而已，但讹称大受创伤，一连数日聚啸威胁耍无赖，搞得大达轮船无法开航营业。最后大达公司只得拿出3000元赔偿了事，杜月笙的流氓手段很奏效。

张謇当年的主要助手、张家倚重的重臣吴季诚起初坚决反对杨管北去管大达公司，理由是杨管北年纪太轻，唯恐他少不更事，负不起这么大的责任。不知是不愿看到大达轮船公司垮台，还是惧怕杜月笙手下那些凶神恶煞，吴季诚最终做出让步。双方反复谈判，与张、杜两家都有交情的史量才从中调解斡旋。满腹诗书的张孝若，哪是心狠手辣的杜月笙的对手。在1933年股东改选大会上，杜月笙如愿以偿担任董事长，执掌了大达公司管理权。张孝若任总经理，杨管北任董事。大达轮船公司控制权慢慢落入杜月笙之手。

张孝若遇害一周后，沪上和通城的报纸纷纷登出消息，大达轮船公司总经理由董事长杜月笙兼任。当年，张孝若的几个子女尚小，长女张非武19岁，长子张融武15岁，最小的儿子张绪武才7岁，因此各方商议后推选张詧的儿子，年方24岁的张敬礼继承张家的实业。在张孝若灵堂前，杜月笙带着门徒前往吊唁，神情极为哀伤，不过，局内人看得出，这只不过是上演了一出猫哭老鼠的把戏。

张孝若惨遭不测消息传开，人们无不扼腕叹息。龙华殡仪馆内，各界吊客盈千，花圈堆积如山。与南通实业有关的中外来宾，于右任、梅兰芳、欧阳予倩等社会名流，纷纷前往吊唁。

张孝若被杀之谜，成为民国时期的一宗悬案。凶手杀人的动机扑朔迷离，随着时间的流逝和当事人的离世，事实也许被湮没在历史的长河中了，说到底张孝若只是那个乱世的殉葬者。

长眠啬园

啬园在通城南郊，因张謇号啬庵和啬翁而得名。张謇生前曾比选过几个地方作为墓地，最后才选择此处，当年还请风水先生看过。从啬园向南望，正对着长江边南通境内五座山中的"军山""剑山"和"狼山"，这中间的剑山，仿佛一张偌大的供桌，山顶文殊院宛若供桌上的香炉，两侧的军山上的气象台、狼山上的支云塔，就好像高高擎起分立左右的一对蜡烛台。本地上了年纪的人都说，这是一块风水宝地。

1935年12月24日，张家为张孝若举殡。早晨九时，灵柩从通州城文峰塔东首张氏丙舍出发，张氏丙舍是庙宇式的房屋，主要是张家用来办佛事或丧事的。城南马路上，早已人山人海，走在最前面的是两个个头高大、用假面具扮成的"开路神"，张孝若曾经的部下、随从排列整齐，在灵车旁步行，后面几部车里，坐着张孝若的夫人陈开成和子女等亲眷。在路过大生二厂等处，摆有供台。送葬队伍中有实业、教育、慈善等各界代表，执绋者云集。

这不禁让人想起九年前的1926年，也是初秋季节，天空湛蓝，张謇出殡的那天，南通城万人空巷，四方来参加葬礼的和地方人士逾万人，挤满道路两侧。人们悲怆地吟唱着《追悼张啬公歌》："凄风弗弗兮秋云飞，骖螭乘虹公西归，公西归，不可回，薄海悲嗥震悼如惊雷。江淮黯黯明星失，波澜訇訇砥柱摧，吾乡各界积哀满怀，涌泪溢涕兮，望天阍而徘徊。"张孝若回忆当时的场景，"天气异常晴爽，朝阳渐升，光芒四射，蔚蓝的天穹明净到一片云都没有，霜露凝盖树上，愈觉澈亮。寒肃之气侵入肌骨，好像天有意给我父一个光明冷峻的结局。素车白马，四方来会葬的和地方上人，共有万余人，都步行执绋。凡柩车经过的地方，那沿路观望的乡人，有数十万都屏息嗟叹，注视作别，送我父到他的永远长眠之地"。从张孝若平缓语调和冷静的描述中，不难体味到父老乡亲对其父的深深的敬重。张孝若无论如何都不会想到，他叙述的这一幕，又惊人相似地发生在自己的身上。

张孝若的人生短暂而又充满传奇。他虽然没有像父亲那样，成为引领社会的一代风云人物，但他接手父亲留下的大业后，仍在艰难中负重前行。他的血脉中流淌着父辈的执着和坚韧，他的人生之旅更是与其父张謇的生命和事业不可割舍的。

张孝若的墓在摇曳的青竹之中，墓碑正面上方，是他的半身照片，碑阴刻有生卒年月，墓名为"南通张公子之墓"，上面写道：

第五章·名门骄子

张君名怡祖，字孝若，以字行，清光绪二十四年正月十八日生，中华民国二十四年十月十七日殁，年三十有八。曰南通张公子之墓者，君之志也，君曩者寓书于友，谓题墓宜尔。盖尊其亲，谓其于乡邦所致力，皆先业也。

图5-10　张孝若之墓

啬园如今是国家重点文物保护单位，占地500多亩。在张孝若墓的不远处，他的父亲张謇、母亲吴道愔、夫人陈开成及视张孝若如己出的张謇原配夫人徐端，与他做伴。张氏父子的墓在"文化大革命"曾受到毁坏，"三夫人"墓则是2000年11月复葬于此。这里古木参天，苍翠欲滴，成为南通城内最大的"绿肺"和"氧吧"。冬去春来，它默默地向人们重复诉说着20世纪初曾发生过的一切。

胡适之憾

1962年元旦，胡适在台大医院病榻上，收到张孝若长子张融武从香港寄来的贺年片，贺年片上提到张融武30多年前曾随父亲张孝若见过胡适，还说胡适曾答应给他的父亲写传记的，胡适高兴地回复道："你提起我曾有意为令先父孝若先生写传,我颇有一个新的 inspiration(灵感),就是你贺年片上提到的燕谋兄,他才是最合适的给孝若兄写一篇好传记的人",并说:"他写成时,我一定给他写长序,——正如我当年给孝若的季直先生评传写长序一样。"一个月后,胡适溘然长逝。胡适的愿望未能成真,他没有看到《张孝若传》的问世,不能不说是一桩憾事。不过,为张孝若作传,曾经列入胡适的写作计划。

1935年10月,张孝若在上海寓所遇刺身亡,胡适听到这个消息后如何反映,我们已无法得知了。一年后,即1936年12月12日,胡适在致沈燕谋的信中说:"在旅馆里一气读完孝若兄的长函,既惊叹,又悲伤。惊叹的是孝若正当盛年,何以忽然想到'三五年内'夭折的可能,此与丁在君去年亟亟做遗嘱同一奇异。悲哀的是孝若此函正是一篇绝好的'自传'的底子,可惜他不曾逐段发挥,成一篇详传,现在已无法弥补此缺陷了。"他还表示,"'简短传状',我一定要替他写。"1937年2月1日刘厚生写给胡适的信中,也提到"先生为彼(张孝若)作传,当能写出彼之胸襟也",从中不难看出,这个时候,胡适朋友圈中应该对胡适为张孝若作传一事,都已知晓。

事实上,胡适也为作传在积极准备。一是着手对张孝若留下的"长函"做些分析,把它另抄一份,并在手抄本上对看不明白之处,一一标出,请沈燕谋细细加注。二是希望有人帮助揭开张孝若死亡之谜,胡适告诉沈燕谋"孝若之死,我至今不明其真相,故我甚盼你将此案情形及有关文件详为检出或记出,供我参考"。三是打算阅读相关一些资料,还特地吩咐沈燕谋"啬翁传记与全集,我家中都有,可不必寄"。

不过,让胡适感到诡异的是,"孝若正当盛年,何以忽然想到'三五年内'夭折的可能"。胡适看到的张孝若这封"长函"被删了不少,详细内容我们已不得而知,根据看过此信的刘厚生所言,应为"所述家庭中事",主要是张孝若与三伯父张詧之间的矛盾,刘厚生认为,信反映了"彼(张孝若)之雄心并未灰冷,居恒叱咤无聊,牢骚满腹,彼之遗书大半吐其不平之气,彷徨歧路,归咎及于家庭,其精神上之苦痛烦闷,更值得吾人同情",胡适觉得,"此事似须费一点时日,也许须等到我下次(恐不久)南下时与你(指沈燕谋)细

第五章·名门骄子

谈之后方能动手"。

　　胡适的传记有不少是为朋友所写，包括为他和张孝若共同的好朋友丁文江就写过 12 万字的长传。但为张孝若作传的计划，之所以迟迟未能付诸实施，除了张孝若之死一直成为悬案外，主要原因还有以下几点。

　　从张家来看，由来已久的张家内部矛盾，不能不让胡适颇为踌躇，因为清官难断家务事。熟悉张家、新中国成立后写过《张謇传记》的刘厚生对这对伯侄各打五十板子。伯侄间素有龃龉，最开始仅是两代人之间观念差异而导致的行事方式不同，从当年张謇去世前伯侄间为其医治方案而起的争执，就可见一斑。张謇生前病重时，张詧和张孝若会商请医诊治，"一主中医，一主西医，伯侄之间相持不下，最后不得已，在濠南别业三楼先象室设祭祝告请示祖宗，并写'中''西'两字以拈阄方式决定。不料结果竟得一'西'字"。张詧忿然而出，不再过问张謇的医药之事。后来，彼此的裂痕逐渐扩大。张詧之子张敬礼在 1928 年《养性室日记》中，记载了张孝若对张詧不满的原因，"传闻孝左右宣言，孝之所以仇视余家者有三焉：一曰，当孝三十龄生辰大人未亲诣道贺；二曰，大人向于彼无诚意；三曰，大人向性慷慨每当地方公益毋不解囊乐助，使濠南不能独异云"。而张孝若自己说："伯父性情偏于陈旧，自信力一强，兼听力自弱。对于时代潮流趋势的眼光和创办事业的科学观念，都没有我父那样嘹亮贯彻。加以我父毁家经营利人事业的胸襟，他更望尘莫及。"对张詧颇有微辞。

　　从胡适自身来看，胡适的考据癖，阻碍了张孝若传记的写作。胡适认为，写传记史学的人，就像"用大刀阔斧的人也须要拿得起绣花针的本领"。特别强调对史料的辨伪求真，秉持"实录"精神，不虚美，不隐恶。他后来在给齐白石写年谱时，反复研究齐白石资料，对齐白石的年龄、"五出五归"说法，都做了反复考证，还请黎锦熙等帮忙，一个疑点都不放过。由此可见，胡适对传记素材的考证和辨伪达到了苛刻的地步。张孝若被杀之谜一直没有被揭开，张家伯侄内部矛盾外人很难评说，清官也难断家务，加之张孝若在去世前留下的"长函"，已让胡适"实在感觉大困难。他的家人已大删此长书，去

-251-

其精华，仅存糟粕。我虽然见了原稿，究竟能说多少老实话？说了老实话，他们能用吗？"此后不久抗日战争全面爆发。胡适以国民政府特使的身份赴欧美游说，不久出任驻美大使，肩负起战时外交之重任，更无暇去创作了，写作《张孝若传》的计划只能搁置下来。也许萦绕在张孝若身上这些无法解决的疑问，困扰了胡适的写作，使他最终没有为张孝若写出如《丁文江的传记》那样的名篇佳作。

因为为张謇、张孝若父子作传，并以此为纽带，胡适和张家几代人之间的交往延续了将近半个世纪。直到胡适生命的终点，他还在为此操心，这在文坛留下了一段让人掩卷沉思的佳话。

第六章·时人记忆

作为晚清民初舞台上叱咤风云人物的张謇,当时也是享誉中外的新闻人物。许多同时代的中外人士,对于张謇所从事的实业和诸多事业,或以见证者、或以亲历者、或以参与者等身份,留下了不少文献资料和分析评述,从而多角度勾勒出他不同凡响的风采,更为立体、生动地为我们展现其独特形象,并且穿越近百年的时空,给今人以有益的启迪。

一、外国人笔下的chang chien

在张謇生前，就有外国人为他作传。美国人勃德打算编辑《中国近代名人图鉴》，汇集中国近代以来政治、实业、教育各界名人，作为世人示范。为此，他专程来南通考察，并采访张謇父子，张謇还为此书作序。萨雅慈也曾向张謇"叩以振兴南通之秘诀"，"中华全国，何无一县如南通者"，他的文章刊载在美国亚细亚杂志上。近代美英日等人士，包括外国使节、传教士、教育家、科学家、旅行者、新闻记者、商人等，在与张謇接触的过程中，留下了大量文献资料，其中有游记、回忆录和评论；有外国人在华办的刊物，如美侨办的英文刊物《密勒氏评论报》、英国人创办的《北华捷报》，反映世界各地基督会成员传教情况的《世界召唤》月刊；还有外国人撰写的各类考察报告，如帝国主义国家把持下的上海海关编具的通商口岸报告等。在英美人士的笔下，屡屡提到chang chien，这是当时西人以威妥玛拼音法[①]，对张謇的称呼。

"所怀理想数十年始终一贯"——张謇政企教活动面面观

驹井德三是日本近代有名的"中国通"，1922年受日本财团所托，对张謇时期的南通作过长达半个多月的考察，在他的《张謇关系事业调查报告书》中，称赞张謇"所怀之理想，数十年始终一贯，表面以分头于实业交通水利建设；

[①] 威妥玛（1818—1895），英国外交官、著名汉学家，曾在中国生活四十余年。其设计的以拉丁字母拼写汉字法，在1958年中国推广汉语拼音方案前被广泛用于人名、地名注音。

— 255 —

里面则醉心于教育及慈善实业之学理,乃唯一主新中国之创造者,诚可谓治现今中国社会之良药"。尽管驹井德三后来出任过伪满洲国总务长官,因而人们对其在中日关系史上所扮演的角色,颇有争议,但他对张謇这寥寥数语的评语,却是同时期外国人中看法最为精准的。

芮恩施眼里的张謇"细致文雅"。与张謇交往十年之久、被他称为"最敬慕之良友"的芮恩施,在担任美国驻中国公使之初,为中美合办银行和导淮贷款等事项,与时任袁世凯政府农商总长的张謇多次商谈。芮恩施对作为政府官员的张謇评价甚高,由于后者的不凡而感喟:"中国人态度的温和但也不是一味卑屈顺从,在讨论时总是保持着自己完全独立的见解。"其对张謇的印象,与芮恩施笔下"非常自负、圆滑的政治操纵者"即后来的农商总长谷钟秀,及"为人玩世不恭,重视实利,尖刻敏锐"的曹汝霖等人,形成鲜明对比。

外国人惊叹张謇的"一人之力"。张謇创办的大生企业集团,是西方人士关注的焦点。1923年3月17日,《密勒氏评论报》详细介绍了张謇创办的大生企业情形,并把张謇创办的企业与上海相比,"南通实业工厂其数尚不及上海之多,然以一人之力,于乡村区域其所造就者已非易得也"。《密勒氏评论报》主编鲍威尔所写的报道,则涉及南通纺织工业的规模、报酬、发展趋向和张謇计划设想等。"制造业中纺织厂最令人感兴趣。总共拥有6万纺锤,500台织布机以及4000名操作工。成人平均日工资40分,儿童学徒20分。纺机和榨油机都由英国制造。新机器的订单将使油厂产能翻倍。张謇如今在该地区计划新建七家纱厂,这一工厂的数量被视作在棉纱方面将不依赖于外国产品,或者说,日本产品"。同时,张謇也十分注重与《密勒氏评论报》读者之间的互动。如从1920年6月12日到9月18日,就以"南通——中国

图6-1 1920年6月12日《密勒氏评论报》上的南通广告

第六章·时人记忆

模范城"为题,在《密勒氏评论报》上15次刊载整版广告,高频度地全面介绍南通,以至于当地传教士评价说:"南通是独一无二的,在于它是全中国唯一在英文报纸上给自己做广告的城市。"

1922年,英国人格雷琴·梅·菲特金在上海出版的《大江:长江航行旅程的故事》,以散文般的语言印证了鲍威尔的叙述,"半个小时的车程便到了工厂区域,这里立刻给游客留下的印象是,让城市社区远离工厂噪音与烟尘的美妙设计。那里最大的纺织厂——大生纱厂据说是中国此类工厂中历史最悠久的"。也许是资料来源不同的原因,格雷琴·梅·菲特金在涉及工厂相关具体数据上,与鲍威尔略有出入,不过,前者的观察更加仔细和生动。"在大生纱厂可以观察到变棉为布的整个过程,从白柔的棉花的第一次粗纺,到卷成匹的织布,这些布被丈量长度后又被送去漂白或染色。还有巨大的棉纱锭,非常牢固和结实的纱绞,这些纱绞是用南通州地区种植的这种短绒棉纺的"。"大生纱厂旁边是个每天产出一百担棉子油的棉油厂。棉油厂实验室负责人是个外国化学师,他和三个中国助理正忙着提炼和制造新的化合物。他说已经从棉子油中调制出深黄色化合物,这种化合物不久将与各种热销的起酥油媲美,张謇许诺专门为此化合物生产建厂"。

西方人士称赞张謇办教育如"在山之泉"。1920年6月,美国哲学家、教育家杜威应邀到南通考察、讲学。他在南通的第一场演讲中,就以"教育者责任"为主题,强调"南通为中国建设师范最早之地,故言之弥觉亲切有味也",他对南通教育寄予厚望,把师范教育比作在山之泉,不过涓滴,及至奔腾于山下,流而为瀑布,汇而为江河,浩浩荡荡,灌溉千里。

当然,杜威所说的"南通者教育之源泉,望其成为世界教育之中心"是溢美之词。相比而言,不如上家司所说的,"南通是绝好的学园"来得

图6-2 1920年7月3日《密勒氏评论报》刊登《杜威在中国》及张謇和杜威的合影

— 257 —

贴切。受"满铁"公司委派调查中国经济的日本人上冢司，1919年曾来南通访问过张謇，他在调研报告《以扬子江为中心》里写道："多数学校都靠张宅南门附近的水边建造，学生们在安静的环境里享受着自然的美景，专心于学业，看着在傍晚的微风中，十七八岁的青年穿着中国式服装，三三两两在附近的公园里相携散步，不能不让人觉得南通是绝好的学园。"

他们把视线投向"童话王国"中的张謇家族。对大多数外国人来说，张謇及其家族与这个城市的关系，应该是另一个让他们感兴趣的话题。1920年5月22日，鲍威尔主编发表在《密勒氏评论报》上的《不受日本影响的南通天堂》一文，叙述了张謇家族与南通之间的故事。张謇与胞兄张詧及儿子张孝若，确切地说，是这个很可能只有童话中才能找到的王国的君主。鲍威尔把"这一地区的现代发展归功于张謇以及他的哥哥张詧，两位多年苦心经营，推动了这一长三角重点地区的进步"，他是这样介绍张謇的，著名的翰林学者，1913年担任农商总长，因其建设性的成就，在东方享有盛誉，他甚至受到了美国杂志的关注。鲍威尔非常看好张謇，"一些开明人士盼望张謇能够在这一中国的黑暗时期在政治事务中扮演积极角色。许多领袖认为，在徐世昌卸任总统之职后，他具有出任中国最高职位的资格"。

《世界召唤》月刊登载的文章《中国的模范城市》，对张謇兄弟对南通影响给予充分肯定，"正是由于这两兄弟的能耐与影响力，南通成了中国最出色的城市之一，1911年以来该地区也没有像中国其他地区一样陷入无序"。1921年年底，担任上海海关税务司的英国人戈登·洛德编有《海关十年报告（1912年—1921年）》，认为通州成为模范城应归功于张謇先生的悉心经营。

1921年3月《密勒氏评论报》的另一位主编裴德生写有《张謇：中国的城市建造师》一文，这样介绍作为城市建造师的张謇及其治理团队，"张謇除了缔造城市以外，同时也培养了一批实业领袖来承续他与胞兄张詧所做的事业，最为著名的是张孝若"，并称"该地区已经实现自我管理，在发言人张孝若的指导下，一个区域自治组织已经成立"。俨然把张孝若看成是张謇的代言人和接班人。裴德生还观察到，"在张謇周围，还有一群年轻的中国人从事教

第六章 · 时人记忆

育与实业,他们都为同样的理想、雄心所激发,也拥有实现抱负的能力"。

目光敏锐的驹井德三,对与张謇相关的舆情尤为敏感。1921年,张謇、张孝若被卷入江苏省议会议长人选之争。驹井德三在考察报告中也不忘提及此事,"江苏省之内,对于张公,近来非无怀反感而放恶声者,但此不过嫉视张公声望之过大。或因其子孝若以二十五岁之弱年,运动为省议会议长之事,而牵累其乃翁"。驹井德三不仅关注张謇,还把目光投向作为张謇事业接班人的张孝若,观察其在政坛上的影响。1922年7月,北洋政府大总统黎元洪任命张孝若为赴欧美调查实业专使。驹井德三据此认为,"中央政府及督军、省长等,皆以张公之声望之大,见识之高,关于重要政务,一一征求意见。而张公亦不辞答复之劳,关于中国将来之统治策,正在竭力研究。此次中央政府突然任其子孝若为欧美日各国实业专使,可知彼等欲博张公之欢心也"。由此可见,驹井德三对当时中国政情观察之细。

"南通:伟大城市建造者的自传"——从西方视角看张謇早期现代化探索

上冢司认为,"南通造就了张謇,张謇造就了南通"。无疑,张謇成为南通早期现代化实践的设计师和灵魂人物。裴德生声称:"南通可以视作这位中国最伟大的城市建造者之一的自传。南通在长三角北翼平原迅速崛起,兴旺发达。它的影响力与发明创造在过去数年间成为公众关注的焦点,带来了国际声誉。"

第一,张謇现代化探索具有独创性。 日欧美人士从不同角度评点张謇给这个城市带来的变化与发展,不吝赞美之辞。鲁迅的日本朋友、长期定居上海的内山完造数次来南通,称它为"中国当代最理想的文化城市",并说:"正因南通是这样一个经济繁荣、文化进步、活泼有朝气的城市,我们因而要更亲近地推广南通。"裴德生则发现南通"不存在愁眉苦脸的人,也没有乞丐","南通地区的居民为他们的城市、领袖与成就感到骄傲。他们的自豪也使南通成为中国最为干净的城市"。

图6-3 张謇(前排左一)、张詧(前排左五)在南通俱乐部与内山完造(前排中)及日本青年会参观团合影

南通吸引了众多中外宾客目光,日本评论家鹤见祐辅坦陈,自己在中国旅行的时候,把参观北京的国立大学、山西阎锡山的事业,以及南通张謇的事业,作为三大纲目。他对南通的教育、自治和经济开发十分赞赏,"遍布四百余州的广袤的中国土地上,这应该说是一种卓越的、引人注目的见识"。英国人戈登·洛德说,南通是"一个不靠外国人帮助,全靠中国人自力建设的城市,这是耐人寻味的典型。所有愿对中国人民和他们的将来做出公正准确估计的外国人,理应到那里去参观游览一下"。

在裴德生眼里,张謇显示了异于中国传统文人的特质与雄心:"二十四年以前,张謇的梦想,是在南通古城墙外兴建一个工业城市,不仅作为工业中心,同时也是慈善事业与教育汇集之地。"随着各项实业取得迅速发展,"以实业为核心,张謇开始了他的梦想之城——南通模范城镇的建造"。而在上冢司看来,一旦踏进张謇的故乡南通,就可以看出所有的事情都以他为中心在运转。南通造就了张謇,张謇造就了南通。

在肯定张謇早期现代化探索的同时,人们也试图深层次地揭示蕴含其中的规律和特点,尤其是对张謇在此过程中所体现出来的首创精神和科学态度,赞不绝口。裴德生注意到,"张謇所拥有的经验与远见,并非西方国家所赋予。没有哪所西方的技术学校,能够光荣宣称他为自己的校友"。在他看来,"创造天才不分国界与种族,勿论背景与阶层,可以在任何地方展现才华。从上海沿扬子江往上100英里,创造天分体现在中国最伟大的工业领袖与资本家张謇身上。通过南通这个模范城市的建造,他为中国未来的工业化树立了里程碑。孤立于那些受外国影响的城市之外,没有铁路带来的便捷,也没有走商业发展的寻常路线。南通成为张謇与其同僚和亲属(包括其子张孝若与其兄张詧)行政才能、视野与组织能力的不朽作品"。1922年5月22日《密勒氏评论报》头版刊发社论,称赞张謇"因为引领南通的发展而树立起的杰出样板示范作用,成为这一推动中国发展的新运动理所当然的领导者。如今,人们希望他的影响力能够逐渐延伸至中国的其他地方"。格雷琴·梅·菲特金甚至觉得,"整个中国,没有一个城市像南通州那样是在一个人的个人指令下建设发展的。城里的每一个细节都体现了张謇阁下的思想。每一件事都具有现代思想和发展的典型性"。

第二,张謇现代化探索具有系统性。张謇在南通对早期现代化的探索,是全面的而不是零碎的,虽艰难却富有成效,具有开风气之先的引领作用。驹井德三深有感慨地说道:"今者于中华国家,不问朝野,为开发中华抱一志愿而始终不改者,殆无一人。惟公(张謇)独居南通之地,拥江北之区域,献身于实业之振兴,尽心于教育之改革,卓举效果,此世人之所以称伟也。"

教育、实业和慈善,构成了南通地方自治之鼎的三足。张謇现代化探索的系统性特点,在他所倡导的地方自治实践中,突出表现为对教育、实业和慈善齐头并进地推进。华莱士·C.培根撰写的《聚光灯下的南通》一文载于1921年6月《世界召唤》,他引述张謇的观点,"只有每个南通人都变成现代化的新人,南通这个城市才会真正现代化"。的确,张謇在推进南通城市早期现代化的实践中,从基础教育和师范教育入手,着力培养"现代化的新人"。1919年查尔斯·T.保罗在美国出版的《中国的召唤》一书,肯定张謇富有远见及行动力,在打造他自己的新梦想,推进南通现代化改革中,取得了10个方面标志性成就,其中有 6 项涉及各类学校教育,其余则为老人院、救济所、孤儿院、博物苑、图书馆和公园等慈善和社会设施。鲍威尔归纳出南通形成模范城市的 12 个元素,其中一半和滩涂开发、纱厂、棉子油厂、计划中发电厂、银行钱庄等一、二、三产有关,其余则包括大中小学、"不存在任何乞丐"等教育、慈善类成就。

张謇现代化实践的系统性,鲜明地体现在南通的产业结构上。1923 年 3 月 17 日的《密勒氏评论报》发文《中国实业之进步观——中国模范城南通州》,系统评价南通,"为中国人所经营之商埠,故年来变化之速,革新之进步,实堪为吾人注意也,而有中国模范城之称"。从沿革、工业、公众便利事业、垦殖荒地、运输、商务与金融六个方面,介绍张謇与近代南通的崛起。张謇时期的南通产业以棉纺为主,涉及棉花种植、纺纱织布、电力供应、交通运输、金融服务等各个环节,《密勒氏评论报》推介南通,"毗邻境地为有名之产棉区域,故张君手创之第一工厂为棉织厂","除纱厂外,有面粉厂、菜油厂、铁厂、机械厂、电灯厂,尚有在建筑中之中央电力厂建于扬子江岸,专供各新造纱厂发动电流之用"。同时,张謇在"南通东北隅海滨之区","组织东海拓殖公司,开垦荒地,种植棉种,以增南通毗邻区域之棉产垦殖荒地","每年出产成效颇佳"。"欲使其各种事业得良好效果,必有便利之运输。于是乃组织大达轮船公司,其所置之轮船专行驶申通间,而两处皆设码头、货栈","老式钱庄不合近今商务之需用,南通乃有淮海实业银行之组织,其分行则设于上海及扬子江下游各城镇"。在张謇主导下,近代南通产业结构以棉纺织业为核心,向盐垦、金融、交通等上下游延伸配套,自觉不自觉地契合了现代循环经济理念,形成产业链锥形,构建起庞大的农工商帝国。

张謇现代化实践的系统性特点,还体现在南通城市空间的规划布局上,把商业、工业和休闲等功能科学划分。驹井德三笔下就提到了南通商业、工场、住宅分区情况,"独南通城市之经营,张謇不倦其力,宛然有为江北一带之首都之现象。南通分为商业地、工场地及住宅地等各区,以旧城内为商业区"。"工业区称为唐闸""各种工场大凡集于该地""货客往来甚便"。"住宅区在南通城外之西南"。上冢司则以优美的文笔，描写了"五峰象起伏的波涛，比一幅画卷还要美丽"的狼山景区。"十几根烟囱一年四季吐着黑云一样的烟雾"，"车水马龙、络绎不绝、人来人往、摩肩接踵、异常热闹"，有"5000人在这些近代化的工厂里面工作"的唐闸，还有南通的港口芦泾港等。在这些外国人的笔下，张謇时期的南通，已形成城区和唐闸、天生港、五山"一城三镇"功能分区的概念，这与西方的田园城市理论有异曲同工之妙。

第三，**张謇现代化探索具有实效性**。20世纪初的南通，在早期现代化的道路上走在国内前列。在南通生活长达16年的传教士加勒特深有感触："要认识南通，最好先到其他一些中国城市去看看，因为价值是比较的产物。"模范城既是南通当时最鲜明的招牌，也是对其城市特质最精辟的诠释。加勒特说："杭州和苏州以其古老的建筑和优美的风景著称，而南通则以中国的模范城闻名。如果客人刚刚离开灯红酒绿的大都会上海，马上就来到被称作远东威尼斯的南通，常常感到失望和幻想破灭，认为把南通称作模范城实在是言过其实。比较之后人们也许更容易接受这样一些事实，比如更好的建筑、更宽更干净的街道、众多的学校和企业，而这些都是构成模范城的元素。"

这些海外人士用西方原有的生活体验作参照，来对比南通。鹤见祐辅把南通的俱乐部作为观察切口，进行中西比较，从而以小窥大。他说："来到了一所最近的俱乐部，这再一次出乎我的意料，那是我在中国初次见到的中国人经营的俱乐部。即便在东京我们日本人经营的俱乐部业跟英美比，没他们那么红火。在中国俱乐部业不发达就不足为怪了，但是在南通这么边角的地方，不论程度如何建有俱乐部，一方面作为社交场所，一方面又为旅行者提供住宿之处，的确令我很长见识。"而裴德生在南通的感受，让他仿佛置身于美国南部，"南通对于外国游客也是令人愉悦的体验，它的好客让人回想起美国南部地区传统的礼貌"。1923年3月17日《密勒氏评论报》报道，"去岁市民为张君庆祝七十寿辰，城中以各种电灯点缀，入夜但见灯光照耀，五光十色，其美丽与美国举行祝典时之点缀相仿，诚美观也"。在这里，把为张謇祝寿而张灯结彩的夜南通美景，比若美国庆典盛况。

外国人往往会把南通与他们到过或熟悉的城市比较。戈登·洛德认为，除街道比较狭窄外，南通像上海的公共租界。鹤见祐辅重点对张謇和阎锡山地方自治做比较。与张謇在南通推行地方自治差不多同时，得到北洋政府首肯的阎锡山，在山西积极推行所谓包括"六政""三事"在内的自治。鹤见祐辅认为作为个人经营的事业，张謇的南通比阎锡山的太原更有价值。不仅"南通比山西省的市容街道要新"，而且"可以看出张謇先生所经营的事业是建立在现代科学的基础之上"。他强调，阎锡山在山西的自治活动是政府支持下的行政事业，张謇先生的南通州的事业是个人经营的经济发展事业，在自治方面能立足于中国国情的政治特色，在经济方面则扎根于中国人的国民性等社会现实。据此，鹤见祐辅得出结论，对处于混乱状态的近代中国的救治，必须像南通那样从教育、自治和经济开发着手，才能促使经济富裕、生产安定。

在他们的笔下，还能感受到民国时期南通张謇时代与后张謇时期的区别。内山完造于1913年、1924年、1943年三次来过南通，他晚年撰写的回忆录《花甲录》中，提到前两次到访南通的经历，被他愉快地称之为"天堂之旅"，尤其是第二次到南通时，他全面参观了南通各项实业和事业，还到张謇的寓所，倾听其谈如何创业。而1943年内山完造第三次来南通时，南通正处于日寇铁蹄下，虽然五山景致依旧，但物是人非，"路的两侧，乞丐们列队老老实实的等待着下山的人们，人数在一百开外"，内山完造心有戚戚，"感受到这世间的艰辛，泪水再一次迷糊了我的双眼。由于通货膨胀，花生糖的价格就涨了四十倍，从这里也能够体会到老百姓生活的疾苦，听着'发财大老爷'等乞讨者的话语"，此时早已不见了他当年笔下"在中国，南通是一座理想的文化城市……商业活动非常活跃"的景象了。

第四，张謇现代化探索具有前瞻性。来南通考察过的这些外国人士，普遍对张謇的现代化探索寄予厚望。鹤见祐辅参观南通后得出的结论是，"不能不说张謇先生的事业，是中国400余州县里面成绩卓著的一个，认为如果中国有十个张謇、有十个南通，那么中国的将来就会很有希望"。1922年，来华考察的美国俄亥俄州立大学推士教授说："科学之兴，与国家名誉、社会经济、人民生活，关系重要……人人如张先生之行为，则处处有南通之色彩，此所希望者也。"裴德生也持同样的观点，并把中国的未来与更为年轻的一代联系到一起，"张謇在其同僚的协助下，为年轻一代的中国人提供了范例，如果薪火相传的话，将会使这个国家走向世界最伟大的工业国家的前列。每个年轻的中国人都有必要花费一些时间，在南通城汲取它的精神，学习它的内部建设，从而培养未来的城市与国家建造者"。他们从南通看到了中国的长远发展和未来。

外国友人还对南通发展提出不少中肯的意见。比如，鹤见祐辅写道："由于没有实行劳动法，在工场可以看到幼年劳动者，此外还看到几位带婴儿进纺纱厂上班的母亲，因此有些哀伤的感觉，但是在中国建立像美国那样完备的工厂有些困难。"当然，鹤见祐辅的批评带有建设性，他补充说："我认为不应考虑张謇先生这些尚未尽善尽美之处，我相信随着将来经济的发展，将看不到像这样的事。"当时南通发展主要依赖张謇一人之力，因而他们对后张謇时代南通能否传承和发展下去，怀有隐忧。应当承认，鹤见祐辅看问题的目光犀利，"我担忧的是张謇的事业是他一个人创建的，如果后继者做不到这么好，他毕生致力的计划就可能四分五裂，我一直盼望的是年轻的张孝若能够继承先辈的大志，完成这一事业"，"希望他能早日了解到这一点，希望张謇培养的很多年轻人能够健全地发展南通，使今天南通的事业成为中国的一个典范"。以后张謇在南通开创的事业，逐渐由盛而衰，原因固然是多方面的，主要与当时政治社会大环境有关，但张謇事业后继无人不能不说是一个重要原因，从这点上讲，不得不佩服鹤见祐辅的先见之明。

"中国最急需的崇高品质"——张謇的个性魅力

"中国最急需的是那些有崇高品质和领导力的人"，这是传教士华莱士·C.培根记录下的张謇原话，他还引用张謇的话强调，"生活在南通的每个人都应该意识到，自己对城市的管理，负有一份责任"，张謇自身也正是这样身体力行的。

他们对张謇的第一印象各异。鹤见祐辅第一次见到张謇时,"首先映入眼帘的,是晒得黝黑的脸、俊秀的鼻子、紧闭的嘴和瘦削的稍高的颧骨,下巴大,显现出一种坚强的意志"。鹤见祐辅素描里的张謇,轮廓分明,很接地气,再现其干练、沉稳、坚强的神韵。当然,给鹤见祐辅印象深刻的不仅于此,"他的每一条意见都非常具体全面,特别是利用数据说明自己的观点,是我遇到的很多的中国人中唯一的一位,我的感觉是张謇先生对我的提问先进行周密的思考,然后将自己确定的答案简洁地说给我听"。在鹤见祐辅笔下,一个睿哲缜密的智者形象跃然纸上。

格雷琴·梅·菲特金对张謇最初的感受,也是从其极具个性的外貌开始的,"他因年高七十岁而弯腰曲背,十指交叉、双手紧握藏在长袖里,他使自己保持着镇静自若的尊严",在这位英国人眼里,张謇具有强大的气场,只有真正触及他的思想时,才会改变原先对他留下的传统保守的第一印象。"当他站在你面前时,他似乎是旧中国不变习俗和传统的完美代表。人们感觉到诸多细微礼貌习俗的压力:必须小心翼翼,不要坐错椅子,不要在未约定的时间喝茶,不要忽视客人客气的询问。所有这一切占据着人们的头脑,以至于当最后开始严肃谈到他真正的计划和项目时,人们还是会吃惊地意识到,这个人的思想并没有那么陈旧"。

西方人眼里张謇的"所长"和"所短"。与鹤见祐辅、菲特金对张謇由外及内的描述不同,赛茨在1921年纽约《亚洲杂志》发表的文章中,则在一个更宏大的视野下,对张謇进行了多角度、立体式的审视,他先抑后扬地说:"对中国和中国的实业家,有一些批评之声。这些实业家,因为与惯于欺诈的古董商打交道的经历,或者跟不择手段、类似美国北部伪劣商品制造商的那些商人做生意,而逐渐变质。然而,无可否认的是,张謇却是例外。他不仅是杰出的实业推动者,同时也是中国著名的文人。然而,他却是直接生长于旧式学校的。他并非一名基督徒。一些其他与他有同样勇气与正义感,与他共同推动中国工业发展,改善人民福祉的中国商人也同样值得称道。这些人构成了中国的脊柱,他们的影响力将在国家事务中不断得以显现。他们的真诚与利他主义最终会冲抵那批上演闹剧的政客和军事领袖的自私自利。"在赛茨追光灯下的张謇，不同凡俗之处在于：第一，虽直接接受旧式教育，也不是基督徒，但不影响其成为杰出的实业家和著名的文人。第二，他所具有的"勇气与正义感""真诚与利他主义"，与惯于欺诈、不择手段的变质商人，形成鲜明对比。第三，和那些自私自利的政客和军阀不同，张謇等一批为推动实业发展、改善百姓福祉的先驱，构成了中国的脊梁，其影响力在国家事务中不断显现。

不过，对张謇评价最全面的要数驹井德三，他将张謇"所长"概括为"才""气""勇""严""雅"五个方面："一为头脑明晰识丰富、眼光宏远，且尊重科学，有研究应用之才；二为意志坚固，有心有所决非达其目的不止之气；三为勇，在中国人中，实所罕见，有虽千万人我往之气概；四为人格高洁，奉己甚薄，粗衣粗食，而待己甚严；五为有高雅之风，对于学问、书画及演戏各种文艺，极有趣味为之，虽掷巨万之财，亦不惜"。同时，驹井德三也不回避他眼中张謇的两个方面"所短"："一为主张己之所信过坚，在富有妥协性之社会中，不免为人所敬远；二为智者共有之常疾，欲以己律人，以自奉之过亦欲求之于人，以至部下人才难集"。本来，"主张"坚定和"以己律人"是优点，但是，"主张己之所信"如"过坚"，丝毫没有妥协余地，在传统世俗社会，却反而被人"敬而远之"。同样，"律人"过苛，就会造成人才难求的现象。驹井德三经过对南通的深度调研和与张謇的近距离接触，想来这些都是他的切身感受吧！

他们对张謇的推介城市之道印象颇深。为介绍南通和扩大城市的影响，张謇善于因人而异地与外国人打交道，视对方的身份、来意和需求，组织个性化的参观走访，安排讲演活动，直接交流面谈，接受外国新闻界采访。如1923年4月《世界召唤》发文说，"南通是独一无二的，在于它是全中国唯一在英文报纸上给自己做广告的城市"。张謇通过商会在英文报刊上为南通做广告，从众多方面对城市的个性特点及比较优势进行宣传推介。

张謇在安排外国人参加南通的考察活动上，动了不少脑筋。1922年6月

24日《北华捷报》的报道，以《南通：中国最新式的城市》为题，副标题是"张謇的繁忙活动；上海代表团参访记"，详细介绍布克尔等英法美日驻沪总领事和商会代表，到南通参加张謇70寿辰活动的情况。

先看精心安排的"食"。"午宴设在俱乐部"，晚上"受到张謇的招待"，"随后，是南通商会提供的午宴，张謇本人与这一地区的主要人物都出席了此次宴会，随同的还有来自上海的外国商会成员。布克尔先生与大部分代表团成员发表了演讲"，"这里的菜肴与上海能提供给外国人的最佳饮食相比，毫不逊色"。

再看富有特色的"住"。"南通俱乐部提供了三层楼面供来访者下榻，每一间房间都以欧式风格装修得富丽堂皇……这一俱乐部也占据着独特的地理位置，俯瞰着碧波荡漾的濠河"。

图6-4　张謇建造的宾馆南通俱乐部

至于"行"，更为紧凑。有"对学校、学院，特别是博物苑的参观"，给代表团留下深刻印象的则是作为"张謇始创的实业中心"唐闸，那里有年纱产量达到1.8万包的大生纱厂、年产出40万担棉子油的广生油厂等。返程前，"驱车前往狼山。从狼山上可以窥见，该地区在张謇统领下自我发展与自我管理的繁荣景象"。

此外，还观看了梅兰芳的京剧表演。最终自然收效甚好，各国代表"从这个城市拜访归来，得出的一致结论……张謇是现代南通诸多实业、教育与慈善事业的杰出创始人。在上海,也有着类似值得称道的产业,然而规模却小得多。在南通实业的发展过程中,外国顾问无处可寻。南通现在所获得的地位与前景,几乎完全通过张謇的努力所得"。"如果能够拥有这样的优秀管理人才,中国的发展指日可待"。

几乎到南通的每批外国参观者,都会得到张謇款待。1920年5月,张謇为推广地方自治,在南通发起成立苏社。《密勒氏评论报》主编鲍威尔与上海美国商会的代表受邀与会。三天的日程为:5月11日,中午,南通各界代表及乐队在天生港欢迎嘉宾,并乘汽车入城;下午,博物苑园游会、茶会;晚上更俗剧场观剧。12日,上午,参观医学专门学校、女工传习所、图书馆、南通医院、养老院、五公园、贫民工场等;下午,在更俗剧场举办苏社成立大会。13日,上午,游五山名胜;下午,往唐闸参观大生纱厂;晚上,乘小轮往天生港大达码头,各界欢送。参观内容囊括南通城市发展的各项成果,鲍威尔感慨道:"不可能以只言片语表述这一地区的生动图景,只有通过现实的造访与观察才能获得。""从上海前往南通的旅程需8~10个小时,然而仍然值得亲自去看一下'中国人间天堂'的实例。"

"用开放的思想敞开南通大门"——西方人笔下张謇的西方观

查尔斯·T.保罗以"张謇对于基督教的态度及做法"为例,来说明其"如何用开放的思想接纳和利用一切有助他同胞的力量。张謇为现代传教士敞开了南通的大门"。在西学东渐的大背景下和南通早期现代化的进程中,张謇对外来文明拥有开放包容的心态,他提出"世界经济之潮流喷涌而至,同则存,独则亡,通则胜,塞则败",把西方文明中的积极因素,与自己倡导的"父教育而母实业"主张有机融合。

注重借助基督教力量。 清末,美国基督会进入中国传教,来到南通。正如《世界召唤》月刊登载的文章《中国的模范城市》里所言,张謇"这些老一辈的人自己不会信仰基督教,但他们对于基督徒所做的工作表示欣赏",鼓励基督会参与南通社会发展事业。张謇在教堂致辞时，希望更多有文化、有影响力的人士，襄助教会工作。据华莱士·C.培根《聚光灯下的南通》记载，张謇说过："中国需要上帝和耶稣的知识，没有这些，中国是无法如愿地向前发展的。"这些言论不代表张謇是个基督徒，但的确说明他有些欣赏基督教在培养人格方面的价值。深受儒家文化影响的张謇，力图借助基督会力量，发挥其在推动地方事业中的积极作用。从《世界召唤》的多篇文章中不难看出，基督会成员敬佩、尊重和欣赏张謇。

学习借鉴日美教育经验。美国推士教授随中国科学社的学者来到南通，他在与张謇交流和参观后，感触良多，"在本国时曾接门罗博士函，告以中国社会如电影一般，无论何时代、何国家之状况，莫不纷然毕现。及至通境，见张先生所办种种事业，皆能利用科学方法及手续以处理之，甚为满意"。张謇参照西方模式，推进传统教育教学的改革。他认为"求师莫若日本"，在办学理念、规章制度、师资教学、课程教材等方面，主动向日本和西方借鉴，移植日本明治政府颁布的各类教育法令，还编译各种日文课本和著作，为学校等机构先后聘请日籍教师和欧美专家。

引进西方人才技术。1922年6月24日《北华捷报》报道，"南通纺织专门学校毗邻大生纱厂，纱厂的大部分机器由英国公司提供，年纱产量达到一万八千包"。张謇不仅采用英国机器，还积极引进美日等国教育、纺织、水利、农业等人才和技术，他说："用人一端，无论教育、实业，不但打破地方观念，并且打破国家界限。人我之别，完全没有的，只要那个人能担任，无论中国人、外国人都行。"大生纱厂创建初期，张謇聘用英国专家负责生产技术，创办通州师范学校时聘请一批日本教员，邀请荷兰、美国等专家参与治水和保坍，指导当地种植美棉。

对西方保持清醒头脑。日本在明治维新后，迅速走上了发展资本主义的道路。张謇学习西方，很大程度上直接得益于向日本学习。鲍威尔以美国人的角度，关注张謇对日本的情感取向，特别提到，"十年前，这一地区的一位著名士绅访问东京时，在一家博物馆发现许多刀剑、旗帜与战利品，所有这

第六章·时人记忆

些都由日本占领者与侵略者不同时期在中国所缴获,如今日本人在日本首都骄傲地展示出来。当这位士绅返回故里时,据说他立刻雇佣劳力修缮倭子坟。"尽管鲍威尔没有点出这位"著名士绅"的姓名,也没有说明他资料的来源,但这不能不让人把鲍威尔所说的这位士绅,与张謇联系在一起。一方面,张謇一直关注并重视研究日本,1903年,他去日本考察70多天,深刻认识到日本的崛起,有很多方面值得中国学习。但另一方面,张謇从甲午战争等事件中,洞察到日本的野心。因而,他修葺了纪念明代抗倭英雄曹顶的曹公祠,并在葬有被歼日寇的倭子坟上,建有京观亭,以昭昭前事,警惕后人。从张謇的日本观中,我们不难看出张謇学习西方又不盲从西方的态度。

图6-5 张謇修葺的纪念抗倭英雄曹顶的曹公祠

1926年11月1日,在南通为张謇举行出殡仪式。全城万人空巷,四方前来参加葬礼的逾万人,步行执绋,挤满道路两侧,这其中就有不少外国人。美国传教士加勒特详细记下了当时送葬的场景:"我们早上4点30分便起了床,6点不到等我们赶到他家时,数千名学生和亲朋好友已经组成了送葬队伍。成千上万人沿着街道静静地站立,目送这位为本地区乃至全中国的发展和繁荣做出诸多贡献的伟人最后一程。万人空巷以及人们恭敬的态度,体现了张先生受到的爱戴和尊敬。队伍在大生八厂前面停下脚步,举行了特别仪式,然

-271-

后继续行进到墓地,地点在离狼山不远处的一个风景秀丽的地方,面朝这座佛教圣山。12 点整棺木下葬。"很早就起床动身的加勒特,作为这万人送葬队伍中的一员,虔诚地送被她称为"伟人"的张謇最后一程,并记录下了让她终生难忘的这个片段,也从一个侧面说明了张謇与外国友人结下的情谊深厚。

二、沈燕谋日记里的啬公

作为张謇的后辈和追随者,沈燕谋对其极为尊崇。沈燕谋在留给后人的文章和日记里,提到最多的是啬公。曾在南通大生公司担任要职的沈燕谋,新中国成立前夕,移居香港,在钱穆创办的新亚书院任图书馆馆长。沈燕谋去世后,其日记在香港《大成》杂志陆续刊登,2020 年香港中华书局出版了《沈燕谋日记节抄及其他》一书。这些公开发表的沈燕谋日记共 1094 则,28 则为 1947 年的日记,其余 1066 则的时间跨度从 1950 年 2 月到 1971 年 6 月他去世前,当中有几年如 1959 年、1960 年、1962 年的日记缺失。

沈燕谋跟随张謇及其后一二十年大生工作的经历,是他一生中的高光时刻。在他这千则日记中,涉及张謇的有近百处之多。张謇晚年自号啬翁,沈燕谋敬称他为啬公,啬公一词在沈燕谋日记中高频出现,其崇敬之情,透于纸背。由于这些日记写于张謇去世几十年后,因而涉及张謇的史料,大多为追忆性质。难能可贵的是,日记还披露了他所亲历的张謇日记上半部从被发现、到在海外出版的内情。

"以两家关系之深,无能为役"——回顾与张謇的深厚交谊

1963 年 3 月 29 日,沈燕谋在日记中记下这样一件事,胡适认为,沈燕谋是为张孝若作传的"世界上最适执笔之人"。为此,沈燕谋向张孝若之子张融武解释,其难以下笔的原因在于,张孝若最看重的是自己的"家事",但沈、张两家交情太深,会让沈燕谋夹带浓烈的个人感情色彩,如下笔难免会有失

第六章·时人记忆

公允和客观,因而感觉很难胜以此任。

的确,张、沈两家有三世之交。张謇曾评价沈燕谋憨直的习性像他祖父,而他忠实的美德也像他祖父,叮嘱张孝若要好好向他学习,并说:"我很希望他扶助你,也像我和他祖父一样。"沈燕谋时常回忆起张謇与祖父的情谊,以及大生纱厂创业之不易。沈燕谋祖父沈燮均,是协助张謇开创南通近代纺织业的先驱人物。1910年沈燮均70大寿时,张謇乘小火轮至姜灶港沈府祝寿。1961年5月22日是沈燮均去世忌日,沈燕谋追忆此事,"先王父(指沈燮均)政七十,啬公赠寿联有'视我诸兄十年以长;与佛四月八日同生'之语。不及逾年,王父弃养家亦中落。小子才学,俱不足道,未尝不兴重振家声之念","回忆往事,悲伤何极,书此数行,聊志我痛",抚今追昔,沈燕谋感慨万千。

1965年5月8日,又到了沈燮均的忌日。沈燕谋写下儿时的记忆,"小子之生,当大父(指沈燮均)五十一岁,方大生之始创,大父终岁客居大生小楼,携小子与俱,延师教读,得闲训督,望孙有成,至深且切","啬公撰县志有曰:'纺厂甫兴,謇由书生入实业,未为众信,其时公(指沈燮均)已业布,布商感公减捐之劳惠,信望过謇,謇于营厂至顿极窒之时,赖公为之转输慰藉,未尝对謇作一语无聊,亦未尝藉厂有一事自利。'"张謇在县志中对沈燮均赞誉有加,"謇为人言通纺织之兴归功于燮均之助,谓与共忧患,屡濒危阻而气不馁、志不折、谋不贰者,燮均一人而已"。

沈燕谋早年曾搜集沈燮均与张謇通信"手牍十二通,皆三十年前物"。1925年,张謇为此写下"致沈敬夫旧牍跋",对沈燕谋云:"此亦系地方掌故而燕谋所当知者,因并示之。"1965年6月5日,沈燕谋日记中重提此事,"余尝集啬公致大父手札一小部分汇装成册,啬公题跋,特著大父助成大生劳绩,后为南通县新志作传,以为通州实业之成就,大父要居首功"。沈燮均去世,张謇亲往姜灶吊唁,"挽联曰:州敢云实业开幕之先,方其作始,将伯助予,沥胆相扶资老友;世已堕大厦崩榱之会,脱更不幸,我属且房,招魂一恸望神皋。"

在日记中,沈燕谋屡屡追忆张謇不平凡的人生经历。如1966年1月4日,他详细写下张謇科举考试"屡经蹭蹬"的经过。6月6日,他读张之洞年谱,看到"在光绪二十一年季冬有招商设纺纱厂于通州一条",沈燕谋记下南通大生纱厂创业过程。7月13日,沈燕谋日记中写有"范伯子诗卷十二有题张季直所绘四图,啬公自题曰厂徽图",这四幅图各有寓意,反映了大生纱厂创业之艰辛。他还忆起儿时情景,此图"张于大生总办事处楼厅壁间,余侍先大父每值登楼,辄望见之,而其含意则未之识也。迨后读啬公纪事书牍,四图中得其三图寓意,所不知者'水草藏毒'而已"。

张沈两家的友情,一直延续到子孙。沈燕谋与张謇的孙辈,如同在香港的张融武、定居台湾的张非武等素有交往。如1963年3月29日,沈燕谋与张融武见面,据日记记载,两人交谈的内容有:一是"语以沈雪君(寿)轶事殊难着笔",沈寿为刺绣艺术家,被张謇聘为南通女工传习所所长;二是说到"扶海先生日记之后半部中国内地已有影印之讯",扶海是张謇故居,这是借指张謇,其实当时张謇后半部在国内已出版,只是由于香港与中国内地之间信息不畅,沈燕谋不知情而已;三是重提为张孝若写传之事,本来胡适已"首肯",因种种原因"稽延二十余年,适之未践宿诺"。而沈燕谋则认为,"孝丈最为着意之府上家事,尽可出之于适之笔下,在愚则以两家关系之深,无能为役也",吐露自己难以下笔的缘由。

"清帝逊位之诏,出于张先生之手"——为有关张謇的史料考证补遗

1912年清帝退位,这是中国近代史上的大事。对于谁是退位诏书的起草者,历来争议较大。沈燕谋认为,清帝退位诏书是在张謇原稿基础上,由袁世凯手下人修改而成。1952年9月1日其日记,"原稿出张啬公手,发于辛亥十月初旬,与答复袁慰廷(慰廷为袁世凯的字)内阁吁请俯顺舆情,归政国民两电,同时至京。袁之左右增加授袁全权,组织临时共和政府之语,徐菊人又润饰诏末数语,迟延两月之久,乃有决定,今读史者所见之诏是也"。徐菊人即徐世昌。沈燕谋日记中录有清帝退位诏书、张謇原稿和电文等。同时,他又指出《张季子九录》中的错误,"《张季子九录》附载逊位诏于答复袁内阁二电之后,

第六章·时人记忆

标题曰'附内阁复电',其实此文为啬公当时草创之原稿,而非清廷布告天下之文也"。历史学家吴相湘依据日本静嘉堂所藏的《袁氏秘案中发现逊位诏》,从"有袁氏批改之迹,而着重袁为资政院所举及以全权与民军组织临时共和政府两点",得出结论:"所谓张氏手笔,不过文字的简练或润饰,重点固仍一本袁意。"对此,沈燕谋在1965年1月8日日记中,仍主张"清末帝逊位之诏,出于南通张先生之手"。

沈燕谋对涉及张謇的若干历史事件,下功夫进行梳理和考证。有人认为,武昌起义后江苏巡抚程德全曾"奏请清室退位"。如费子彬刊于香港《春秋》杂志的《南通状元张謇外史》称,"武昌起义观望者尚夥,謇急劝江苏巡抚程德全,奏请清室退位,而继起者不绝。这篇著名奏疏,乃謇口授,雷奋、杨廷栋两君执笔者",报人高拜石《古春风楼琐记》里也有类似说法。而沈燕谋研究后认为,程德全之疏既不是雷奋、杨廷栋执笔的"初乃啬公自书",其内容也非要"清室退位",而是请求清廷颁布宪法,召开国会。1964年10月10日的日记,依据张謇年谱中相关内容,"以证费、高二君之误"。

沈燕谋根据自身经历和与当事人近距离接触,在日记中留下很多有关张謇不为人知的逸闻趣事,包括与梅兰芳等各界名流交往的掌故。1952年3月23日日记,"壬戌(1922)五月,梅兰芳绘观世音菩萨像寄张啬公为寿,啬公为题一诗,以像送南山观音院供养",还抄下张謇的诗及小引内容,指出当年张孝若在编印《张季子九录》时,"漏未写入"。1961年8月10日,梅兰芳逝世。沈燕谋肯定"梅之为人,不特艺有强,誉为前无故人而无愧,而待人接物,尤非流辈所可及"。两天后的8月12日,他在日记中引用张謇对梅兰芳的评价,"浣华温润缜敏,饶识事理,不甚措意家人生计,而能任人,其于世间可喻之物,则赤水之珠,瑶华之玉,庶几伯仲",以示纪念。沈燕谋在日记中称梅兰芳为"浣华",《沈燕谋日记节抄及其他》主编朱少璋认为,"浣华"系"畹华"之误,还在书中一一备注标出。其实不然,张謇与梅兰芳书信往来、诗词唱和,一直称后者为"浣华"。梅兰芳取字畹华,典出《楚辞》"滋兰九畹"。张謇感到以畹华为字,不合名字相应的通例。据梅绍武回忆,张謇建议"我父亲把字'畹

-275-

华'改为'浣华',说明这是从北朝宫嫔之官婉华、唐代诗人杜甫之里浣华中各撷一字而成的,祝愿他'始于春华之妍,而终于秋实之美'"。称梅兰芳为"浣华",恰好反映出张謇与梅兰芳之间深厚的交情,局外人自然难以理解。

对当时遗漏的与张謇相关的重要史料,沈燕谋在日记里作补遗的还有不少。如1953年1月1日的日记记载,"通州师范学校开学,张啬公为作国歌二章","第一、二章有乐谱,当时自师范中学各小学皆用之。民国既建,增益前歌成三章,孝若编校九录,未入收也。"他把"国歌"等内容抄录下来,认为"与孙中山先生创立中华民国之遗教无违,又与宪法前言列举巩固国权、保障民权、奠定社会安宁、增进人民福利,亦无不合。至节奏之抑扬顿挫,含义之反复叮咛,诚有泱泱大国之风"。另外,当时香港一些报刊上,有不少有关张謇与沈寿的八卦文章。1963年10月27日沈燕谋日记,"忆测当年莫须有之情况而为之渲染者,随处可见",同时举出大量实例,还张謇与沈寿丈夫余觉之间"由亲家而变为冤家,后来又由冤家恢复为亲家"的本来面目。

"有达庵在,不应有此失"——对海内外张謇研究的关注

据1966年11月25日沈燕谋日记,"宋达庵以啬公逝世四十周年纪念册见惠","册首冠以曹文麟张先生传","佳作也"。达庵是水利学家宋希尚的字,写有大量回忆张謇的文章,曹文麟也是张謇的弟子。纪念册"遗著选辑有《通州师范始建记》《师范学校后记》",沈燕谋认为,"二记为啬公教育代表作,存之诚是也"。不过,沈燕谋觉得《大生纱厂第一次股东会纪事录》《大生纱厂厂约》算得上是张謇"实业代表作",而"《南通县图志》《通海垦牧乡志》为其垦盐各公司代表作",他对这几篇文章没有被选入纪念册感到遗憾,叹惜说:"有达庵在,不应有此失。"

沈燕谋早年跟随张謇并长期任职于大生,后又成为沪上著名的藏书家,去港后长期担任东亚书院图书馆馆长。出于职业敏感和个人志趣,他对张謇传记及相关研究十分关注。1963年5月15日,"港大有毕业生吕君、李女士

第六章·时人记忆

将作硕士论文，来馆借书"，沈燕谋"适案头有刘厚生所著扶海先生传记及孝若丈所著传记，因翻示有关保卫东南几段文字，令其细读"，并开导他们说，阅看盛宣怀、张之洞等人的公牍文字，"不及刘传记载之简洁通贯也"。由此看来，沈燕谋把张孝若、刘厚生等人写的张謇传记摆在案头，时常翻阅。沈燕谋寓居香港二十多年，注意追踪海内外张謇研究动态，阅读了大量的有关张謇的回忆文章，并进行评析。

1954年1月12日，沈燕谋写有，"今日检理行箧，复得刘目"。所谓"刘目"，根据日记交代，是他三年前从朋友处得到的刘厚生撰写的张謇传记的目录。刘厚生"盖不慊于孝若之所作，而就其见闻改造者也"。沈燕谋称刘厚生"于当时局势有深邃之思、远到之见，啬公晚年遇大事辄与商榷，而后取决"。不过，他对书中"有中华民国系北洋军阀与同盟会野合成孕之私生子，待合所在公共租界南洋路赵凤昌（竹君）住宅，赵凤昌为产婆之语"，颇有微词，"以为事关国家变故之大，无取文字之轻薄"。

1956年9月14日，沈燕谋借用别人的评论，对"胡适作传记，叙称啬公为失败英雄"，"不以为然，并谓啬公重要计划，若垦荒、若植棉、若制盐制铁、若导淮导河，至今有人继行其事业，啬公身死而其精神存在，即其志业亦何尝不蒸蒸日上！"沈燕谋感慨道："古人有言：功不必自我居。由此观之，啬公显然为事业之成功者，安见其为失败也？"

沈燕谋和不少海内外张謇研究者是故交，时常保持联系。1964年5月24日，沈燕谋在日记中说："去年余函宋氏，商略取材，特重教育，为教育而兴工业而办垦盐，而并及于地方自治"，还提到"后与宋氏相见"。宋氏，即宋希尚。他曾对宋希尚如何撰写张謇传记有过建议，在此前一年即1963年8月，沈燕谋去台湾观光，宋希尚来看望他，还带来美籍华人学者朱昌峻英文版《啬公与大生纱厂之创立》等书。据1964年5月24日的日记记载，沈燕谋还记下史学家逯耀东对三本张謇传记的点评。"首谓孝若传记内容最为丰富，以数月短促时间成三十余万字，故其全书多堆砌之材料，少事实之分析"。而"刘厚生一书每及其一生经历，辄详叙一事之来龙去脉，铺陈史实"，"写张公本

- 277 -

人仅占全书五分之一,使阅者得一印象,书中主角非张而为袁世凯、李鸿章、西太后、恭王充其极"。"宋希尚书最后出,不同于张、刘二氏以年系事方法,而用归纳方法","书中材料转录为多,几乎占全部三分之二,宋习水利,叙水利处特多"。看来,沈燕谋对逯耀东的观点还是认可的,他"甚愿逯君亦用归纳方法扩大而成别一新传也"。

1966年5月21日,沈燕谋"向(新亚图书)馆借朱昌峻著英文版《啬公传记》",沈燕谋评价该书"取材至宏""凡所叙次,大都确有根据,偶尔之疏,时亦不免"。同时,对书中"未明籍贯与居宅之辨"、言张謇之"父振兴蚕桑之业于南通"等,提出质疑。从沈燕谋日记中所举的史实来看,他对张謇的身世、住宅等情况稔熟。

"贤哲胸襟不凡,录其语以自壮"——用张謇精神来激励自我

沈燕谋喜浏览古籍,新中国成立前在沪上建有藏书楼"行素堂"。后来,这些大量藏书星散,即使在现在拍卖市场和图书馆里,仍不时可见盖有"南通沈燕谋藏"的善本书。1952年5月15日,沈燕谋痛感藏书流失,在日记中写下"怅惘何益",还说:"张啬公尝失所藏明榻礼器碑,偏索不得,为之怅惘竟日,继而心口相语",张謇认为,"我且无我何有物,物自为物何与我,我忌物则我净,物忌我则物净",沈燕谋由衷感叹,"贤哲胸襟,毕竟不凡,节录其语,将以自壮,且自慰也"。沈燕谋以张謇"心口相语"来排遣"怅惘",自我劝慰。

沈燕谋对张謇感情至深,时常睹物思人。1957年1月17日,他见"邻居室中,悬一复印之骏有石拓本轴,审视则昭陵六骏之一'飒露紫'",由此联想到"昔年莫楚生有六骏图拓本,张啬公为之作歌,意犹未尽,又为之跋。孝若饬工用西法摄影,以印本一卷贻我,我在南湾大生三厂置案头观赏久之。厂经倭寇入犯,所失殊多,此卷流落何所,无可究诘。今日睹此,仿佛旧梦重寻,殊滋感慨!"当年,张謇曾为朋友莫楚生的六骏图拓本题诗作跋,张孝若让人摄影后赠送一份给沈燕谋,放在大生三厂,日寇入侵后竟不知所终。11月16日,

第六章·时人记忆

沈燕谋参加朋友聚会,"座上客有邃于操琴之吴浸阳,默坐一隅,饶宗颐亦能琴,挟器俱来,两人先后各鼓二操"。这令他想起,"三十余年前,吴尝以自制之琴赠张啬公,啬公为作六十四琴斋铭"。著名琴师吴浸阳曾用古木斫制琴器64张,并以64卦命名,分赠诸友。他把"謇"卦的一张赠予张謇,因"蹇""謇"二字古时相通。张謇甚是高兴,感其"识字晓经训,尤今世雅才",为吴浸阳琴斋制铭。由此看来,张謇重琴,不在于器而在乎道。

沈燕谋对张謇十分景仰。他撰写的《张季直先生及其事业》一文,初刊于1953年3月《民主评论》,1962年,经修订再刊于《新亚文化讲座录》。文中,沈燕谋简要回顾了张謇的生平和业绩,把张謇的"基本精神"归纳为:一是"坚苦有恒","作大事不做大官";二是"有多少力量,便做多少有益于人群的事,至于功过得失,在所不计","从小处着手,在大处着眼";三是"生活方面,是非常俭朴的"。

沈燕谋把张謇作为精神偶像,用先贤事迹来激励自我。1950年11月5日,昔日南通纺校的学生在香港九龙大酒店聚会,早年出任纺校教授的沈燕谋,应邀以张謇兴学宗旨为题,在餐会上发表演讲,他在当天的日记里感叹说:"啬公之立校造就专门人才,期为中国用也,今乃不得已而踟蹰于斯英人殖民之地,余即为诸同学强作慰勉之词。"1953年9月23日,沈燕谋特地抄下张謇1907年给江苏按察使朱家宝的信函。信中,张謇劝朱家宝捐资兴办慈善教育事业,尽管此信如泥牛入海,但张謇冲破重重阻挠,终于在1916年创办了中国第一所盲哑学校。1955年3月5日,纺校同学再次聚会,沈燕谋"略言啬公当年高瞻远瞩,于教育事业中成我纺校","诸君子苟以所受于啬公者为恩,亦应以余力赞助教育,为后来造就人才之地也"。沈燕谋之所以要在日记中记下这些内容,是因为当年他参与创建的新亚书院在办学经费等方面遇到困难,想必是想借张謇精神来自勉吧!

张裕钊是桐城派古文名家、碑学兴起的代表,张謇曾拜他为师。1965年6月10日,沈燕谋抄下张謇为张裕钊字册的题字,并评价张謇"从张先生往济南时,特记先生骡车中辀握牙管悬空作书,老辈之专勤如此。啬公日记少壮亦逐日记写字之课，一艺之成，其专精不懈若斯，安得不效？可敬可法，录其文以自警也"。

20世纪60年代，《张謇日记》前半部在台湾影印出版，轰动海内外，作为当事人之一的沈燕谋，在日记中还原了此事的来龙去脉。1965年，张謇日记前半部戏剧性地在香港现身。这年，沈燕谋听说香港已有中国内地出版的《张謇日记》后半部，"喜甚，询以能否借阅？"嘱咐儿子去打听。更为意外的是，沈燕谋了解到，《张謇日记》前半部竟就在张融武手里。原来，20世纪50年代初在香港的张融武，托妻弟从上海进贤路的张家寓所取走《张謇日记》的前14册。而留在中国内地的《张謇日记》后半部，1962年由江苏人民出版社影印出版。因此，沈燕谋向张融武建议，将《张謇日记》前半部也影印出版，供治史者研究。虽反复劝说，可张融武始终缄默不语。1965年4月11日，沈燕谋"尝举以询张融武（啬公文孙），融武谓日记之前半部现为伊保存，在中国内地景印发行者为后半部"，"余又谓融武既知后半部业经景印，盍不并君所保存之前半部亦就此间景印，俾书成完璧。治史者亦得从著者自叙明其一生治学经历，与其事业发展之源渊"。而"融武置不复，再三以是为问，始终未有以报，亦不解其何以久久沉默不着一语之故也"。张融武的态度，着实出乎沈燕谋的意料。

4月23日，沈燕谋又把此事告诉老友杨管北，"以语融武，宜就港景印其前半"，并说："融武唯唯，未作肯定之辞。"与此同时，沈燕谋两度拜访《大公报》社长费彝民，费说他手上有《张謇日记》后半部影印版，对沈燕谋提供的张謇日记前半部的下落，颇感惊讶。5月22日，沈燕谋写道："费承已得张记，并言书非卖品，国内图书馆中有分布，研究近代史之参考，未许以货取也；语以书之前半，珍藏某氏，苟能得其后半，则延津之合可期。费闻言，颇惊异，其结语则允可互相交换，而中国内地为任继续景印之责。"费彝民的想法是，张謇日记前后两部分可考虑作交换，中国内地有责任继续影印出版日记的前半部。

5月24日，经反复做工作，沈燕谋终于等到张融武"偕其妇挟扶海日记原稿之上半部俱至。记凡一十有四册"。同时，功夫不负有心人，中国内地影印出版的张謇日记后半部，也终被沈燕谋觅得。5月31日，其子"平儿以电话来，谓已借得中国内地出版之《柳西草堂日记》一十五册",柳西草堂为海门常乐镇张謇故居,也作张謇的别称。"一周前所见融武珍藏原稿十四册,合此当为二十九册",沈燕谋满心欢喜之余,不免担心,很难与"成景印之书全似也"。

对于《张謇日记》,沈燕谋如获至宝。他在 6 月 3 日日记中说:"日来逐日翻阅《柳西草堂日记》。"看后,他的初步印象是,张謇日记"凡所记事,简略者多,详书者少"。对于所经历的一些重大历史事件,"大都极少文字之载于日记中者,简略太甚",推测张謇之所以如此,"抑其归功同谋朋侪,而不愿已尸其名也"。当然,沈燕谋仔细研读张謇日记,收获不小。6 月 21 日日记中,记录有他致吴相湘的信函,"读尊编《中国现代史丛刊》第五册,于张季直昆仲致袁慰廷书系朱铭盘之名,盖据《桂之华轩诗文集》朱先生手书景印书稿,遂断为原文出于朱手",他"怀此疑问者三十年","倾读中国内地依照原稿景印之张公日记第十册末页,则当年张公草稿及添注涂改痕迹,全出张手,赫然斯在,因是多年疑团尽释。治史不易,此戋戋者,费时若是其久,乃得物证"。1884 年,张謇、张詧两兄弟和朱铭盘,曾给袁世凯写过言辞尖锐的长信,即后世所说的"绝交信"。此信到底是谁执笔,过去一直认为出自朱铭盘之手。而沈燕谋看了张謇日记中该信底稿后,确信张謇无可置疑是这封信真正的执笔者。这样,困扰沈燕谋心头三十年的疑团,终于被解开了。

沈燕谋积极筹划《张謇日记》前半部的出版。从沈燕谋 1965 年 5 月 24 日、31 日等天的日记中可知,《张謇日记》有些部分字迹较草"不可辨",同时因避讳用古字,"非有校勘工夫不能读"。日记还"杂以诗词文稿之属","非学有根底"和"有校勘工夫者",很难"就稿读之"。加之香港"印刷设备","恐难与中国内地已成景印之书全似",试着影印几页,效果"皆不佳"。因此,沈燕谋只能另辟蹊径来出版张謇日记的前半部。恰巧此时,他从朋友处听说台湾著名史学家"沈云龙治史甚勤",又看了沈云龙所编的一些史料书刊后,觉得其"所着史事文字,颇有可观"。这个阶段,为了出版张謇日记前半部,沈燕谋做了大量穿针引线的工作。如 1966 年 3 月 7 日,居住台湾的好友"杨管北来港,为景印柳西日记有所商略"。

1967年8月3日中午12点，77岁高龄的沈燕谋由香港飞抵台湾松山机场。到台后第三天，他不顾旅途疲劳，主动去拜访沈云龙。8月5日，"访沈耘农云龙，与谈景印《柳西草堂日记》事甚畅"。耘农为沈云龙的号。沈燕谋在台湾两个半月，《张謇日记》前半部的出版意乎寻常的顺利，他在日记中详细记下了整个过程。

8月9日，"沈耘农过访，示以《柳西草堂日记》前半手稿，及中国内地出版之后半"，"与之商景印事，逾一小时"。

8月19日，"沈耘农偕文海李振华过访"，李振华是台湾文海出版社编辑。沈燕谋"即以日记原稿一至五五完册、六至九残缺本四散册，十一至十四四完册交耘农持去，请翻读一遍，编次付李振华"。

9月1日，"沈耘农持柳西日记偕李振华同来，言检理柳西日记毕事"，"拓影备印，期以两周"。

9月15日，"李振华来告：拓柳西日记毕事，已以原件交沈耘农，持拟用印书纸类若毛边及白色纸请择。语以白纸用于普通册子，其线装三十部以略深色者为妙"，沈燕谋对出版用纸作了选择，并对李振华工作很满意，称其"其言可信，士人所鲜"。

10月1日，"沈耘农、李振华携《柳西草堂日记》原稿全份，及印成书样四页"，沈耘农还带来他所撰写的有关张謇日记的评价文章，沈燕谋称之为"翔实可诵，亦即余拟举笔而未成之章"。

10月23日，沈燕谋兴奋地挥笔写下："沈耘农、李振华揣印成后加线装之柳西日记四巨册来，欢喜无量，为此行一大收获。"在张謇辞世41年、张謇日记后半部出版五年后，张謇日记前半部也终于公之于众。

不难看出，沈燕谋日记是研究张謇的重要文献。不过，现已公开的沈燕谋日记，是其晚年所写部分，且为选录，时间上有间隔，并不连贯。至于沈燕谋日记其他部分的下落，仍是一个谜。因此，期待能有更多的沈燕谋日记被发现，从而为我们研究民国历史提供重要的一手资料。

三、宋希尚眼中的恩师

宋希尚，字达庵，浙江嵊县人，著名水利专家，我国第一个提出开发三峡计划的人。他终身以张謇弟子自称。

1915年，宋希尚入学张謇创办的南京河海工程专门学校，在开学典礼上他第一次见到张謇。两年后，宋希尚毕业，来到南通保坍会实习，成为被张謇请来治水的荷兰水利工程师特来克的主要助手。当时南通江岸受上游流量冲击经常坍削，张謇组织筑柴排以保坍，修建遥望港九门大闸来控制入江水流。当这些工程进行到一半时，特来克突患急病身亡。张謇担心工程因此受到影响，要求宋希尚连夜从海边工地赶回向他汇报情况，宋希尚回忆在晚上就餐时，"啬师就主人席，推我首座，并且说：'一切拜托！'……啬师在旁笑曰：'此杯辛苦酒，是不好吃的，但望好自为之，一切顺利。'"宋希尚克服种种困难，组织人员用三班倒的方式，昼夜施工，不久九门大闸顺利建成。在竣工典礼上，张謇表扬宋希尚并褒奖2000块大洋，宋希尚婉谢不受。从此，张謇对宋希尚更加器重，委派他从事海门青龙港会云闸等修建。

图6-6　1926年8月1日，张謇拄杖查看长江保坍工程，23天后病逝。这是其生前最后一张照片

1921年，张謇决定送宋希尚公款赴美留学，他自己还出私资1000元相助，并以运河工程局的名义写信将宋希尚推荐给美国著名水利学家费礼门。在宋希尚出国前，张謇还亲笔写下需宋希尚在美注意研究的"问题清单"："一般性治水工程包括排洪、蓄洪、垦荒、保坍、船闸等外，对碱性土地之如何可以加速变淡……美国密西西比河之如何整治，并提出研究能否设法利用一天两次之潮水冲击力来发电。"1923年，宋希尚获得布朗大学工学硕士学位，张謇继续派他考察欧洲各国水利，回国后他将在欧美的学习考察情况编辑成册，请张謇作序和题写《宋希尚欧美水利调查录》一书。1923年，张謇邀请宋希尚参与开辟吴淞商埠，次年宋希尚回到南通，担任负责治理长江岸线坍削的保坍会经理。1926年8月1日，83岁高龄的张謇不顾身体不适，在宋希尚陪同下，来到长江保坍护堤工地上视察。骄阳下，穿着长衫的张謇手持拐杖，满头白发任凭风吹，目光深邃而不无忧郁。谁料这次视察回去后，张謇病情忽然加重，宋希尚一直陪伴在他身边，并为请来的外籍医生翻译。在张謇生命的最后一天，宋希尚催促在上海的外籍医生到通为张謇治疗。张謇辞世时，宋希尚日夜随侍在侧，含泪告别。张謇把自己墓地选在市郊与五山相伴的啬园，并留有遗言：墓上不铭不志。他还为墓门预作了对联："即此粗完一生事，会须长伴五山灵"。

图6-7　啬公墓

第六章·时人记忆

此后，宋希尚将毕生心血倾注于祖国的水利事业。1949年后，他出任台湾大学教授等职。宋希尚终身自甘为张謇的弟子和学生。1956年他在台湾出版《张謇传》，成为张謇弟子中为师作传的第一人。1962年，宋希尚又出版《张謇的生平》，对张謇的家世和求学过程，从政生涯和主要政绩，其对近代中国水利事业的规划设想，兴办教育、从事实业的艰难尝试与不朽业绩，以及诗词文章、道德品行等方面均有记述和评论。全书取材广泛，所记事件不少为作者亲身经历。此外，宋希尚还撰写了不少纪念张謇的文章。作为水利专家的宋希尚认为张謇一生治水的功绩，"择其要者有六：1.郑州堵口；2.倡议导淮；3.督办运河；4.出新运河计划；5.筑堤保坍；6.督办吴淞商埠。"对于张謇对南通水利事业的贡献，宋希尚感慨道："一以南通小邑，竟与长江水力相搏斗，惟张公之力谁能办到。二以一县地方水利问题，竟能请到世界水利专家数十名之多，躬临踏勘，几成国际上研讨专题，全国未见其二。三以一县之力，抵御长江袭击，中央与省均袖手旁观，为世界各国罕见。四因张公领导，地方协助征收亩捐，自卫自助，此所以南通为地方自治之楷模，难能可贵。"

在《张謇的生平》中，宋希尚专门就张謇的教育成就及教育主张进行了评论。张謇"认定教育为国家百年大计，必须普及，而其起点，须自小学始；欲兴小学，又必须自培养师资之师范始"。张謇又言："国所与立，以民为天，民之生存，天于衣食，衣食之原，父教育而母实业。"宋希尚认为张謇的这些主张是对教育之根本的阐述，是当今国家社会所呼吁要进行的职业教育和生产教育，教育不能与生产相脱节，不能造成"毕业即失业之失败教育"。宋希尚还将张謇的教育主张及贡献概括为：第一，在南通地区普及教育。以国家发展为己任，不以自己和南通力量微薄为借口，毅然自筹巨资发展教育，劝勉师生心系国家，不安现状，眼光放远，于国家危难之际贡献自己的力量。在师范学校培养的师资力量支持下，逐年推进，先后设立400余所小学。强调师范教育是为了培养普及国民教育的教师，以达到救国救民的目的。以一己之力发展"工业教育"，以图民富国强。第二，提出了一系列极富见地的教育主张。教育事业涉及面广，包括课程设置、学校管理、学问内容、道德教育等,需要广大教育工作者在博学、审问、慎思、明辨上下功夫。对于教学主张自得,对于管理主张严格,训练的准则是"坚苦自立,忠实不欺",对于教育的目的开始认为是救亡雪耻,晚年认为教育对于一个国家的复兴最为重要。教育可以使人知有己且知有人,才可在人前建立信用即做到忠信笃敬,诚信是做人做事的社会资本。告诫学生要自重,"毋以为小,积则大,毋以为微,积则显",只有自重才能明公理修功德,才能有礼法不苟简,才能成就一番事业。以"切通"要求诸生进行"国文"训练和写作,可以说是真正从现代意义上阐发"国文"概念。第三,教育是为生产服务。张謇对教育的最大贡献是将教育成果应用于生产。开办纱厂,需要技术人员,为了培养技术人员,开设纺织专门学校;为垦牧植棉改良土壤,改进棉种,开设农业学校;重视民众健康,设立医院并开设医学专校,培养医士。这几所学校为以后南通学院的建立奠定了基础。为扩大女子就业,设立女子师范、女工传习所、保姆传习所和发网传习所;为发展商业,开设银行专修科与商业学校;为培养地方管理人才,开设法政讲习所、巡警教练所、国文专修科、监狱传习所、宣讲练习所、清丈传习所等。特殊教育开设有镀镍传习所、盲哑师范传习所、伶工学社、盲哑学校等。在南通以外的其他地区,张謇主持或参与创办了江宁商业高中两等学校、苏州铁路学校、南京河海工程专门学校、吴淞商船学校、水产专门学校、东台母里师范学校,以及复旦大学、中国公学、淮阴师范学校、南京高等师范等。

四、刘厚生的"三不"评价

刘厚生,名刘垣,江苏武进人,他深受张謇器重,为南通发展做出过重要贡献。刘厚生曾用三个"不是"来评价张謇,"不是一个政治家""不是一个文学家""不是一个实业家"。他欲扬先抑地解释说:"张謇不是一个政治家",因为他不是真正大权在握,也不会弄权;"张謇不是一个文学家",因为他的散文或骈文决不肯模仿古人,不铺陈辞藻;"张謇并不是一个实业家",因为他将企业所得利润不是用来扩大再生产，而是投向社会公益事业及厚利股东。

刘厚生是南洋公学第一期师范生，后担任该校国文教师，受到当时南洋公学校长何嗣焜赏识，将自己的四女儿许配给他。1900年，刘厚生以何嗣焜女婿的身份与张謇相识。他积极参与张謇的垦牧事业，成为通海垦牧公司最早的股东。张孝若称赞刘厚生"才识优长，品格最高洁，我父遇到大事，或疑难之事，得其一言，无不立决。民国后我父凡到政治舞台，彼必偕出相助，极讲骨气，有远识，是我父生平最爱重的一个人"。

晚年刘厚生追叙张謇办垦牧的动因时，回忆张謇曾亲口对他说："我自创办大生纱厂之后，常到上海，我开始知道，上海拉洋车及推小车的人，百分之九十是海门或崇明人。我曾调查他们的生活，都很困苦，他们所以到上海谋生的原因，是无田可种"，"因此，我就想招股承办第一个试验场，就是通海垦牧公司。事实摆在眼前，垦牧公司经过许多困难，但是现在可以说，人定胜天，已经立于不败之地……假如变通通海垦牧公司办法，每户农民领田二十亩，可供给十万或二十万户之耕种。以每户五口计，可供五十万或一百万人之生活。这种事业，我如不做，恐怕没有第二个人肯负此责任也"。张謇开导有些畏难的刘厚生说："厚生，你的顾虑并不错误。但是凡事难于开始，我不趁精力尚强、地位尚好的时候，一鼓作气，树立一个基础，我死之后，绝不会再有人来创办也。若开办在我生前，有其举之莫敢废也。守成较创始为易，我并不希望眼见其完全成功，亦决不愿说，继起之必无其人。这继起的人，并不限于姓张，亦不限于通州、海门人，只要完成我的志愿，功不必自己见，名不必自我成。"张謇还说："我们儒家有一句扼要而不可动摇的名言，'天地之大德曰生'；这句话的解释，就是说一切政治及学问最低的期望要使得大多数的老百姓，都能得到最低水平线上的生活。""现在要扩充盐垦，亦不离此宗旨。换句话说，没有饭吃的人，要他有饭吃；生活困苦的人，使他能够逐渐提高。这就是号称儒者应尽的本分。"刘厚生听了这一番话，"除对于张謇顿然更加信服之外，亦感觉自己头脑一新"。

1907年8月，大生纱厂召开第一次股东常会，刘厚生被推选为公司的董事，次年在张謇的提议下，他又担任股东议事会议长。后来，他还担任了大生第二纺织公司的经理。1911年，张謇任两淮盐政总理时，聘刘厚生为总务科长。深受张謇棉铁主义思想影响的刘厚生，还提出《奖励植棉暨纺织业说》，认为"今日救国之策于何着手？舍奖励纺织，其道无由矣。纺织根本在于棉，故奖励植棉尤为根本中之计划"，而"奖励纺织，应名定奖励法"，张謇将他的《奖励植棉暨纺织业说》呈送农工商部。他陪同张謇多次赴湖北，取得鄂纱、布、麻、丝四厂的承租权，而后建立了大维公司。为东三省的垦务，他还陪同张謇到奉天，进行半个月的考察。1920年，为协助张謇和比利时政府合资筹办中比贸易公司，刘厚生与牵线人梁启超进行沟通商议，并募集20万两银。

刘厚生还是张謇政治上的重要智囊。1911年10月武昌起义爆发，刘厚生积极响应张謇等的主张，为之来回于上海、南通等地，在清末民初的政治变局中扮演了重要角色。据刘厚生回忆，"南北议和代表佥推张季直先生起草退位诏书"，当时张謇"既彷徨于执笔责任，又踌躇于如何落墨"，在上海大东门大生二厂办事处和他商量并拜托他动笔，刘厚生"二三十分钟草就"。"稿成，以示季直先生，先生默诵一过，略易数字，连说'可用可用'，就转交唐绍仪，唐据以电告北京"。1913年3月，宋教仁被刺后，他为张謇出谋划策，商议调停宋案事宜。在刘厚生等人与张謇"来商进止"后，张謇出任熊希龄内阁农商总长，刘厚生被张謇荐举为次长。1926年张謇逝世，刘厚生亲赴南通参加葬礼，他在挽联上写道："大地莽风云，公已逐世界潮流以去；神州方沉陆，我不为感恩知己而悲。"

新中国成立后，刘厚生担任上海文史馆馆员。耄耋之年的他，从1950年开始到1957年，用7年时间撰写《张謇传记》。他说："我于1942年寓居天津时，发愿将已故亲友之言及其本人与当时政治、经济、文化有关之史料，分别写出以备遗忘，名曰《怀旧录》。""我心中预定可作传记之人物，不下十余人。因此在动笔之前不免踌躇，第一篇传记，应该属于何人？此问题很难解答。最近始决定，第一篇传记应该属于张謇，其理由如下：我年来精力日衰，时不我待……但假如能把张謇的传记首先完成，至少可以说，我已偿还一半的志愿。"《张謇传记》分为幼年时代之张謇、少壮时代之张謇、中年以后之张謇、老年时代之张謇、张謇在黄海垦殖和导淮问题上之事迹五章,于1958年由龙门联合书局出版,上海书店1985年影印再版。他在序言中言:"我作传记的目的,并不以传记中的主人翁为对象;而是以主人翁所经历的事迹与历史重要关系,为历史中宝贵之资料。此项史料,在公私著作中不易获得者。我希冀此史料留下记录,不随我之生命长埋地下,于愿足矣!"他以其与张謇交往的亲身经历,从三个方面对张謇的性格特征进行了概括:一是"度量宽宏,性情豪爽",并以张謇办厂的大多数收入用于不能带来利润的公共、交通及慈善等事业为例,佐证张謇这样的性格。二是"胸无城府,待人接物,开诚布公,绝无成见"。他以自己亲眼所见的张謇与人交往的实录来做说明。三是"富于为社会服务的热情",并以张謇奔走导淮20余年的事实予以证明。在传记的结尾,刘厚生对张謇的一生进行了总结:"张謇一生言论与行为,受尽一般官僚,尤其是北洋军阀李鸿章、袁世凯部下大多数官僚之讥笑、轻蔑和侮弄。我以为此讥笑、轻蔑与侮弄,非但丝毫无损于张謇之名誉,而实在可以抬高张謇的人格。"刘厚生所著《张謇传记》采用所谓纪事本末体写法,以张謇为主线,贯穿了许多重要的历史资料。不过,在280多页的篇幅中,实际上对于张謇本人的叙述不过十分之二三,而对于张謇所处的时代背景、国际形势、社会经济情况,特别是与张謇同时代的政治人物,却反而不厌其详地交代。另外,由于年代久远、记忆有误和条件所限等原因,传记所引用的材料或作者对史实的回忆,存在着一些与当时实际有出入的情形。

结语

90多年前,胡适对张謇"失败的英雄"的评价流传至今,影响很大。

人们之所以认为张謇是"失败的英雄",主要是因为他创办的大生集团最终破产而被银团接管,同时,也基于张謇自己所提出的许多目标和理想没有能够实现。其实,即便在当时大生纱厂被银团接管,企业的固定资产还在,经营实力犹存，在此后的十多年中企业总体仍是获利的。更为重要的是，张謇的事业影响深远，流风余韵绵延至今。正如当年蔡元培先生写给他的挽联上所言，"为地方兴教养诸业，继起有人，岂惟孝子慈孙，尤属望南通后进"。

南通是近代民族工业发祥地，张謇作为历史上状元下海第一人，走出"尊士卑商"传统观念的藩篱，成为催生当今民营经济活跃的精神基因。同时，受张謇"父教育而母实业"理念影响，江海大地上被深深烙上了崇文重教的历史印记。清末民初一系列实业、教育、社会公益和市政设施的兴办，在造福民生、启迪民智的同时，也孕育了社会大众广泛的现代意识。

评价历史人物，不应以成败作为唯一的衡量标准。正如张謇自己所言："坚苦奋励，则虽败可成；佟怠任私，则虽成可败。"唯其如此，我们更能够体会到张謇理想的伟大和人生的悲壮！在中国近代史上，很少有人像张謇那样，在一座城市办成这么多的事业，产生如此深远影响。很少有人如张謇那样，涉猎那么众多的领域和方面，并都留下了骄人的业绩。在清末民初，也很少有人能做到像张謇那样，深度参与并对诸多重要历史事件产生影响。张謇和他开创的一系列事业，不会因为大生集团破产和自身的离去而湮没。

穿越百年来中国近现代历史风云，作为早期现代化道路上艰难跋涉、筚路蓝缕的先驱者，张謇留下的无论是精神财富还是物质财富，无论是成功经验还是失败教训，都弥足珍贵。特别是他"洞明世界大势"的眼光，"士负国家之责"的情怀，"独力开辟新路"的精神，"兼济天下苍生"的担当，"言忠信行笃敬"的品质，都有着恒久的时代价值和现实意义。

对于人生，张謇有着自己精辟的理解。比如，他对所谓"士"的见解就很独到，"观人于不得意时，于不得意而得意时，于得意而忽不得意时，经此三渡，不失其常，庶可为士"。在张謇看来，观察一个人是不是真"士"，主要是看他三个关头的表现，即在"不得意"时，在由"不得意"转向"得意"时，在由"得意"而忽然变得"不得意"时，是不是能做到荣辱不惊，得失泰然。而张謇自己禁受住了种种的考验与磨难，比如，在他办实业时几度功败垂成，"不得意"之时，丝毫没有气馁，而是愈挫愈勇。又如，他在蹉跎科场几十年后大魁天下，由"不得意"转向"得意"之时，并没有沉湎于功名，而是毅然从民族大义出发，弃政从商。再如，他在任北洋政府农商总长干得风生水起的时候，面对袁世凯的倒行逆施，张謇愤而辞职，在由"得意"而"不得意"之时，张謇退避家乡，专心致力于早期现代化的实践。凡此种种，恰恰证明了张謇是一个真正的大士。

张謇一生所走过的道路，给我们很多思考和启示。张謇顺势而为而不固执己见，能够敏锐洞察世界发展潮流和社会发展趋势，稳妥缜密积极调整应对之举，比如，作为清末立宪运动的领袖，辛亥革命后他顺应时势，适时改变政治态度，由致力立宪走向赞成共和。

张謇重视常规而不墨守成规，对是非荣辱有着自己独立的价值判断，从不随波逐流。又如他长期投身科举正途，但又不为科举所囿困，也没有沉醉于状元的光环，为救国图强而另辟蹊径，兴办实业，发展新式教育。

张謇自强不息而不怨天尤人，无论是在科场还是在政坛，无论是从事实业还是地方自治，虽屡经挫折和倍受打击，却表现出超常的韧劲和超群的意志，正如张孝若所说的那样，张謇"就是碰到很失意和棘手的事，也是处之泰然，不改常度"。

所以，确切地讲，张謇不仅不是"失败的英雄"，反而是一位真正超越了成败的大英雄。

参考文献

[1] 张謇全集编委会.张謇全集：1-8卷[M].上海：上海辞书出版社，2012

[2] 张孝若.最艰难的创业者状元实业家张謇传[M].北京：新世界出版社，2016

[3] 刘厚生.张謇传记[M].上海：上海书店，1985

[4] 章开沅，田彤.张謇与近代社会[M].武汉：华中师范大学出版社，2001

[5] 张绪武.我的祖父张謇[M].上海：上海辞书出版社，2008

[6] 罗一民.开路先锋张謇[M].南京：江苏人民出版社，2021

[7] 张廷栖.张謇所创中国第一[M].北京：中国环境出版集团，2019

[8] 庄安正.张謇与近代百位名人[M].北京：中国环境出版集团，2020

[9] 南通市档案馆，张謇研究中心.父爱如山：清末状元张謇写给儿子的信[M].南京：江苏人民出版社，2019

[10] 南通市档案馆，张謇研究中心：大生集团档案资料选编 盐垦编（Ⅰ、Ⅱ）[R].南通：南通市档案馆，2009

[11] 张季直先生事业史编纂处.大生纺织公司年鉴（1895—1947）[M].南京：江苏人民出版社，1998

[12] 南通市政协学习文史委员会.张謇的交往世界[M].北京：中国文史出版社，2011

[13] 南通市档案馆.西方人眼中的民国南通[M].济南：山东画报出版社，2012

[14] 黄正平.大情怀大世界张謇的企业家精神[M].北京：人民日报出版社，2018

[15] 赵明远.通商与通商精神[M].南京：南京大学出版社，2018

[16] 张謇研究中心，南通博物苑.南通地方自治十九年之成绩[R].南通：张謇研究中心、南通博物苑，2006

[17] 严修.严修年谱[M].济南：齐鲁书社，1990

[18] 严修.严修日记[M].天津：南开大学出版社，2001

[19] 刘培良.徐申如：诗人徐志摩之父[M].北京：中国文史出版社，2016

[20] 中国社会科学院近代史研究所中华民国史研究室.胡适来往书信选（上、中、下）

[M].北京：社会科学文献出版社，2013

[21] 胡适.胡适日记全编（1-8）[M].合肥：安徽教育出版社，2001

[22] 方慎庵.金针秘传[M].北京：人民卫生出版社，2008

[23] 钱昌照.钱昌照回忆录[M].北京：中国文史出版社，2014

[24] 内山完造著，刘柠译.花甲录[M].北京：九州出版社，2021

[25] 陈从周.徐志摩年谱与评述[M].上海：上海书店出版社，2008

[26] 朱少璋.沈燕谋日记节抄及其他[M].香港：中华书局（香港）有限公司，2020

[27] 徐俊杰.张謇佚文辑注[R].海门：海门市哲学社会科学联合会等，2017

[28] 张孝若士学集[R].南通：南通市档案馆

[29]《张孝若演讲集》（内部资料）

[30]《申报》民国十二年至十三年、民国二十四年等有关报道

张謇年表

1853年（咸丰三年）
7月1日，出生于海门常乐镇，为张彭年第四子。张彭年为小商人兼富裕农民，娶有葛氏、金氏。其为金氏所生，乳名长泰。

1857年（咸丰七年），4岁
入邻居邱畏之私塾读书。

1864年（同治三年），11岁
从读于宋蓬山，以"我踏金鳌海上来"，对师之"人骑白马门前去"上联。

1865年（同治四年），12岁
读《论语》《孟子》《诗经》《尚书》《周易》《孝经》《尔雅》。始习试帖、制艺。

1868年（同治七年），15岁
因"冷籍不得入试"，冒充如皋张驹之孙，改名张育才，由此如皋张家以对张謇有恩而索报。应如皋县、州、院试皆中，取附学生员。

1871年（同治十年），18岁
从海门厅训导赵菊泉学。因被如皋张姓敲诈勒索，家道中落。12月，自行检举，请褫衣顶归原籍。

1873年（同治十二年），20岁
经礼部核准"改籍归宗"，冒籍之事了结。兄弟析产分居。

1874 年（同治十三年），21 岁
应孙云锦之邀，任江宁发审局书记。

1875 年（同治十四年），22 岁
与徐端成婚。

1876 年（光绪二年），23 岁
入淮安统领提督吴长庆军幕。改名謇，字季直。

1879 年（光绪五年），26 岁
12 月，生母金氏病逝。

1882 年（光绪八年），29 岁
朝鲜发生"壬午兵变"，随庆军赴朝。著《朝鲜善后六策》。

1885 年（光绪十一年），32 岁
应顺天府乡试，中"南元"第二名。

1888 年（光绪十四年），35 岁
掌赣榆选青书院、太仓娄江书院，修两地志。

1893 年（光绪十九年），40 岁
任崇明瀛洲书院院长。

1894 年（光绪二十年），41 岁
应甲午恩科会试，高中状元，授翰林院修撰。甲午战争北洋海军溃败，弹劾直隶总督兼北洋大臣李鸿章，请求"另简重臣，以战求和"。10 月，父亲张彭年去世，南归奔丧。

1895 年（光绪二十一年），42 岁

总办通海团练，并议兴通海纱厂，实业救国由此起步。列名发起强学会。

1896 年（光绪二十二年），43 岁

拟在通州城西北唐闸建设纱厂，取名"大生"。掌江宁文正书院。兼任安庆经古书院院长。

1897 年（光绪二十三年），44 岁

3 月，同沈燮均、刘桂馨抵上海和潘鹤琴、郭茂之商议，集资办纱厂。8 月，与盛宣怀合领官机。

1898 年（光绪二十四年），45 岁

2 月，生子张孝若。4 月，拟《开垦海门荒滩奏略》。6 月，为翁同龢拟《大学堂办法》。辞京师大学堂教习一职。9 月，任江苏商务局总理。

1899 年（光绪二十五年），46 岁

5 月，大生纱厂开车纺纱。纱厂初建资金周转困难，至秋形势好转，"买花供纱，得不停辍"。

1900 年（光绪二十六年），47 岁

6 月，参与张之洞、刘坤一筹划的"东南互保"。10 月，筹建通海垦牧公司。

1901 年（光绪二十七年），48 岁

3、4 月，撰《变法平议》。12 月，通海垦牧公司正式开工。

1902年（光绪二十八年），49岁

筹建通州师范学校。

1903年（光绪二十九年），50岁

5月，赴日本考察实业、教育和地方自治，历时70多天。秋，通州师范学校开学。是年，任大达内河小轮公司经理。开始筹建同仁泰盐业公司、吕四渔业公司。创办翰墨林印书局。

1904年（光绪三十年），51岁

年初，订家塾章程，常乐家塾开学，为张孝若延请日籍教师。4月，清廷授三品衔，任商部头等顾问官。5、6月，为张之洞、魏光焘起草《拟请立宪奏稿》。刻印《日本宪法》。7月，开始筹建上海大达轮步公司。8月，在崇明久隆镇（今属江苏启东）拟建大生二厂。是年，创办南洋渔业公司。

1905年（光绪三十一年），52岁

3月，任上海震旦学院院董。4、5月，筹建耀徐玻璃厂。6月，通海五属学务公所成立。10月，安排来通的朝鲜名士金沧江在翰墨林印书局校书。12月，任江苏学务总会（后改名为江苏教育总会）会长。创办南通博物苑。是年，创办江浙渔业公司、资生铁冶公司，建港闸公路。

1906年（光绪三十二年），53岁

6月，任江苏铁路公司协理。12月，发起成立预备立宪公会。是年，筹办通海五属公立中学。创办吴淞商船学校，在通师附设土木工科测绘班。

1907年（光绪三十三年），54岁

4月，大生二厂建成开车。8月，主持大生一厂第一次股东会。

1908 年（光绪三十四年），55 岁

4 月，夫人徐端病逝。

1909 年（宣统元年），56 岁

9、10 月，江苏谘议局开会，当选为议长。议商联合十四省谘议局上书清政府，请速开国会，组织责任内阁。11 月，被推为中国图书公司总理。议设江淮水利公司。

1910 年（宣统二年），57 岁

发起国会请愿运动，倡导举办南洋劝业会。9 月，于江苏谘议局招待来华访问的美国商团。

1911 年（宣统三年），58 岁

5 月，被推为沪津粤汉商会代表，向清政府陈请报聘美国。6 月，赴京途中经河南彰德时访袁世凯，抵京后，向摄政王载沣陈述外交、内政见解。10 月，武昌起义爆发后，力劝江宁将军铁良等奏请清政府速行立宪。11 月，得知被清政府任命为农工商大臣、东南宣慰使，即电坚辞。

1912（民国元年），59 岁

1 月，出任南京临时政府实业总长，次月辞职。联合章太炎等组建统一党。4、5 月，参与创立共和党。在南通先后开办养老院、医院、残废院、贫民工厂、盲哑学校、图书馆。9 月，赴京，访袁世凯、章太炎等。

1913 年（民国二年），60 岁

2 月，张孝若赴青岛德华大学求学。3 月，任导淮局督办。建南通纺织专门学校。8 月，聘沈寿为女工传习所所长。10 月，入京任北洋政府农商部总长，后兼全国水利局总裁。冬，发起建立大有晋盐垦公司。

1914年（民国三年），61岁

2月，南通图书馆建成。4月，偕荷兰工程师贝龙猛等复勘淮河。冬，动工建军山气象台。是年，主持制定"商人通例施行细则""公司条例施行细则""商会法"等。购地筹建大生三厂。组织编写《南通地方自治十九年之成绩》。

1915年（民国四年），62岁

3月，参加河海工程专门学校开学典礼。6月，迁入濠南别业。年底，张孝若与陈开成结婚。是年，先后辞去农商总长、水利局总裁，从此专心从事实业、教育、慈善和地方自治事业。

1916年（民国五年），63岁

6月，被推举为中国银行股东联会会长。11月，建南通盲哑学校、军山气象台。12月，组织南通各界公祭蔡锷，登上途经南通的灵船吊唁。

1917年（民国六年），64岁

春，举办农校露天棉作展览会，4000余农民参观。7月，张孝若赴美留学。9月，南通城内东、西、南、北、中五座公园落成。

1918（民国七年），65岁

12月，致电中国参加巴黎和会代表陆征祥，要求提出修改税法及撤销领事裁判权。被推为中国主张国际税法平等会会长。

1919年（民国八年），66岁

5月，任运河工程局督办。致电北洋政府，反对中国代表在巴黎和会上签字。7月，大生三厂在海门常乐正式动工。9、10月，创办伶工学社。10月，更俗剧场落成。是年，笔录沈寿口述而成的《雪宧绣谱》出版。

1920 年（民国九年），67 岁

1月，成立淮海实业银行。3月，发起筹建苏社。6月，邀美国哲学家杜威来通。10月，女工传习所与南通绣品局新址落成。11月，出席南通县自治会成立会。是年，成立南通绣品公司美国分公司。

1921 年（民国十年），68 岁

1月，任吴淞商埠局督办。2月，赴沪参加吴淞商埠局成立仪式并致词。3月，订《张季子九录》，公葬荷兰水利工程师亨利克·特来克。6月，任第五届远东运动会名誉会长。10月，为沈寿公葬。

1922 年（民国十一年），69 岁

5月，召集大生各厂及各盐垦公司董事会联合会议，议决设立南通实业总管理处，自任处长，以应对危机。被推为交通银行总理。创建南通第三养老院。6月，主持南通中等学校运动会。8月，参加在南通召开的中国科学社第七次年会。

1923 年（民国十二年），70 岁

4月，自订《年谱》。5月，参加通州师范学校建校二十周年纪念会，发表演说。9月，被北洋政府任命为考察专使的张孝若，开始赴欧美日等国实业考察。

1924 年（民国十三年），71 岁

1月，赴沪参加淞沪港务会议。5月，张孝若被北洋政府任命为首任驻智利国公使（未赴任）。是年，国内军阀混战，设法居间调停。

1925 年（民国十四年），72 岁

3月，在南通追悼孙中山的集会上发表演说。5月，视察垦牧公司。7月，

参加南通各校暑期讲习会。

1926 年（民国十五年），73 岁

4 月，参加女子师范建校 20 周年纪念会，发表演说。该年多次巡视通海垦牧公司、长江保坍筑楗工程。8 月 24 日，病逝，葬于南通城南陆洪闸袁保圩，坟地系生前选定，后被称为"啬公墓"，按遗愿不铭不志。

后 记

又到了一年一度的"企业家日"。在电脑键盘上,当我敲下《状元实业家的跨界传奇》最后一个字符时,离动手写作本书已时隔一年。我没有如释重负的轻松,却是别有一番滋味涌上心头。120多年前的1899年5月23日,是中国近代实业史上重要的一天,凝聚着张謇心血与梦想的大生纱厂,经过艰难筹办正式开工投产。由此开始,这位"爱国企业家典范""民族企业家先贤和楷模",以一己之身强力推进一城之事,进而织就一国之梦,其岁月风华翻开了新的篇章。因此,张謇的家乡南通,把具有里程碑意义的这一天定为"企业家日"。

这是一次隔世的邂逅,我和传主神交已久,似乎是冥冥之中的缘分。我自懂事起,就常听母亲讲,20世纪60年代中后期,大学毕业不久的父亲被借调到市里"工作组",全家借住张謇在通城的某处房产,也就在那时,母亲怀上了我,我就是在那里出生的。我曾就读的五山小学和南通中学,分别为张謇在1907年和1909年创办的。而位于省城南京草场门我的大学母校江苏教育学院,又与张謇1915年开办的河海大学紧邻。所有这些,构成了少年时代的我对这位乡贤的最初认知。

我生活和工作的半径,基本没有离开过家乡南通。张謇之名对这个城市乃至对我来说,都如影随形。20世纪90年代,我工作的某青年机关,就在张謇建造的东公园旧址内办公。那古色古香的小楼窗外,是当年南通城内最为热闹的模范路(今濠南路)。目光所及,被称为"城市翡翠项链"的濠河环绕四周,不远处则有张謇当年创办的南通俱乐部、市民公园、伶工学社、濠阳小筑等遗存。沿濠南路向东,渐次为有斐宾馆、通师附小、图书馆和博物苑,它们都曾见证过张謇时代城市的繁华与进步。博物苑内的张謇故居濠南别业,如今已成为城市的重要地标,我曾无数次陪同四面八方的宾朋去参观,人们常带着仰慕之心而来,在啧啧称赞声中离去。

我对张謇的研究，始于20年前。21世纪初，两院院士吴良镛先生大胆提出"张謇先生经营的南通，堪称'中国近代第一城'"的命题，学界为此组织课题论证。彼时，在这个城市首脑机关从事文字工作的我，初生牛犊不怕虎，以"做大做强做优'近代中国第一城'品牌研究"为题，参加课题招标。当年，我们的办公地址在通崇海泰总商会大楼内，这里曾经是由张謇、张詧兄弟发起的中国最早的商会所在地。在这座被载入中国建筑史的大楼内，半个月时间内我挑灯夜战，最终完成了课题，并有幸被编入由吴良镛先生文稿领衔的研究文集之中。如何传承先贤伟业，在汲取历史文化滋养中，更好地把握城市的发展方向，续写新的辉煌，这已成为历届地方主政者的一道必答题。

一段时间，我对张謇的研究几近中断。有10年时间，我在某个党委部门担任主要领导，缠身于繁杂的事务性工作，读书往往只能在灯下床上，写作主要利用周末假日。随着两年前工作部门的调整，可支配的学习思考时间又渐多，自己重操"旧业"，在各类报刊上发表了数十篇张謇研究成果。回顾自己的治学经历，感慨良多。从30年前，我的第一部小书问世起，自己的研究方向随着岗位、年纪、兴趣而呈阶段性变化，从未来学、教育学、青年学、地方史到党史党建领域，看上去十分庞杂，但不变的轴心是立足现实，聚焦当下，放眼长远。

张謇离开我们90多年了，但似乎又从未远去。他逝于20世纪，却活在21世纪。前些日子，因工作关系我又一次来到南通特教中心，张謇曾是这所学校的前身盲哑学校首任校长，漫步菁菁校园，其塑像、留下的校训和特教思想、写满轶事的文化长廊，诉说着那些陈年往事，不禁让人肃然起敬。这些天，为了组织今年的"企业家日"活动，我的同事们又忙碌起来。而写作本书的过程，实质上也是一次与先贤跨越时空的对视和对话。在复述、还原和发现历史之中，挖掘并展示其当代价值与意义，为这个城市和我们的后人，梳理、整理和留下一份厚重的精神档案。通过追寻张謇的人生轨迹、心路历程和精神嬗变，已过天命之年的我，深切地感受到，浮世功名如过眼烟云，唯有精神不死，思想者永恒！

借此机会，感谢我的历史启蒙老师易志力先生，感谢出版人汪修荣先生的鼓励鞭策和牵线搭桥，感谢华文出版社余佐赞总编辑和一丝不苟的闫丽娜老师，感谢江苏省张謇研究会管向群会长和南通市社科联的大力支持，在一长串需要感谢的名单中，还有"第一读者"等台前幕后的亲人和朋友们。这是一个特殊的年份，新冠疫情的肆虐虽阻隔了人们之间的交往，却让我有更多的时间静下心来，完成夙愿，谨以此书献给生我养我的这座城市。

致敬，一代先驱张謇！

王　斌

2022年5月23日

于南通新城小区